L'IMITATION DANS LES ARTS
ET DANS LA PEINTURE
EN PARTICULIER

Karine MAILLAT

L'IMITATION DANS LES ARTS ET DANS LA PEINTURE EN PARTICULIER

© 2017, Françoise Cazal et succession Karine Maillat

Édition : BoD – Books on Demand
12/14 rond-point des Champs-Élysées, 75008 Paris
Impression : BoD – Books on Demand, Norderstedt, Allemagne

ISBN : 978-2-322-10097-2

Dépôt légal : décembre 2017

Il faut toujours s'excuser de parler peinture.
Paul Valéry

INTRODUCTION

Jusqu'au XIXᵉ siècle, artistes et théoriciens de l'art s'accordent, pour donner cette définition : l'art est imitation de la nature. Nous pourrions donner une multitude de définitions de la peinture, toutes sensiblement voisines. Aussi, contentons-nous ici de reproduire celle, bien connue, de Poussin, pour le seul agrément qu'elle nous procure. « C'est une imitation faite avec lignes et couleurs en quelque superficie, de tout ce qui se voit dessous le soleil ; sa fin est la délectation. » Dans toute réflexion sur l'art, et sur l'art de peindre en particulier, le problème de l'imitation est d'enjeu. « Pourquoi peignez-vous ce chêne, puisqu'il est déjà là ? », telle est la question[1] du paysan à Théodore Rousseau[2], qui nous ouvre les voies du doute : si l'art est imitation de la nature, et si cette imitation est oiseuse et superflue, alors la peinture peut être « vanité » et l'art se dissoudre en pure perte[3]. Cette question naïve et toute de bon sens nous mène à l'absurdité que frôle la peinture, voire peut-être qu'elle est.

Pour savoir ce qu'est l'art, et puisque l'on nous dit qu'il est imitation de la nature, il convient d'abord de se demander ce qu'est l'imitation, ce qu'est la nature, et quels peuvent et doivent être, de gré ou de force, leurs rapports. Ne nous risquons pas dès à présent à donner une quelconque définition de l'imitation ; mais contentons-nous, pour l'instant, de remonter à la racine du mot. Imitation traduit le grec « μιμησις », emprunté aux arts du spectacle, le

---

1 Citée par É. Gilson, dans *Peinture et réalité*, Paris, Vrin, 1972, p. 225.
2 Peintre paysagiste (1812-1867).
3 C'est un devoir, dans tout questionnement sur l'art, de prendre en vue et de malmener cette pensée de Pascal : « Quelle vanité que la peinture, qui attire l'admiration par la ressemblance de choses dont on n'admire point les originaux. », *Pensées*, II, fragment 134.

théâtre et la danse⁴. Nous tâcherons de garder en mémoire cette provenance du mot, ainsi que la dimension de fiction à laquelle elle le rattache. Une fois son usage étendu à tous les domaines de l'art, la mimèsis désigne à la fois le résultat de cette imitation et cette imitation elle-même en tant que processus, soit l'action d'imiter⁵. C'est en ce dernier sens qu'Aristote emploie très couramment le mot. Enfin, le verbe « μιμεσθαι », s'il est à sens unique, admet deux constructions grammaticales : il peut se construire soit avec le modèle imité, soit avec l'objet représenté au final. Platon porte très nettement l'accent sur le rapport au modèle initial, soit sur la première de ces deux constructions possibles ; toute la théorie de l'imitation chez Platon, et ses ramifications séculaires, reflètent l'importance de ce choix originaire.

La racine latine de notre mot « imitation » est le verbe « imitor », qui est lui même un fréquentatif d'« imago », lequel a donné le mot « image » et l'idée connexe d'imagination. Il faudra ne pas perdre de vue cette affinité originelle entre, d'une part, l'imitation et, d'autre part, l'image et l'imagination. Assurément, nous ne pourrons faire l'économie d'une réflexion sur ces deux notions. Et une analyse du problème de l'imagination s'annonce d'autant plus complexe que, dès l'origine, ses produits se scindent en deux groupes distincts : d'une part, l'image conçue sur le mode de l'idée-copie, à l'instar de Platon, et plus généralement, tout ce qu'il range sous l'appellation d'« ειδολον » ; d'autre part, les « φαντασματα⁶ », selon le terme d'Aristote, les produits de la « φαντασια », qui ressortissent plus généralement à ce que nous nommons « fiction⁷ ». De toutes les façons, l'imagination sera cette liaison, à la fois monstrueuse et fort banale, ce mixte d'esprit et d'empirie. Bien que la notion d'imagination puisse paraître centrale dans cette étude, nous ne lui consacrerons pas une partie entière de notre recherche et prendrons le parti de n'en pas donner d'exposé systématique, jugeant que cela nous porterait trop en amont de notre sujet⁸. Cependant, des remarques sur l'imagination

---

4 C'est avec Xénophon que s'opère l'élargissement du verbe « μιμεσθαι », du genre théâtral du mime au travail du peintre et du sculpteur.
5 Aristote, *Poétique*, Paris, Le Livre de Poche, 1990 : introduction au texte d'Aristote par Michel Magnien, p. 30.
6 « το φαντασμα » peut être traduit par « image-fantôme », comme nous le verrons plus loin.
7 « Res ficta » est la traduction latine du grec « ta fantasmata ». Ces « choses feintes » font signe vers la dimension théâtrale que l'on peut trouver dans la peinture. De cette « feinte », nous tenterons une analyse dans notre première partie.
8 Nous adopterons en cela une démarche contraire à celle d'Alain qui, dans le *Système des Beaux-Arts*,

viendront nécessairement ponctuer notre analyse et cette notion contribuera, souterrainement, à tisser l'unité de notre propos.

À l'encontre de la simplicité de la définition de l'art comme imitation, et de l'unanimité qu'elle suscite, il semble bien que l'imitation connaisse dès l'origine des acceptions très nuancées, selon que l'accent est mis sur tel aspect plutôt que sur tel autre, qu'elle recouvre. Il est probable qu'au fil du temps, ces aspects de l'imitation aient continué à se multiplier et à se distinguer les uns des autres : chaque conception de l'imitation résulterait donc d'un juste équilibre entre les différents aspects de la notion.

Ainsi, la pratique artistique et, plus encore, ses théories, semblent, en leur histoire, n'entendre pas l'imitation de façon univoque. En effet, longtemps, pour la critique d'art, l'idéal de la peinture était identifié à l'exactitude de la ressemblance. Mais comment se fait-il, alors, que le monde visible ait été représenté de tant de façons différentes ? La façon dont les Égyptiens voyaient la nature était-elle différente de la nôtre ? Car, assurément, ce n'est pas la nature qui a changé. Et comment, dans le cadre de cet idéal de ressemblance parfaite, expliquer la disparité d'œuvres, filles d'une même époque, dont le modèle est cependant identique ? De longs siècles, la première de ces questions n'a guère inquiété la critique d'art, qui lui trouvait une réponse très simple : l'idée de progrès, appliquée à l'art[9]. En effet, du XIIIe au XVIIIe siècle[10], la perfection du réalisme fut le but avoué de la progression de l'art occidental. Les perfectionnements de l'imitation, soit successivement l'annexion du contour, de la couleur, du modelé et du relief, de la matière, puis de la lumière, ont fondé cette notion de progrès de l'art. Elle était accréditée par les analogies trouvées entre les arts dits « primitifs » et l'art

---

Paris, Gallimard, 1953 (1920), commence son exposition des différents arts par une réflexion thématique sur l'imagination qui les relie les uns aux autres et qui les fonde.

9 Cette idée, selon M. Schapiro, correspond à une « conception organique » du style. Ou bien, en effet, l'on considère que l'art « a un cycle récurrent, passant de l'enfance à la maturité, puis à la vieillesse ». Ou bien son processus obéit à « une évolution infinie, qui part des formes les plus primitives pour aller vers les formes les plus avancées ». Un démenti d'une telle conception organique du style est fourni, selon M. Schapiro, par l'exemple des peintures paléolithiques de l'âge des cavernes, qui sont des merveilles de représentation, et sont plus « naturalistes » que l'art postérieur du néolithique et de l'âge du bronze. Voir Schapiro, M., *Style, artiste et société*, Paris, Gallimard, 1982, dans le chapitre intitulé « La notion de style », p. 52 *sqq*.

10 Les historiens de l'art ne s'accordent pas sur ces dates. Ici, nous retenons la datation de R. Huyghe dans *Les puissances de l'image*, Paris, Flammarion, 1965, parce qu'elle a le mérite d'être très partagée et probable.

enfantin ; cette idée avait aussi ceci de confortable, qu'elle facilitait la pensée de l'origine de l'art : il y avait eu une enfance de l'art, comme en témoignent par exemple les méthodes enfantines de l'art égyptien. Il s'ensuit un tel blocage théorique, que l'idée prévaut, avec Vasari, que si l'art byzantin n'imitait pas la nature, c'est parce que ses artistes en étaient incapables, et non qu'ils eussent fait d'autres choix. Cette notion univoque de progrès en art est un mythe aujourd'hui révolu : la grande révolution artistique du XXe siècle nous a débarrassés de l'idéal de la peinture conçu sur le mode de la ressemblance parfaite.

Le second problème que pose ici l'imitation, d'un point de vue diachronique, est celui des raisons ou de la déraison de son succès, variable selon les époques. Platon le premier en fait la théorie, mais pour la mieux dévaloriser. Pendant plus de deux millénaires, l'imitation la plus rigoureuse est considérée comme la fin ultime de la peinture. Au XXe siècle, mais ce n'est que le résultat d'un processus amorcé un siècle plus tôt, elle déchoit en deçà de l'art ; la tentation est vive de l'exclure une fois pour toutes de l'art de peindre. Elle renaît pourtant de ses cendres, avec des courants comme celui des Hyperréalistes américains, pour atteindre un paroxysme inégalé. Il faut nous interroger sur les raisons de ces oscillations. Pourquoi avoir tant prisé l'imitation fidèle de la nature ? Inversement, pourquoi la représentation de la nature passe-t-elle aujourd'hui pour une aussi triviale banalité ? Jamais l'image visuelle n'a été à aussi bas prix. Comme le remarque Ernst Hans Gombrich, « les images aux coloris vulgaires, que nous découvrons sur un paquet de riz ou de pâtes alimentaires, auraient peut-être laissé béats d'admiration les contemporains de Giotto »[11]. En ont-elles plus de valeur ? Certes non. Mais c'est un problème posé au critique d'art. Son propos pourrait être de faire retrouver au public moderne ce sentiment d'émerveillement que connaissaient les spectateurs du passé, devant des images représentant fidèlement le monde visible.

Dans quelle direction doit-on chercher les raisons du succès ou de la disgrâce de l'imitation ? Le renversement de valeurs des XIX et XXe siècles, au détriment de l'imitation, a-t-il été motivé par des bouleversements contingents frappant le domaine de l'art, comme l'apparition de la photographie ou la production d'objets en série ? En effet, jamais un peinture n'égalera en ressemblance une photographie fidèle, pas plus qu'une sculpture de main

---

11 Gombrich E.H., *L'art et l'illusion*, Paris, Gallimard, 1971, p. 27.

d'homme n'égalera un bon moulage. Ou bien ce renversement correspond-il à la libération de la peinture d'une théorie spécieuse ? En ce cas, la définition de la peinture comme l'imitation rigoureuse de la nature, retenue par les contemporains et les successeurs de l'art grec, n'aurait été qu'une interprétation donnée de cet art, peut-être infondée, ou à laquelle la postérité aurait eu le tort d'accorder trop d'importance.

L'instabilité au gré des siècles de ce que doit être l'imitation, et de la valeur qui lui est conférée, nous dissuade d'emprunter dans notre recherche un itinéraire chronologique. Rendre compte de ces variations est certes d'un intérêt majeur, mais relève bien plutôt du travail de l'historien de l'art. Par souci de clarté, nous donnerons à notre analyse un tour plus thématique que chronologique. Toutefois, éluder totalement la chronologie serait aussi impossible qu'aberrant et bien souvent, elle s'impose avec force ; nous la conserverons donc selon sa pertinence, dans les liens nécessaires qu'elle aura avec notre propos. Ainsi, nous gagnerons à suivre, parfois, le devenir de l'imitation dans ses ruptures, raccords et reprises, dans ses brusques avancées, dans ses lenteurs et ses blocages, quand cela permettra d'amener notre notion à plus de clarté.

Ce devenir de l'imitation, c'est au XXe siècle, dans le temps où nous écrivons, qu'il nous est donné de l'embrasser du regard. Or il semble aujourd'hui impossible de garder l'imitation scrupuleuse de la nature comme fin dernière de l'art. Notre siècle est acquis à l'idée que, si l'imitation rigoureusement fidèle a longtemps été l'idéal de la peinture, elle n'en est ni la seule voie ni la meilleure. En revanche, nous pourrons nous demander s'il est possible de conserver l'imitation comme critère opératoire pour une lecture de l'art en son histoire. Ou bien, si l'imitation est la ligne directrice selon laquelle l'art doit être interprété, n'est-on pas condamné à n'y rien entendre, à n'y voir qu'un jeu de miroirs qui pourrait, tout au plus, nous inciter à revenir « aux choses mêmes[12] » ? S'il se peut garder l'imitation comme grille de lecture de l'histoire de l'art, pendant et après son rejet décisif au XXe siècle, cela ne suppose-t-il pas un

---

12 « Revenir aux choses mêmes », tel est le mot d'ordre husserlien qui infléchit toute la démarche de la connaissance phénoménologique. Ce sont également les termes de la profession de foi de Cézanne, dont nous verrons qu'ils dépassent les postulats d'un réalisme simple, couramment entendu. Dans notre quatrième partie, nous mettrons en regard l'un de l'autre ces deux retours « aux choses mêmes » et nous en donnerons une analyse conjointe.

élargissement de la notion, de telle sorte qu'elle embrasserait désormais aussi les branches les plus variées de l'art moderne ?

PREMIÈRE PARTIE

De l'idéal de ressemblance : au comble ou aux marges de la mimèsis ?

> La peinture est la plus étonnante magicienne : elle sait persuader par les plus évidentes faussetés qu'elle est la vérité pure.
>
> J. E. Liotard

Si l'art, et la peinture en particulier, est imitation de la nature, alors, le grand art semble atteint lorsque l'imitation est parfaite et la ressemblance à son comble. Dans cette perspective, l'art doit tendre à rendre possible la confusion entre le modèle et son imitation, viser à ce que l'on nomme l'illusionnisme[13]. Nous pouvons donc commencer par étudier l'imitation dans ce sens étroit, le plus pointu. Il ne s'agira alors pas ici de confronter, voire d'opposer les notions d'imitation et de trompe-l'œil, mais d'introduire la question du trompe-l'œil dans le champ immense de la mimèsis picturale, c'est-à-dire de mesurer les enjeux du trompe-l'œil comme question posée à la représentation en peinture, de voir comment il la travaille du dedans. Une telle approche soulève d'emblée plusieurs problèmes. D'une part, la question est de savoir jusqu'à quel point le trompe-l'œil nous rapproche de l'objet imité,

---

[13] R. de Piles commence d'entrée son chapitre sur L'idée de la peinture comme suit : « L'essence et la définition de la peinture est l'imitation des objets visibles par le moyen de la forme et des couleurs. Il faut donc conclure que, plus la peinture imite fortement et fidèlement la nature, plus elle nous conduit vers sa fin [...]. », *Cours de peinture par principes*, Paris, Gallimard, 1989, p. 9.

comment il nous le livre ou ce qu'il nous livre de lui. D'autre part, si nous poussons l'imitation *à son comble*, s'agit-il encore d'imitation ? Le trompe-l'œil nous mène-t-il *en marge* de l'imitation ? En d'autres termes, l'illusionnisme est-il la quintessence de la peinture, ou n'en est-il qu'une propriété inessentielle, un accident, ou, enfin, n'est-il pas l'autre de l'imitation ?

I L'illusionnisme

A) Le trompe-l'œil

Le trompe-l'œil apparaît comme la fin idéale des longs perfectionnements du réalisme : il est l'art de peindre qui donne l'illusion de la réalité. Il trompe le spectateur en donnant, par des valeurs fausses, l'illusion de l'objet vrai, c'est-à-dire rendu comme présent[14] à nos yeux. C'est ce que dit la phrase[15] de Liotard que nous avons placée en exergue, qui jette les bases de notre développement à venir.

Le trompe-l'œil n'est pas une notion univoque. Nous pouvons distinguer trois degrés, ou trois types de trompe-l'œil, selon l'efficacité du leurre, la puissance de l'illusion. Un premier degré consiste, au plus près du sens littéral du mot, à *tromper les yeux*, les sens, et non l'esprit du spectateur[16]. Les objets sont représentés de telle sorte que, bien que le spectateur soit averti et conscient qu'il ne s'agit que d'un tableau, son regard ne puisse vaincre l'illusion. Un second degré de trompe-l'œil consiste à *tromper des animaux*. Pline rapporte que des oiseaux seraient venus picorer les raisins peints par Zeuxis ; de même, des chiens seraient

---

14 Dans la « véritable peinture », écrit R. de Piles, « les figures semblent pouvoir se détacher du tableau pour entrer en conversation avec ceux qui les regardent ». « L'art », dit-il aussi, « rend présentes les choses absentes. Son essence est de tromper les yeux. », *ibid.*
15 Liotard J.E., *Traité des principes et des règles de la peinture*, Genève, 1781. Phrase citée par E.H. Gombrich, dans *L'art et l'illusion, op. cit.*, p. 57.
16 C'est l'opinion de R. de Piles quand il écrit, dans ses *Dialogues sur le coloris*, en 1673, que « la fin de la peinture n'est pas tant de convaincre l'esprit que de tromper les yeux ».

venus se briser la tête sur un mur peint par Mignard, et des oiseaux se donner la mort, sur un mur peint par Jacques Rousseau[17]. Par-delà leur intérêt anecdotique, de tels récits sont manière d'éloge inconditionné de la prouesse des peintres. Le troisième degré de trompe-l'œil est celui qui parvient à *tromper les humains*, comme en témoigne cet éloge de Chardin par Diderot : « Ah, mon ami, crachez sur le rideau d'Apelle et sur les raisins de Zeuxis. On trompe sans peine un artiste impatient, et les oiseaux sont mauvais juges en peinture. N'avons-nous pas vu les oiseaux du Jardin du Roi aller se casser la tête contre la plus mauvaise perspective ? Mais c'est vous, c'est moi que Chardin trompera, quand il voudra[18]. » Un exemple célèbre de ce dernier type de trompe-l'œil est le portrait de sa servante par Rembrandt, conçu « pour l'exposer à une fenêtre et tromper les passants[19] ».

B) L'idéal du miroir

L'idéal d'exactitude dans la ressemblance peut être formulé ainsi : l'art doit être *le miroir de la nature*. Plus que d'une simple comparaison[20], il s'agit ici d'une quasi-identification. Selon la théorie classique, les processus de la peinture ont donc affaire avec le miroir. Significativement, dans les villes flamandes au XVIIe siècle, les peintres font partie de la corporation des fabricants de glace. Image peinte et image réfléchie entrent en rapport d'émulation ou de rivalité, à tel point qu'en 1747, La Font de Saint Yenne, qui fut l'un des fondateurs de la critique d'art, attribuait ce qu'il jugeait être la décadence de la peinture à la vogue excessive des miroirs : « Les miroirs forment des tableaux où l'imitation est si parfaite qu'elle égale la nature même dans l'illusion qu'elle fait à nos yeux [...] ; la science du pinceau a été forcée de céder à l'éclat du verre[21]. » Le miroir est désormais d'une exactitude plus parfaite

---

17 Peintre-verrier de la Renaissance.
18 Diderot D., *Salon de 1763*, dans *Essais sur la peinture. Salons de 1759, 1761, 1763*, Paris, Hermann éditeur, 1984., p. 221.
19 Exemple rapporté par R. de Piles dans ses *Cours de peinture par principes, op. cit.*
20 Cette association du miroir et du peintre se trouve déjà chez Platon, qui, dans le livre X de la *République*, compare le peintre à un homme qui, muni d'un miroir, nous fait voir le reflet de tout ce qui l'entoure.
21 La Font de Saint Yenne E., *Réflexions sur quelques causes de l'état présent de la peinture en France*,

que la peinture, et elle ne l'emporte sur lui qu'en ce que ses représentations sont durables, tandis que les images du miroir sont soumises au temps de la présence[22]. Cette émulation du miroir et du tableau est loin d'être un thème seulement littéraire. Les XVIIe et XVIIIe siècles ont connu un engouement pour ce que l'on pourrait appeler *les miroirs-tableaux* : richement encadrés, ces miroirs sont décorés de guirlandes de fleurs peintes réservant, en leur centre, un espace vierge, spéculaire ; celui qui s'y regarde y est, pour le temps où il se fixe devant le miroir, comme peint. La pratique des peintres a été très sensiblement infléchie par cette conception du miroir comme idéal de la peinture. Mais avant de l'envisager, nous pouvons faire un détour par les fondements de cette parenté entre miroir et art de peindre.

L'assise théorique de cette parenté peut se trouver dans les généalogies, quelque fantaisistes qu'elles paraissent parfois, qui ont été dressées de la peinture. Elle a pour origine et modèle *la mimétique naturelle du reflet*. La nature est pleine de miroirs naturels, tels les plans d'eau, où elle se réfléchit et multiplie. Nietzsche souligne cette propension de la nature à s'offrir à la représentation, à se représenter elle-même. La nature, dit-il, est « animée par une aspiration ardente à l'apparence »[23]. Dans *Le Songe de Philomathe* de Félibien, l'Allégorie de la peinture, racontant sa généalogie, évoque également la mimétique naturelle du reflet, mais c'est ici la nature qui s'inspire des œuvres de la peinture[24] : « les divinités des eaux, considérant mes peintures avec plaisir, ont voulu en faire des copies, et elles y ont si bien réussi que vous voyez avec quelle facilité elles savent faire un tableau. Les nymphes des rivières, des lacs et des fontaines [...] ont pris un si grand plaisir dans ces occupations qu'elles ne font autre chose que représenter continuellement ce qui s'offre à elle. »

Paris, 1747, cité par R. Démoris, « Original absent et création de valeur : Du Bos et quelques autres », dans *Revue des sciences humaines*, 1975, n° 1, p. 68.

22 Fénelon, dès 1690, évoquait, par le détour de l'utopie, un pays idéal d'où les peintres étaient absents car « quand on voulait avoir le portrait d'un ami, un beau paysage ou un tableau qui représentât quelque autre objet, on mettait de l'eau dans de grands bassins d'or ou d'argent ; puis on opposait cette eau à l'objet qu'on voulait peindre. Bientôt l'eau se congelant devenait comme une glace de miroir, où l'image de cet objet demeurait ineffaçable. On l'emportait où l'on voulait, et c'était un tableau aussi fidèle que les plus belles glaces de miroir ». Voir *De l'éducation des filles*, texte cité par R. Démoris, art. cit., p. 67.

23 Nietzsche F., *La naissance de la tragédie*, chap. IV, p. 53. *Œuvres philosophiques complètes*, t. I, trad. M. Haar, P. Lacoue-Labarthe, J.L. Nancy, Paris, NRF Gallimard, 1977.

24 Pour Alberti également, c'est « la nature elle-même [qui] semble se complaire à peindre ». Voir Alberti L.B., *De Pictura*, livre II.

La seconde origine de la peinture que nous pouvons mentionner ici est le mythe de Narcisse. Dans le *De Pictura*, Alberti présente Narcisse comme l'inventeur de la peinture[25]. Cette allusion à Narcisse lève implicitement la question du rapport de la peinture à la vérité : « Séduit par l'image de sa beauté qu'il aperçoit, Narcisse s'éprend d'un reflet *sans consistance*, il prend pour un corps ce qui n'est qu'*une ombre*... Que voit-il donc ? Il l'ignore, mais ce qu'il voit l'embrase, et la même *erreur* qui abuse ses yeux excite leur *convoitise*... Il contemple sans en rassasier ses regards *la mensongère image* et par ses propres yeux se fait lui même l'artisan de *sa perte*[26]. » Narcisse est victime de trompe-l'œil : son esprit, à la suite de ses sens, cède à l'illusion ; il prend plaisir à être trompé. Il prend pour la réalité même, en sa présence, ce qui n'est qu'une « ombre ». L'objet cru réel éveille sa convoitise, son désir, son sentiment, c'est-à-dire ce qui chez Platon[27] relève des affects, du pathos, de la partie basse de l'âme. Ainsi voit-on que faire intervenir le mythe de Narcisse à l'origine de la peinture n'est pas neutre, c'est une démarche paradoxale. Car si l'image du reflet, du miroir naturel, est invoquée à la fin du livre I du *De Pictura* pour illustrer toute la puissance d'exactitude dont est capable la peinture, le miroir est signalé, à l'entrée de ce même livre, comme le lieu dangereusement ambigu d'une illusion et d'un plaisir.

Les peintres se sont attachés à mettre en pratique cette affinité du miroir et de la peinture. Le XVe siècle italien semble définir nettement la situation : selon la formule très explicite de Léonard de Vinci, le miroir est le « maître du peintre[28] ». L'esprit du peintre doit se rendre « semblable à un miroir[29] », au point parfois de peindre sur une vitre[30], pour prendre comme un décalque des choses. En Italie et dans le Nord de l'Europe, le miroir devient un

---

25 « J'ai l'habitude de dire avec mes amis que, selon l'avis des poètes, le beau Narcisse qui a été métamorphosé en fleur a été l'inventeur de la peinture car, la peinture étant la fleur de tous les arts, toute la fable de Narcisse viendra très à propos. Qu'est-ce en effet que peindre sinon embrasser avec art la surface de la source ? « De pictura », livre I, dans *L'art de la Peinture*, Seghers, p. 116-117.
26 Ovide, *Métamorphoses*, III, 415 sqq.
27 Nous aurons l'occasion par la suite de revenir sur cette liaison chez Platon entre plaisir d'être trompé, pathos et perdition.
28 Propos de Léonard de Vinci, cités dans *L'art de la peinture*, p. 153.
29 *Ibid.*, p. 139.
30 Léonard de Vinci, Préceptes du peintre, dans la section intitulée « Comment représenter correctement une scène », rapporté dans *L'art de la Peinture*, p. 152.

instrument couramment présent dans l'atelier du peintre. Il arrive même que certains tableaux soient peints non à partir de la vue directe de l'objet représenté, mais à partir de son reflet dans un miroir, même convexe[31].

Cependant, les peintres aussi bien que les théoriciens multiplient les mises en garde contre les dangers d'un usage sans retenue et non maîtrisé du miroir. La gravure par laquelle Giovanni Pietro Bellori ouvre la vie de Van Dyck[32] suffit pour s'en convaincre : l'*Imitatio sapiens* de la peinture se regarde au miroir tout en foulant aux pieds un singe ; celui-ci représente l'*ars simia naturae*, l'art qui se contente de singer la nature, de la copier exactement. Pour le classique Bellori, le miroir peut donc servir d'attribut pour distinguer la bonne imitation de la copie seulement mécanique, simiesque. Chez Alberti également, autant que le modèle et l'outil de l'art de peindre, le miroir est l'instrument de vérification de l'œuvre peinte. « Je ne sais pas comment il se fait que les objets bien peints ont de la grâce dans le miroir ; c'est une chose merveilleuse de voir comment tout défaut de la peinture apparaît difforme dans le miroir.[33] »

On entrevoit déjà avec Bellori que miroir et peinture, s'ils tolèrent un étroit parallélisme, ne sauraient faire l'objet d'une identification sans perdre l'un et l'autre certaines propriétés. En effet, La Font de Saint Yenne néglige une différence fondamentale entre peinture et miroir, par laquelle sa thèse se trouve infirmée : *le miroir n'imite pas, il reproduit*[34]. L'imitation du réel est, dans ce contexte, le propre de l'art de peindre. Comme l'a souligné René Démoris, un des paradoxes de cette peinture d'imitation tient, nous le verrons plus loin, à

---

31 L'*Autoportrait* circulaire et convexe du Parmesan en est un exemple particulièrement troublant. La forme et le format du tableau recouvrant exactement ceux du miroir, il n'est plus possible de décider si le fragment d'encadrement peint au sein de l'image est celui d'un miroir ou du tableau. Par cette « invenzione », le peintre fait du tableau le miroir même, et réciproquement.
32 Bellori, *La vie des peintres, sculpteurs et architectes modernes*, 1672.
33 Alberti L.B., *De Pictura*, livre I, cité dans *L'Art de la peinture*, p. 117. Il est à noter que ce texte, en même temps qu'il décrit le miroir comme « redresseur de torts », comme l'instrument de la rigueur, met l'accent, avec les mots « grâce » et « merveilleux », sur sa puissance de magie et d'illusion.
34 Encore ne jugeons-nous qu'il reproduit avec exactitude qu'en vertu d'une illusion d'optique, non corrigée par l'esprit. En effet, Gombrich, dans *L'art et l'illusion*, *op. cit.*, non seulement rappelle que le reflet du miroir est inversé, mais montre aussi que, si les proportions sont gardées, l'image qui semble nous présenter notre double bidimensionnel en modifie très sensiblement les dimensions.

ce que l'opération même d'imiter crée une « valeur ajoutée[35] », par laquelle la copie nous attache plus que l'original. Cette valeur ajoutée est la beauté de l'exécution[36].

Une autre limite de cette théorie classique du miroir comme modèle de la peinture consiste en ce qu'elle entretient la confusion entre *l'objet-miroir* et le phénomène de reproduction dont il est le lieu. Le miroir, en effet, existe et dure derrière l'apparence, par-delà les images qu'il nous renvoie. Cette méconsidération du miroir tient, selon Gombrich, à la faiblesse de notre perception : nous ne pouvons pas simultanément percevoir l'objet-miroir et l'objet reproduit[37]. La même difficulté nous empêche de percevoir en même temps l'objet-tableau et ce qu'il représente. Notre perception peut passer de l'un à l'autre en un instant, mais ne peut embrasser les deux simultanément. Ainsi semble-t-il qu'au sein même du rapprochement opéré entre tableau et miroir, une double lecture de la peinture eût été possible chez les théoriciens de l'art, dès le XVe siècle. Selon René Huyghe, en effet, si nous voulons connaître la vraie nature du miroir, il faut aller au-delà de celle qu'il nous renvoie. De la même façon, « derrière cette pellicule de réalité qui est son prétexte et qui nous le rend sensible, le tableau existe avec ses propres lois ». Cela serait « perçu confusément », en dépit des théories les plus réalistes[38].

L'intérêt porté au miroir ne le réduit pas à n'être que l'instrument d'un surcroît d'exactitude. Le miroir en effet est un motif cher aux peintres, récurrent selon les époques. Il n'est pas neutre de placer un miroir dans la composition d'un tableau. Au cœur de l'image peinte, il devient le lieu où il est fait référence au processus même de l'acte pictural, où, pour reprendre une formule d'A. Chastel, le peintre indique « le scénario de sa production » du tableau[39]. Pour Merleau-Ponty, le miroir est « l'instrument d'une universelle magie qui change les choses en spectacle et les spectacles en choses[40] ». La seule présence du miroir dans l'œuvre peinte exhibe donc cette « magie » qui caractérise le trompe-l'œil et plus généralement

---

[35] Nous aurons l'occasion, dans notre troisième partie, d'analyser plus amplement ce en quoi peut consister cette « valeur ajoutée ».
[36] Démoris R., *op. cit.*, p. 66.
[37] Gombrich E.H., *op. cit.*, p. 349 *sqq*.
[38] Huyghe R., *Dialogue avec le visible*, Paris, Flammarion, 1955.
[39] Chastel A., « Le Tableau dans le tableau », dans *Fables, Formes, Figures*, II, Paris, Flammarion, 1978, p. 75.
[40] Merleau-Ponty M., *L'œil et l'esprit*, Paris, Gallimard, 1964, p. 34.

toute peinture d'imitation, elle opère une surenchère de l'idée de reproduction et d'artifice dans l'image. Cela est plus encore significatif quand l'image reflétée par le miroir peint présente le peintre lui même peignant la scène ; la formule d'André Chastel prend alors tout son sens. Dans *Les Ménines*, Vélasquez se figure lui-même en train de peindre la scène qui est le sujet de son tableau, scène elle-même redoublée par le biais d'un d'un miroir. Ce jeu au cœur du tableau entre production, reproduction et représentation constitue le sujet exclusif de l'*Autoportrait* de l'Autrichien Johan Gump[41], peint en 1646 : le peintre se peint de dos en train de se peindre, regardant un miroir où est reflété son visage, le regard disposé de profil, semblant fixer son image peinte dans un « autoportrait » dont le regard vise intensément le spectateur. Cet autoportrait aux trois têtes illustre avec une rare intensité le vertige du problème de la représentation. D'une manière générale, le reflet de l'image peinte au dedans d'elle-même relève d'une construction « en abyme » qui exhibe l'artifice et la fausseté de la ressemblance dans le même moment où elle la prouve et l'exalte.

C) Une feinte naïveté

Nous avons vu plus haut avec le Mythe de Narcisse que l'illusionnisme suscite *le plaisir d'être trompé*. Il nous faut maintenant expliquer ce plaisir. La tromperie dont il est question consiste à nous faire prendre l'objet représenté pour la chose même : il doit être offert à nos sens dans une immédiation apparente, de manière à agir immédiatement sur notre sensibilité, à solliciter nos affects, à nous « toucher », selon le mot très fréquemment employé par Diderot, comme en l'absence du détour de la représentation. Cela est illustré chez Diderot, dès le *Salon de 1759*, dans l'éloge ci-après de Chardin : « C'est toujours la nature et la vérité ; vous prendriez les bouteilles par le goulot, si vous aviez soif ; les pêches et les raisins éveillent l'appétit et appellent la main.[42] » Le même argument se retrouve plus tard à propos du *Bocal d'olives*, du même peintre.

Pour que cette illusion des sens et cette apparence d'immédiation soient possibles, il

---

41 Florence, Offices.
42 Diderot D., *Salon de 1759, op. cit.*, p. 97.

faut *cacher l'art*. Fénelon l'exprime clairement dans sa *Lettre sur les occupations de l'Académie* : « Représentons-nous donc Raphaël qui fait un tableau, il se garde bien de faire des figures bizarres, à moins qu'il ne travaille dans le grotesque ; il ne cherche point un coloris éblouissant ; loin de vouloir que l'art saute aux yeux, il ne songe qu'à le cacher ; il voudrait pouvoir tromper le spectateur, et lui faire prendre son tableau pour Jésus-Christ même transfiguré sur le Thabor. Sa peinture n'est bonne qu'autant qu'on y trouve la vérité. L'art est défectueux dès qu'il est outré ; il doit viser à la ressemblance.[43] » Pour qu'une peinture paraisse « vraie », l'art doit s'en effacer, s'y rendre transparent. La perfection de l'imitation est donc de passer inaperçue. Dans le cas contraire, l'art fait écran entre le spectateur et l'objet représenté, il enraye la lisibilité et brouille la transparence de l'image. Diderot condamne Boucher pour n'être pas assez trompeur : il n'émeut pas, parce qu'il « ne montre que son art », tandis que Chardin fait oublier le sien[44]. Cette idée, selon laquelle il faut cacher l'art, se trouve aussi chez Kant. Elle ne s'applique pas seulement au trompe-l'œil, mais s'étend au champ plus vaste des Beaux-Arts.

Dans la *Critique de la faculté de juger*, Kant écrit que les œuvres de la nature ont ce privilège d'inspirer seules un intérêt immédiat[45]. Un tel intérêt tient à la pensée que la nature a produit cette beauté. Nous apprécions la nature en tant qu'elle se montre comme art : elle semble produire ses beautés « non point par hasard, mais pour ainsi dire intentionnellement, d'après un ordre légal et en tant que finalité sans fin[46] ». En revanche, la satisfaction relative aux Beaux-Arts n'est pas « aussi bien liée à un intérêt immédiat ». En effet, ou bien l'art est une imitation telle de la nature qu'elle va jusqu'à l'illusion, et en ce cas, « c'est en tant que beauté naturelle qu'il a un effet ». Ou bien il s'agit d'un art « dirigé de manière visible à l'intention de notre satisfaction », pour lequel il n'y aurait pas d'autre intérêt qu'un intérêt médiat « pour la cause se trouvant au principe, c'est-à-dire pour l'art qui ne peut être intéressant que par sa fin et jamais en lui-même ». Pour que nous éprouvions un intérêt

---

43 Cité par É. Gilson, *op. cit.*, p. 242.
44 Diderot D., *Salon de 1763, op. cit.*
45 Kant E., *Critique de la faculté de juger*, Paris, Vrin, 1968, p. 131. Kant oppose cet intérêt immédiat pris aux œuvres de la nature à « l'intérêt de la vanité » lié au parti décoratif qu'il se peut tirer de la beauté des œuvres, ou à tout détournement de sens que peuvent leur faire subir les « joies de l'ordre social ».
46 *Ibid.*, p. 133.

immédiat, il faut qu'il soit suscité par la nature ou par ce que nous prenons pour elle. Si nous nous délectons du chant d'un rossignol, notre intérêt s'évanouit pour faire place à l'agacement et au dégoût quand nous découvrons qu'un jeune espiègle nous a trompés en en donnant une parfaite contrefaçon, c'est-à-dire quand nous découvrons que « ce n'est que de l'art »[47]. Dans cette perspective, on peut penser que le trompe-l'œil, dans le moment où il fait illusion, nous inspire un intérêt immédiat comme le ferait la nature, puisqu'en lui nous aimons ce que nous prenons pour elle.

Mais ce serait une manière insuffisante et vaine, que de n'apprécier l'art qu'en ce que nous sommes trompés et n'y voyons pas de l'art, mais la nature. Aussi, selon Kant, faut-il prendre conscience devant une œuvre que « c'est là une production de l'art, et non de la nature[48] ». Mais la finalité d'une production de l'art doit sembler libre : « Elle doit sembler aussi libre de toute contrainte par des règles arbitraires que s'il s'agissait d'un produit de la simple nature ». Ainsi, de même que la nature était belle lorsqu'en même temps elle avait l'apparence de l'art, lorsqu'elle semblait « pour ainsi dire intentionnellement » obéir à une règle, de même « l'art ne peut être dit beau que lorsque nous sommes conscients qu'il s'agit d'art et que celui-ci nous apparaît cependant en tant que nature ». La finalité dans les produits des Beaux-Arts, bien qu'elle soit intentionnelle, ne doit donc pas le paraître, et quoique les œuvres de l'art doivent être produites en accord avec ses règles, « la règle scolaire ne doit pas transparaître ». Les moyens matériels de l'œuvre d'art, ainsi que les efforts laborieux de sa genèse, doivent s'effacer au final devant la chose représentée[49]. C'est ce qu'exprime Constable quand il s'étonne de ce que « tant de ratés, d'efforts et de moyens » soient nécessaires « pour rendre la simplicité et la fraîcheur[50] ».

Revenons maintenant au trompe-l'œil, à la lumière de l'analyse de Kant. Il repose sur

---

47 *Ibid.*, p. 134.
48 *Ibid*, p. 137.
49 Baudelaire, *Curiosités esthétiques*, Paris, Bordas, 1990, p. 141. C'est par un reproche que Baudelaire conclut son éloge fervent de Decamp : « Le seul reproche, en effet, qu'on pouvait lui faire était de trop s'occuper de l'exécution matérielle des objets ; ses maisons étaient en vrai plâtre, en vrai bois, ses murs en vrai mortier de chaux ; et devant ces chefs-d'œuvre, l'esprit était souvent attristé per l'idée douloureuse du temps et de la peine consacrés à les faire. Combien n'eussent-ils pas été plus beaux, exécutés avec plus de bonhomie ! »
50 Cité par Gombrich, *op. cit.*

le paradoxe suivant, indiqué par son nom même : il requiert pour être apprécié un esprit averti, conscient qu'il s'agit d'art, et plus particulièrement, conscient qu'il s'agit d'illusionnisme. Le trompe-l'œil trompe le sens de la vue, et non l'esprit. Bien plus, il s'agit de laisser se tromper les sens avec la complicité de l'esprit du spectateur. C'est donc en vertu d'une feinte naïveté que l'illusion cause le plaisir que nous lui avons attribué plus haut. Aussi Diderot se plaît-il à soulever un coin du voile et à faire voir au spectateur averti ce qu'en principe il devrait ignorer. Voici ce qu'il écrit dans le *Salon de 1763*, toujours à propos de Chardin : « On n'entend rien à cette magie. Ce sont des couches épaisses de couleur, appliquées les unes sur les autres, et dont l'effet transpire de dessous en dessus. D'autres fois, on dirait que c'est une vapeur que l'on a soufflée sur la toile ; ailleurs, une écume légère qu'on y a jetée. Rubens, Berghem, Greuze, Loutherbourg vous expliqueraient ce faire bien mieux que moi ; tous en feront sentir l'effet à vos yeux. Approchez-vous, tout se brouille, s'aplatit et disparaît. Éloignez-vous, tout se crée et se reproduit.[51] » C'est une quasi-prétérition de dire qu'on « n'entend rien à cette magie », quand la suite du texte insiste sur le « faire », sur la technique qui rend possible cette « magie » de la ressemblance. Ce qui est apprécié dans le trompe-l'œil, c'est l'habileté de l'artiste, l'artificieuse technologie du « *quidproquo* », par laquelle sont égalées les apparences de la nature. Le trompe-l'œil exalte tout l'art, au sens d'artifice ; en lui, le spectateur apprécie l'art avec lequel l'artiste réussit à cacher son art. Cette dissimulation de l'art est la simulation suprême du trompe-l'œil.

« Qui dit peindre dit feindre », écrit Isidore. « toute image est fiction, non réalité[52] ». Et c'est feindre, aussi, que de percevoir la « fiction » comme la « réalité ». Le plaisir pris au trompe-l'œil a une dimension ludique. Le spectateur aime jouer la naïveté, il consent à laisser l'illusion agir sur ses sens. Il entre de plain-pied dans ce « rêve à l'usage de ceux qui sont éveillés », pour reprendre une formule de Platon. Il accepte par jeu de percevoir la « chose feinte » comme si elle était la chose même, en donnant libre cours à son imagination, qui est cette « maîtresse d'erreur[53] », en vertu de laquelle certains « croient voir ce qu'ils ne voient

---

51 Diderot D., *Salon de 1763, op. cit.*, p. 220.
52 Cité dans *L'art de la peinture*, p. 40.
53 Pascal, cité par Alain dans le *Système des Beaux-Arts, op. cit.*, p. 17.

pas[54] ». L'imagination est, selon Alain, une « perception fausse[55] ». « Imaginer », dit-il, « c'est percevoir sans précaution[56] ». En effet, alors que la perception est « une recherche de l'objet vrai, une enquête qui élimine, autant que possible, ce qui tient à la situation et à l'état de notre corps », l'imagination consiste principalement à « se fier au premier témoignage, impressions et émotions mêlées[57] ». L'imagination est une perception non redressée par l'entendement, une soumission aux témoignages des sens, par laquelle le « tumulte du corps » fait entrer en l'esprit l'erreur et le désordre[58].

Mais l'imagination nous trompe aussi sur sa propre nature. Sa puissance n'est pas telle, en effet, que ses erreurs ne puissent être corrigées par l'attention. Car en elle, ce n'est pas « l'objet supposé qui fait preuve et produit l'émotion[59] », mais ce sont l'impression et l'émotion qui font preuve et forgent la chose imaginée. « Forgée », dit Alain, « elle est réelle par cela même et perçue à n'en point douter[60]. » Toutefois, si l'attention dissipe les illusions de l'imagination, c'est en refusant ce pouvoir désillusionniste de l'esprit que nous continuons de nous laisser illusionner, par un consentement que nous donnons à l'imagination. Nous ne demandons, selon Alain, qu'à croire et à être trompés. « Quand je rêve devant les yeux ouverts, devant les nuages, la fumée, ou les crevasses d'un mur, il arrive que je voie une visage, ou bien un être en mouvement ou attitude. Et je le cherche et souvent je le retrouve ; mais enfin, une minute d'attention résolue fait voir que les formes n'ont point changé ; ce sont fumées, nuages ou crevasses, rien de plus. [...] On ne retrouve ces illusions étonnantes que par une complaisance à l'émotion et par une espèce de jeu tragique[61]. » Il en va de même pour le trompe-l'œil. Nous donnons notre consentement à l'illusion, même une fois reconnue. Comme au théâtre nous nous laissons saisir par l'illusion comique, et apprécions le spectacle comme s'il était la réalité même, de même dans le trompe-l'œil nous nous complaisons à voir comme présents l'objet ou la scène représentés, quand bien même nous savons qu'il n'y a là qu'artifice.

---

54 Montaigne, cité par Alain, *op. cit.*, p. 17.
55 Alain, *op. cit.*, Paris, Gallimard, 1953, p. 25.
56 *Ibid.*
57 *Ibid.*
58 *Ibid.*, p. 17.
59 *Ibid.*, p. 18.
60 *Ibid.*, p. 20.
61 *Ibid.*, p. 29-30.

II Corrélat : l'idée de vérité en peinture

Dans notre analyse de l'illusionnisme, nous avons rencontré en de multiples occurrences les termes de « vrai » et de « faux ». Nous pouvons à présent soulever la question de la pertinence de leur emploi à propos de la peinture. Il s'agit de dégager les présupposés et de mesurer les implications de cet usage courant des notions de vérité et de fausseté, et de voir quelles nuances elles peuvent revêtir dans l'ordre de la peinture.

Pour la tradition philosophique, la vérité se conçoit d'une manière générale comme l'accord de la représentation avec le représenté. Cet accord en peinture est fondé par le lien de ressemblance entre l'image et son modèle. Plus l'imitation est fidèle, plus cet accord est parfaitement réalisé. Or nous avons vu aussi que plus l'imitation est fidèle, plus elle entretient la confusion de l'image et de son modèle, et plus nous risquons d'être trompés. Afin donc de démêler les liens complexes du vrai et du faux en peinture, nous pouvons remonter au fondement de la tradition philosophique, c'est-à-dire à Platon, chez qui le domaine de la vérité s'étend de la linguistique à l'esthétique.

A) Les ombres du vrai

Si Platon introduit les notions de vrai et de faux dans la peinture, c'est principalement pour en dénoncer le mensonge, pour déjouer les prétentions de la ressemblance à la vérité. Il distingue cependant entre une bonne imitation, l'art légitime de la copie, et une imitation scandaleuse, l'art fantasmagorique[62]. L'art que Platon nomme « fantasmagorique », ou « art de l'apparence », est celui qu'il voit se développer chez ses contemporains. Platon le condamne expressément parce qu'il vise à produire des « simulacres » en imitant les objets tels qu'ils

---
62 Platon, *Sophiste*, 235d-236c.

apparaissent aux sens, sous un angle toujours partiel et changeant, et non tels qu'ils sont en vérité. Ce type d'art sacrifie la vérité au plaisir, substituant aux proportions véritables des proportions d'apparence, à seule fin de rendre ses œuvres harmonieuses à la vue. Platon dénonce chez ses contemporains peintres et sculpteurs leurs tendances perspectivistes, car elles visent à l'illusion.

Platon rapproche ces peintres et sculpteurs des Sophistes auxquels il prête la même quête de l'illusion. Toute la sophistique entre en effet dans la μιμετικη, dans l'ειδολοποιητικη. Le Sophiste est un « imitateur de la réalité[63] », un « faiseur d'images parlées[64] » ; il produit des « semblances illusoires[65] ». Le sophiste veut donner à ses auditeurs l'illusion que ce qu'ils entendent est vrai, par des « simulacres inclus dans les mots »[66], comme le peintre d'illusion ne donne de l'objet qu'il représente qu'un simulacre qu'il veut faire passer pour vrai. L'un comme l'autre, bien loin de vouloir manifester la chose en vérité, ne cherchent qu'à la simuler.

Pour en achever la critique, Platon associe la sophistique et la peinture d'illusion à l'art des prestiges[67]. Tous s'appuient sur cette faiblesse de notre nature, la φαντασια, par laquelle les impressions erronées des sens l'emportent sur les jugements de la partie supérieure de l'âme, la διανοια, qui s'en remet à la mesure et au calcul raisonné. La φαντασια désigne cette disposition[68] de notre nature à donner son assentiment spontané à l'apparence que revêtent les choses, sans le secours de l'esprit critique. La « φαντασια[69] » se caractérise par son « immersion dans le paraître, le sembler, qui n'est pas réellement »[70], au contraire des facultés supérieures de l'âme[71], qui s'en détachent, et s'élèvent au-dessus de lui. La

---

63 Platon, *Sophiste*, 235abc, etc.
64 *Ibid.* 234c.
65 Nous empruntons la formule de J.P. Vernant dans *Religions, Histoires, Raisons*, chap. 8.
66 Platon, *Sophiste*, 234e.
67 Platon, *République*, L.X, 596de *sqq*.
68 « Disposition » traduit ici le grec « παθεμα ».
69 Le substantif « φαντασια » est un dérivé du verbe « φαινειν », apparaître.
70 Platon, *Sophiste*, 637c, dans *Œuvres complètes*, trad. L. Robin, Paris, Gallimard, Bibl. de la Pléiade, 1940, 2 vol.
71 La « διανοια » qui procède discursivement, et le « νους » auquel il est donné de pouvoir contempler (« θεορειν ») l'Intelligible.

dépréciation de la « φαντασια » est donc liée à celle de la sensibilité chez Platon. Il la définit d'ailleurs comme un mélange de sensation et d'opinion, et va jusqu'à l'identifier, dans le *Théétète*, à la seule « αισθησις[72] ».

À une esthétique de l'illusion, Platon oppose une esthétique de l'imitation. Il est une imitation légitime dite « art de la copie », ou « εικαστικη ». Elle ne tient pas compte du plaisir du spectateur, si ce n'est du plus compétent, c'est-à-dire de celui qui connaît l'objet à imiter[73]. « Ce qui produit la correction en ce domaine (celui des arts d'imitation), c'est, pour tout dire en un mot, l'égalité sous le rapport de la quantité et de la qualité, et non pas le plaisir.[74] » Il s'agit pour Platon de copier l'objet tel qu'il est en vérité et non tel qu'il apparaît aux sens, « car ce qui fait que l'égal est l'égal et le symétrique le symétrique, ce n'est ni l'opinion du premier, ni l'agrément qu'il peut y trouver, c'est avant tout la vérité, le reste ne compte presque pas »[75].

La rigueur de Platon doit être nuancée. Il reconnaît en effet que la correction artistique différera toujours de l'exactitude mathématique[76] : une copie parfaite ne serait plus une image, mais un double, comme il est dit dans le *Cratyle*[77]. Et un double, parce qu'imitation trop fidèle, risquerait de se substituer à l'original.

La meilleure imitation, prisée par Platon, reste cependant un vecteur très imparfait de la vérité. Elle ne produit jamais que des images, et s'il arrive chez Platon que l'image garde un reflet de l'Idée, elle lui est le plus souvent opposée. L'image en effet n'est qu'une ombre du vrai. Cela apparaît dès le Livre X de la *République*, qui constitue un premier moment de la théorie platonicienne de l'art. Platon y distingue trois types d'œuvres : l'œuvre du dieu, celle du

---

72 « L'apparaître, c'est être senti... phantasia et aisthésis sont donc identiques. »
73 C'est parce qu'il ne connaissent pas en vérité l'objet à imiter que les peintres d'illusion et les Sophistes se contentent de le simuler.
74 Platon, *Lois*, 667b.
75 Platon, *Lois*, 655d.
76 Platon, *République*, L. VII, 529d-530a. Platon cède cependant à la séduction de la beauté des formes géométriques. Dans le *Philèbe* et le *Timée* (51bd, 53-54), il semble favorable à la représentation des formes pures, droites, courbes, surfaces, tétraèdre, octaèdre, cube... sans doute parce qu'elles lui paraissent plus fidèles aux idées dont elles sont les répliques que les représentations d'objets sensibles.
77 Platon, *Cratyle*, 432bc.

menuisier et celle du peintre. La première topique de Platon se déploie à partir de la question de la ποιησις : il y a trois façons de faire un lit. « Peintre, menuisier, dieu, ils sont trois qui président à trois espèces de lit »[78]. Le dieu produit l'eidos. L'artisan se rapporte au bon modèle, à l'eidos, tandis que le peintre imite le lit sensible, c'est-à-dire ce qui déjà imite l'eidos. De cette inflation mimétique il résulte que l'image du lit peint ne garde qu'un reflet très pâli de l'éclat de l'idée. Il se situe « à trois degrés de la vérité ». Le statut de l'image enregistre donc une perte de réalité, une déperdition de l'essence.

La deuxième topique de Platon peut être dite celle de l'usage[79]. « Il y a trois arts qui répondent à chaque objet : l'art qui s'en sert, celui qui le fabrique, celui qui l'imite... Or à quoi tendent les propriétés, la beauté, la perfection d'un meuble, d'un animal, d'une action, sinon à l'usage (« η την κρειαν ») en vue duquel chaque chose est faite, soit par l'homme, soit par la nature ? »[80] L'eidos n'est pas ici principe en tant que modèle idéal et infiniment reproductible, mais en tant qu'il détermine un usage : l'être du lit s'entend comme ce à quoi il sert et il appartient à ceux qui en usent de le connaître. L'œuvre de l'artisan et celle du peintre s'avèrent incomparables du point de vue de la « χρεια » : nul ne peut s'étendre sur un lit peint. À l'instar de l'artisan, l'imitateur produit bien quelque chose, mais il désaffecte ce qu'il produit, il le met hors d'usage en offrant à la délectation de l'œil ce qui n'y était nullement destiné. Ainsi voit-on que l'art ne se contente pas de voiler l'eidos, selon la logique de la première topique ; il méprise aussi le sens de l'être.

Dans son texte intitulé « La réalité et son ombre », Emmanuel Lévinas donne une approche voisine de cette désaffectation de l'objet dans l'image, du point de vue de l'usager : l'image, fondamentalement immobile et immobilisante, s'oppose à « l'être-au-monde » comme la mort à la vie. « Nous entretenons avec l'objet une relation vivante, nous le saisissons, nous le concevons[81]. » Or, au contraire, « l'image neutralise cette relation, cette conception originelle de l'acte[82] ». L'image est donc neutralisation de la vie, neutralisation de la relation

---

78 Platon, *République*, L. X, 597c.
79 Platon, *République*, L. X, 601c-602d.
80 Platon, *République*, L. X, 601d.
81 Lévinas E., « La réalité et son ombre », *Les temps Modernes*, n° 38, novembre 1948, p. 774.
82 *Ibid.*

vivante à l'objet réel. Un texte ultérieur, *De l'Existence à l'Existant*, éclaire cette notion de neutralisation par celle de désintéressement : « ce qu'on appelle le désintéressement de l'art ne se rapporte pas seulement à la neutralisation des possibilités d'agir, mais aussi à l'arrachement des choses au monde en tant que celles-ci sont représentées[83] ». Dès lors, le rapport à l'image, comme neutralisation et désintéressement, n'est rien d'autre que la suspension du pouvoir-être des objets en tant qu'ils sont représentés, et de l'homme dans sa relation avec eux. Ainsi, face à une image, mes possibilités d'agir et les possibilités qu'a l'objet représenté de m'être utile sont suspendues ; je suis comme placé en dehors des possibilités calquées sur le maniement de l'outil, selon les analyses de Heidegger dans *Être et Temps*.

Une autre raison pour laquelle l'image s'oppose à l'eidos comme l'ombre à la lumière peut être trouvée dans l'Allégorie de la caverne[84], où la thèse du livre X de la *République* est radicalisée. Platon y décrit par le détour du mythe cette vision déchue[85] qui rive les hommes à la non-vérité du sensible. Il compare la vision commune à celle d'hommes qui ne voient de la réalité des objets que leurs ombres projetées sur le mur d'une caverne où ils se maintiennent prisonniers. Ils prennent ces ombres du vrai pour la réalité même, dont ils ignorent l'existence au dehors de la caverne. Ils ne voient donc de la réalité que des ombres, des images. Ces ombres représentant le sensible dans la comparaison de Platon, c'est tout le sensible qui bascule ici dans le domaine de l'image. L'attitude de Platon à l'égard des arts d'imitation nous

---

83 Lévinas E., *De l'existence à l'existant*, Paris, Vrin, 1949, 2ᵉ éd. 1967, p. 84.
84 Platon, *République*, Livre VII.
85 Le Mythe du *Phèdre* élucide la nature de l'âme et situe l'homme par rapport au dieu. Alors que le dieu jouit de la vision des essences, l'âme humaine, même si elle tente de mettre ses pas dans les traces du dieu, ne peut pas prétendre à la splendeur de la vision divine. Les eidè ne constituent pas l'objet commun à la vision humaine et à la vision divine. Alors que le dieu contemple (θεορειν, θεασθαι), l'homme seulement voit (οραν). Ne voyant pas de même, ils ne voient pas le même. Ce que le dieu contemple, l'âme humaine ne l'aperçoit qu'à grand peine, au terme d'une joute épuisante. Parce qu'elle a vu la vérité en une vision fugitive, elle est condamnée à la réminiscence, à procéder dans l'acte du logos selon l'eidos : « il n'y aura pas en effet, pour l'âme qui jamais n'eut une vision de la vérité, de passage à cette forme qui est la nôtre. Il faut en effet que l'homme procède selon ce qui est appelé l'eidos, en allant de la multiplicité du sensible vers l'unité qui est produite par l'acte du logos. C'est une réminiscence de ce que l'âme a vu lorsqu'elle s'associait à la promenade d'un dieu, lorsqu'elle regardait de haut tout ce que, dans notre présente existence, nous disons être vrai, et qu'elle levait la tête vers ce qui est véritablement ». *Phèdre*, 249c. Le premier moment de l'Allégorie de la caverne est celui de l'immersion dans le sensible, dans « ce que nous disons être vrai » dans notre présente existence, dans l'ignorance où nous sommes de la vérité de l'intelligible.

semble très liée à l'Allégorie de la caverne. La peinture n'imite en effet que des ombres, comme le montre, à l'origine du dessin, l'entreprise de la fille de Boutadis, le potier de Corinthe : pour garder mémoire de son amant, elle dessine son profil en cernant le contour de son ombre sur la surface où elle s'étale[86]. Plus tard, au VIe siècle, la projection d'ombres devient un procédé courant de la peinture[87]. Les peintres, en prenant le sensible toujours en devenir[88] pour modèle, en imitent la bigarrure et l'instabilité[89], au lieu de prendre pour modèle le monde des Idées stables et éternelles. Ils ne font rien d'autre que décorer les parois de la caverne, en essayant de fixer le défilé des ombres fugitives que s'y succèdent. La dépréciation de l'image chez Platon est ici une conséquence de celle du monde sensible dont elle se fait le miroir.

Si le domaine de l'image et de la peinture est celui de la non-vérité, de l'ombre, de l'obscurcissement[90], c'est aussi en raison de la nature de la ressemblance. L'image en effet est « un second objet pareil », mais elle n'est en même temps qu'une « pure semblance », elle n'a d'autre réalité que sa ressemblance par rapport à ce qu'elle n'est pas. En tant qu'elle est un « second objet pareil », elle appartient à la catégorie du même. En effet, si la ressemblance allait jusqu'à l'identité, il y aurait deux Cratyle, et non plus Cratyle et son image. Mais l'image relève aussi de la catégorie de l'autre, puisque jamais la ressemblance ne parvient à l'identité : l'image ne nous donne à voir que l'apparence extérieure et bidimensionnelle de l'objet qu'elle désaffecte. C'est pourquoi l'image archaïque ou religieuse, le « κολοσσος », qui veut être le substitut dans ce monde d'une présence de l'au-delà, humaine ou surnaturelle, produit un effet toujours décevant. Dans l'*Agamemnon* d'Eschyle, Ménélas se fait fabriquer des doubles

---

86 Voir Schuhl M., *Platon et l'art de son temps (arts plastiques)*, Paris, PUF, 1952.
87 *Ibid.*
88 Parce que l'art imite le monde mouvant du sensible, il ne peut vivre sans se transformer, c'est-à-dire qu'il est pour Platon toujours en décadence. Platon se prononce en faveur d'un art hiératique, immuable comme celui dont il avait admiré les œuvres dans la vallée du Nil. Si l'art des Égyptiens n'entre pas en décadence, c'est parce qu'il a pour modèle le monde stable des Idées. Voir Platon, *Lois II*, 656d-657d.
89 L'imitation elle-même est multiple et variée. C'est bien le bruit et la fureur du monde qui viennent se refléter au miroir de l'œuvre mimétique. Dans la *République* (398a), Platon écrit que la peinture est « habile à prendre toutes les formes et à imiter toutes choses ».
90 Lévinas E., « La réalité et son ombre », art. cit., p. 773. L'art appartient essentiellement à la non-vérité de l'être, il est « événement même de l'obscurcissement, une tombée de la nuit, un envahissement de l'ombre ». Ce texte entend prendre le contrepied de ce que Lévinas appelle le « dogme », l'idée contemporaine très répandue selon laquelle l'art serait dévoilement de la vérité, quoi qu'on entende par là. Ce « dogme » consiste à attribuer à l'art une fonction d'expression et de connaissance en tant qu'il serait « révélation du réel et manifestation de la vérité ».

d'Hélène, substituts pour lui de sa femme. Mais ils ne font que lui rendre plus sensible et insupportable le vide de son absence. Il leur manque la « χαρις », l'éclat, le rayonnement de la vie. Ce sont « ombres froides », selon le mot d'Euripide, qui n'offrent que la déception d'une présence qui toujours se dérobe. On peut concevoir le « colossos » comme un pont entre ce monde-ci et celui de l'au-delà, mais qui resterait infranchissable. La présence de l'objet dans l'image n'est donc que le signe de son absence, l'image est le lieu de l'inclusion d'un « être-ailleurs » au sein même de « l'être-là ».

Pour Lévinas, la conscience de la représentation consiste à savoir que l'objet représenté n'est pas là. Les éléments perçus ne sont pas l'objet, mais ils sont comme ses « nippes », taches de couleur, morceaux de bronze ou de marbre. Ces éléments ne servent pas de symbole, et dans l'absence de l'objet, ils ne forcent pas sa présence, mais par leur présence, insistent sur son absence. Ils occupent sa place pour marquer son éloignement, comme si l'objet représenté mourait, se dégradait, se désincarnait dans son propre reflet[91]. L'image, ne se donnant à voir que comme apparence de ce qu'elle n'est pas, n'a d'autre réalité chez Platon que dans ce report à ce qu'elle imite illusoirement. Il reste donc à discerner si elle participe de l'être ou du non-être. Cette question est posée dans le *Sophiste* :

> L'Étranger : — Par ce qui a l'air, tu entends donc ce qui n'est pas « réellement » non existant, si du moins il est vrai que tu doives appeler « non véritable » ce qui a l'air de l'être.
> Théétète : — Mais c'est bien sûr qu'il existe au moins en quelque façon.
> L'Étranger : — Au moins, à ce que tu dis, n'est-ce pas véritablement.
> Théétète : — Non, en effet ! Hormis, il est vrai, que c'en est réellement une image, un semblant.
> L'Étranger : — Ainsi, ce que nous disons être réellement une image, un semblant, c'est ce qui, sans être réellement non existant, n'existe pas cependant.
> Théétète : — Il se peut fort bien qu'un tel entrelacement soit celui dont le Non-être s'entrelace avec l'Être, et cela d'une façon tout à fait déconcertante[92].

Cet être de ressemblance, l'image, porte chez Platon la marque, le stigmate d'un non-être réellement irréel. L'image participe tout à la fois du même et de l'autre, de l'ici et de l'ailleurs, de la présence et de l'absence, et surtout, en tant qu'elle est réellement un irréel non-

---

91 Lévinas E., *ibid.*, p. 779.
92 Platon, *Sophiste*, 240ab.

être, de l'être et du non-être. Elle est le lieu d'un mélange des genres, ce précisément que Platon a en horreur. Elle appartient à une catégorie ontologique mixte : elle correspond au paradoxe du « μεον », manière de désigner ce qui ne saurait être ni authentique, ni pur néant.

Ici encore, nous pouvons compléter ou prolonger cette analyse de la ressemblance chez Platon par celle qu'en donne Lévinas dans « La réalité et son ombre ». La ressemblance n'est pas seulement « le résultat de la comparaison entre l'image et l'original[93] ». Il s'agit bien plutôt de la penser comme un processus de dédoublement se déroulant dans l'être lui-même[94]. La ressemblance est inscrite au cœur du dévoilement de la réalité, au cœur de la vérité, comme une de ses possibilités, celle qu'il est donné à l'art d'accomplir. La ressemblance est « le mouvement même qui engendre l'image[95] ». Autrement dit, ce n'est pas l'image qui produit la ressemblance, mais la ressemblance qui engendre l'image afin de s'y produire. Dans cette perspective, « la réalité », dit Lévinas, « ne serait pas seulement ce qu'elle est, ce qu'elle se dévoile dans la vérité, mais aussi son double, son ombre, son image[96] », c'est-à-dire sa « propre » non-vérité. Cette non-vérité est parallèle à la vérité, et sa contemporaine. « L'être n'est pas seulement lui-même, il s'échappe[97] », et ce mouvement, qui sera la ressemblance, tient de la non-coïncidence à soi. Il y a dans l'être un procès de représentation impliquant à la fois le double et la perte de substance. La ressemblance entretient un lien étroit avec la perte de réalité de l'objet, que nous avons évoquée plus haut. On peut dire qu'il y a ressemblance parce que et au moment où il y a une déperdition de l'objet, de sa consistance, de son identité de substance, quand a lieu « une altération de l'être même de l'objet telle que ses formes essentielles apparaissent comme un accoutrement qu'il abandonne en se retirant[98] ». La personne où la chose ne se recouvrent pas entièrement, elles ne peuvent se reprendre afin d'être dans une pure coïncidence à elles-mêmes, elles ne peuvent se ré-approprier leur être. L'art montre cette non-coïncidence, cette simultanéité de la vérité et de la non-vérité.

Ce qu'il effectue et achève, ce n'est rien d'autre précisément que le reflet de l'être, « la

---

93 Lévinas E., « La réalité et son ombre », art. cit., p. 778.
94 *Ibid.*
95 *Ibid.*
96 *Ibid.*
97 *Ibid.*
98 *Ibid.*, p. 779. Ce sont ces « nippes », que l'objet abandonne, qui nous sont présentées dans l'image.

simultanéité de l'être et de son reflet[99] ». L'art chez Lévinas est bien toujours de l'ordre de la mimèsis, mais il faut ici l'entendre dans un sens originaire : l'art est l'accomplissement de la mimétique de l'être. Ce qu'il s'agirait d'imiter serait déjà de la mimèsis dans l'être : il s'agirait d'accomplir la « doublure », le reflet, le « se-ressembler de l'être[100] ». L'art manifesterait, en l'accomplissant, la réalité en tant qu'elle s'imite, c'est-à-dire l'ombre de la réalité[101]. Cette hypothèse est légitimée par tout ce que Lévinas suggère à propos du *Parménide*. La référence à Platon a pour sens de montrer que c'est dans l'absolu même, dans le monde des idées, qu'il y a ce double mouvement de la vérité (« ce qui se révèle à l'intelligence») et de la non-vérité, second mouvement qui relève de l'imitation. Ainsi, c'est en s'appuyant sur Platon que Lévinas détermine « l'imitation » comme ce qui a lieu dans l'absolu et que l'art accomplit : « c'est en qualité d'imitation que la participation engendre des ombres et tranche sur la participation des Idées les unes aux autres, qui se révèle à l'intelligence[102] ». À la suite de son interprétation de Platon, Lévinas radicalise son analyse en l'étendant des existants, objets ou personnes, à l'existence : c'est « l'œuvre d'être elle-même, l'exister lui-même de l'être (qui) se double d'un semblant d'exister[103] ».

---

99 *Ibid.*
100 *Ibid.*
101 Tout le propos de Lévinas, comme nous l'avons déjà dit en note, vise à démontrer que l'art ne dévoile pas la vérité, comme le voudrait le « dogme », mais au contraire qu'il se situe du côté de la non-vérité, de l'obscurcissement. L'art en effet n'est pas langage, expression et vérité, mais le commerce solitaire avec l'obscurité de « l'élémental » et le murmure anonyme et neutre de « l'Il y a ». C'est en ce sens qu'il parle de l'« inhumanité » et de « l'inversion » de l'art. Il reviendrait donc à l'art, et en particulier à l'image, de manifester le « côté sombre » le la réalité que les Grecs, selon Heidegger et aussi selon Husserl, dans la *Crise des sciences européennes*, auraient refoulé en instituant la vérité comme $\alpha\lambda\eta\theta\epsilon\iota\alpha$, dévoilement. Cet impensé de la réalité est la $\lambda\eta\theta\eta$ (qui pourtant est au cœur de l'$\alpha-\lambda\eta\theta\epsilon\iota\alpha$), c'est-à-dire l'être en tant que tel, l'être en tant qu'il est tout autre que l'étant. Les Grecs, selon Heidegger et Husserl, se sont attachés à prendre en vue l'étant, à stabiliser l'être comme étant. Ce faisant, ils n'ont pas pensé la $\lambda\eta\theta\eta$, qui est le « Grund » de l'être, son fondement, mais surtout, selon Heidegger, son « Abgrund », son abîme, c'est-à-dire cela même qui le fonde et par quoi il s'échappe. Il est remarquable que Husserl et Heidegger incluent la sophistique dans ce « côté sombre » de la réalité, dans ce qui est irréductible à la vérité, refoulé à l'instar de Platon par la tradition philosophique occidentale. Platon allait déjà dans ce sens quand il condamnait le sophiste, ce double du philosophe, parce que tout n'est pour lui qu'image.
102 Lévinas E., « La réalité et son ombre », art. cit., p. 780.
103 *Ibid.*, p. 781.

B) L'assimilation de la peinture à un langage

Nous avons vu Platon, associant le sophiste et le peintre d'illusion, établir un parallélisme entre la peinture et le langage. Ce rapprochement, à la suite de Platon, confine à l'assimilation[104]. Les deux sortes d'imitation que nous avons énoncées plus haut reflètent deux conceptions antagonistes du langage. Platon voit dans la sophistique la revendication d'un discours s'émancipant de l'être ou se substituant à lui. Le mot ne se préoccupe pas de manifester la chose, mais seulement de la simuler. De cette confusion délibérée du mot et de l'objet naissent tous les paradoxes et tous les artifices d'une rhétorique que Platon range du côté de la φανταστικη, de la mauvaise imitation qui « envoie promener le vrai ». À l'opposé du simulacre ou du trompe-l'œil, l'image vraie se donne non pour le double ou le substitut de la chose, mais pour sa re-présentation. La bonne peinture pour Platon « doit renvoyer, comme à autre chose qu'elle-même, à la scène ou au modèle qu'elle représente »[105]. Comme une peinture renvoie à son modèle qui lui est extérieur, de même dans la langue tout signifiant renvoie à son signifié, et tout énoncé à son référent. Une peinture et un discours n'ont pas en eux-mêmes leur suffisance, leur justification. Ils sont subordonnés à quelque chose qui les dépasse et qui les fonde. La bonne imitation constitue tout ensemble la métaphore et le paradigme de la relation sémantique. C'est ce qui légitime l'heureuse expression de Panofsky[106], d'une conception platonicienne proprement « iconographique » du langage. Ainsi le nom se trouve-t-il défini dans le *Cratyle* comme le « portrait » (γραμμα) ou l'image (εικον) de l'individu qu'il désigne et le mot en général, en dépit de la part de convention qui entre en lui, comme l'équivalent verbal de l'imitation[107]. L'analogie est bientôt étendue à la proposition toute entière. La synthèse des mots est comparée à l'assemblage des traits et des couleurs dans la composition du peintre[108].

---

104 Dans le *Cratyle*, Platon n'a de cesse de rappeler que le rapport du nom aux choses nommées ne peut être du même ordre que celui de l'image à son modèle. L'image et le nom sont cependant étroitement associés dans la *Lettre VII*, car ils sont pareillement éloignés de l'Idée.
105 Joly H., *Le renversement platonicien,* Paris, Vrin, 1974, p. 149.
106 Panofsky E., *Idea*, trad. H. Joly, Paris, Gallimard, 1989, p. 20.
107 Platon, *Cratyle*, 430e-432c.
108 Cette analogie sera inégalement retenue par la postérité. Michel Foucault évoque dans *Les Mots et*

Platon pose au principe de la signification la structure de renvoi et le processus d'effacement. Le mot dit la chose en disant qu'il n'est pas la chose, comme l'image n'imite en vérité son modèle qu'en renonçant aux prestiges de l'illusionnisme. La « bonne » imitation chez Platon inclut la reconnaissance de l'altérité du modèle. Pour Merleau-Ponty dans *La prose du monde*, le langage, si sa fonction est remplie, parvient à se faire oublier. « Quand quelqu'un a su s'exprimer, les signes sont aussitôt oubliés, seul demeure le sens, et la perfection du langage est bien de passer inaperçue.[109] » La vertu du langage est de nous jeter à ce qu'il signifie. Il se dissimule à nos yeux. Son triomphe est de « s'effacer et nous donner accès, par-delà les mots, à la pensée même de l'auteur, de telle sorte qu'après coup, nous croyons nous être entretenus avec lui sans parole, d'esprit à esprit[110] ». Ce texte insiste sur l'effacement du signe de langage, comme condition de la réussite du renvoi à son référent. Dans un autre chapitre du même livre, Merleau-Ponty écrit de la peinture classique en Europe qu'elle travaille à une « technique de représentation qui, *à la limite*, atteindrait la chose même, l'homme même[111] ». En perfectionnant ses techniques de représentation pour atteindre à la ressemblance parfaite, le peintre « veut être aussi convaincant que les choses, il ne pense pouvoir nous atteindre que comme elles nous atteignent : en imposant à nos sens un spectacle irrécusable ». La peinture devient le lieu de « l'évidence des choses », de *leur* « spectacle irrécusable[112] ». Il n'est délibérément pas fait ici mention de renvoi. Les moyens de la représentation s'effacent jusqu'à faire oublier leur fonction de renvoyer à quelque chose représentée.

On voit dès lors ce qui se produit dans le trompe-l'œil. Le signe-image s'efface devant la chose signifiée, obéissant au même processus dont on a vu dans le texte de Merleau-Ponty qu'il caractérisait le langage. Mais le trompe-l'œil, dans le moment de l'illusion, omet la dimension réflexive du signe, par laquelle tout signe se présente représentant, dit ou montre qu'il n'est pas ce qu'il représente au moment où il le représente. Il ne montre pas qu'il re-

---

les Choses, Paris, Gallimard, 1966, p. 107, un grammairien qui, comparant le langage à un tableau, définissait « les noms comme des formes, les adjectifs comme des couleurs, et les verbes comme la toile elle-même sur laquelle elles apparaissent ».
109 Merleau-Ponty M., *La prose du monde*, Paris, Gallimard, 1969, p. 15-16.
110 *Ibid.*
111 *Ibid.*, p. 70.
112 *Ibid.*

présente la chose, mais il en simule la présence. Tout se passe donc dans le trompe-l'œil comme si la chose signifiée annulait son propre représentant pour apparaître elle-même comme chose présente, dans un jeu plaisant sur les marges de la mimèsis, ou à son comble.

C) Le discours de la peinture

Nous avons vu que les catégories du vrai et du faux soumettent la peinture à une implacable logique de la vérité, dans laquelle elle n'a de valeur que dans sa droite référence à ce qu'elle représente. Or il est significatif qu'au lieu de dire que telle image est ressemblante, que « ceci représente une pipe », ou « ressemble à une pipe », par un curieux raccourci de langage ou de la pensée, nous disions « c'est une pipe ». Devant le portrait de Julie, Saint Preux s'exclame dans *La Nouvelle Héloïse* : « C'est Julie ! » Il donne un exemple de cette « assertion représentative[113] » minimale de la peinture, qui résulte de la conception de l'image comme signe. Dire « C'est Julie » devant un tableau n'est rien d'autre que donner un résumé de sa signification[114]. « La signification d'un tableau », dit Étienne Gilson, « est toujours formulable à l'aide de mots.[115] » Cela est manifeste dans les descriptions que Diderot donne des tableaux de Greuze, par exemple, où l'écrivain rivalise avec le peintre, épuisant toute la signification de ses œuvres en les traduisant dans l'ordre du langage articulé.

La parenté de l'image et de la parole ne se limite pas à l'« assertion représentative » minimale, qui exprime la reconnaissance par le spectateur de l'objet représenté. Aristote déjà louait l'image de nous montrer des choses dont nous ignorerions, sans elle, l'existence ou la nature. Un portrait de César nous renseigne sur son aspect. Au Moyen-Âge, des représentations montraient aux Occidentaux des animaux et des paysages dont ils n'eussent jamais soupçonné l'existence. L'image peinte a donc valeur de documentaire et elle instruit à ce titre. Cette valeur monstrative de l'image est manifeste dans le rapport que l'image

---

[113] Nous empruntons ici l'expression de Michel Foucault dans *Ceci n'est pas une pipe*, Paris, Fata Morgana, 1973.
[114] Reconnaître ce qu'une image représente est d'ailleurs à peu près la même chose que ce que la plupart des spectateurs appellent « comprendre un tableau ». *Cf.* Baudelaire dans « L'art philosophique ».
[115] Gilson É., *op. cit.*, p. 247 *sqq.*

entretient avec son titre, ou sa légende. Durant des siècles, le public s'est attendu à découvrir dans les tableaux des informations, non seulement sur ce qui est, mais aussi sur ce qui doit être. Aristote écrit, dans *La Politique*, que les sculpteurs et les peintres « nous enseignent à former nos mœurs par une méthode plus courte et plus efficace que celle des philosophes, et il y a des tableaux et des sculptures aussi capables de corriger les vices que tous les préceptes de morale[116] ». L'image supplée à une déficience du langage, quand il ne sait pas être assez convaincant[117]. Au jugement d'Horace, l'image est un vecteur d'instruction plus sûr et plus efficace que la parole, « car les choses qui entrent dans l'esprit par les oreilles prennent un chemin bien plus long que celles qui entrent par les yeux, qui sont des témoins plus fidèles et plus sûrs que les oreilles[118] ». Roger de Piles, à sa suite, affirme qu'il y a plus d'exactitude et de vérité dans la peinture que dans la parole, et partant, plus d'efficacité ; « la raison en est que la parole n'est que le signe de la chose, et que la peinture qui représente plus vivement la réalité ébranle et pénètre beaucoup plus fortement que le discours[119] ». Sans doute le langage commun l'emporte-t-il chaque fois que l'expression de quelque notion abstraite est en cause ; mais l'image l'emporte au contraire lorsqu'il s'agit de faire voir un objet concret[120].

La peinture peut tenir des discours. Vasari loue Giotto d'avoir su exprimer au moyen de lignes et de couleurs ce qu'un écrivain peut dire à l'aide de mots. Sa peinture parvient à « parler aux yeux[121] ». Dans son *Éloge de la Peinture*, Roger de Piles s'applique à « faire voir que le spectateur trouve du raisonnement dans la peinture, comme l'auditeur dans la poésie[122] ». Si l'on entend par raisonnement « l'action de l'entendement qui infère une chose par la connaissance d'une autre », il s'en trouve dans la peinture comme dans la poésie. Pour en convaincre le lecteur, Roger de Piles fait suivre l'analyse d'un tableau de la galerie du Luxembourg, représentant la naissance de Louis XIII. « En voyant ce tableau *on infère*, par

---

116 Cité par R. de Piles, *Cours de peinture par principes, op. cit.*, p. 218.
117 Pour É. Gilson, c'est la raison pour laquelle les méthodes modernes d'enseignement, « qui font plus confiance à l'intuition sensible qu'à l'intellect », regorgent d'illustrations. Les images s'y présentent « comme une sorte de texte dont les paroles seraient le commentaire », *op. cit.*, p. 248.
118 Cité par R. de Piles, *Cours de peinture par principes, op. cit.*, p. 218.
119 *Ibid.*, p. 222.
120 Gilson É., *op. cit.*, p. 248.
121 Nous voyons là une anticipation du beau titre de Paul Caudel, « *L'œil écoute* ».
122 R. de Piles, *op. cit.*, p. 223 *sqq*.

exemple, que l'accouchement arriva le matin, parce qu'on y remarque le soleil qui s'élève avec son char et qui fait sa route en montant. *On infère* aussi que cet accouchement fut heureux par la constellation de Castor que le Peintre a mise au haut du tableau, et qui est *le symbole* des événement favorables. À côté du tableau est la fécondité qui tournée vers la Reine lui montre dans une corne d'abondance cinq petits enfants, *pour donner à entendre* que ceux qui naîtront de cette Princesse iront jusqu'à ce nombre... »

III Le trompe-l'œil est-il de l'essence de la peinture ?

Dans l'histoire de la peinture occidentale, et ce jusqu'à la naissance de l'art abstrait, peinture et représentation sont toujours données ensemble. La question est maintenant de savoir si l'on peut en conclure que l'essence de la peinture est de représenter.

A) De la perspective

Une manière d'aborder ce problème est de reprendre l'histoire de la perspective et du rôle qu'elle a joué aux origines de la Renaissance italienne[123]. Vasari, en décrivant la naissance du nouvel art de peindre, souligne son engouement pour la découverte des lois de la perspective. Il s'agit d'une extension à la peinture des lois de l'optique codifiées par les savants arabes des siècles précédents. Il est significatif que ce soit une science, celle de la manière humaine de voir les choses, qui préside à la naissance de cet art, dont le souci premier semble avoir été de définir correctement, à l'aide de couleurs et de lignes, l'objet de la vue. « On a voulu d'abord codifier les règles d'une expression vraie, comme si, en son ordre, la fin de la peinture était d'exprimer, elle aussi, une adéquation entre l'expression de la connaissance et

---
123 Telle est la démarche d'É. Gilson, dont nous suivons ici les analyses, *op. cit.*, p. 260-262.

son objet. » L'art italien de la Renaissance s'est conçu comme un des modes humains d'expression de la connaissance. La ressemblance issue de la perspective se veut expression de vérité.

Vasari célèbre en Giotto le précurseur des techniques nouvelles de l'imitation. Il le loue d'avoir représenté des mendiants si habilement déformés qu'on doit y voir l'origine du raccourci. « À partir de ces premiers essais », écrit Gilson, « la perspective allait acquérir une telle importance dans l'art de la Renaissance qu'en rapportant la vie de Paolo Uccello, Vasari lui-même s'est demandé s'il n'y avait pas eu quelque excès dans son enthousiasme passionné pour cette science nouvelle. « Paolo », dit Vasari, « était toujours occupé à étudier des effets de perspective difficiles et impossibles, mais il conduisit à sa perfection l'art de représenter les édifices, en perspective, de la base au sommet et dans tous les détails de leur structure.[124] »

La Renaissance tient la perspective pour incontournable. Pourtant, le fait demeure qu'il y eut pendant des milliers d'années des peintres ignorant les lois de la perspective[125], et aujourd'hui ils sont nombreux à connaître ces lois et à refuser d'y soumettre leur art. Aussi, pourquoi considèrerait-on comme essentiel à l'art de peindre une technique dont, en fait, cet art peut se passer ?

B) Du trompe-l'œil comme essence de la peinture

L'art de la perspective, né de la Renaissance, avec sa conquête du relief et de la profondeur, a produit des chefs-d'œuvre de trompe-l'œil. La question de savoir si la perspective est essentielle à l'art de peindre nous renvoie à la question suivante : le trompe-l'œil est-il de l'essence de la peinture ?

---

124 *Ibid.*
125 A. Lhote écrit dans *La peinture* qu'avec l'invention de la perspective au XVᵉ siècle, lorsque la peinture s'est détournée des « abstraites splendeurs de Byzance », [...] « pour la première fois, place prépondérante fut donnée à l'illusion d'optique. Les objets ne furent plus, comme chez les Primitifs, représentés tels qu'ils sont, mais tels qu'il paraissent être ». Cité par É. Gilson, *op. cit.*, p. 262.

L'usage, selon Gilson, attache au terme de trompe-l'œil un sens légèrement péjoratif. « En principe, artistes et critiques d'art s'accordent à considérer cet artifice comme indigne d'un grand peintre. On ne lui interdit pas de jouer avec, ne serait-ce que pour faire preuve de virtuosité, mais il serait difficile de trouver un artiste pour soutenir que le trompe-l'œil est le sommet et la perfection de l'art de peindre. Bon pour les peintureurs de panorama, de dioramas ou de décors de théâtre, cet artifice n'a de place dans la peinture qu'accidentellement et à titre de procédé dont les emplois sont étroitement limités.[126] » Or, si l'on rejette le trompe-l'œil, il faut exclure avec lui la perspective. Pour André Lhote, en effet, la perspective est « l'art de remplacer un certitude morale par une illusion sensible[127] », et Platon déjà dénonçait les tendances perspectivistes de son temps par ce qu'elles étaient les moyens de l'illusion. Du rejet du trompe-l'œil doit suivre aussi l'exclusion du modelé, qui n'est qu'un « cas particulier de la perspective aérienne ». Il faut même s'interdire de peindre des ombres, parce que l'ombre n'est finalement que « le trompe-l'œil du soleil[128] ». Nous devons donc ou bien accepter le trompe-l'œil comme essentiel à la peinture, ou renoncer à tout ce qui, dans le dessin ou la couleur, contribue si peu que ce soit à produire une apparence de réalité sensible. Il est très difficile de tracer une ligne de démarcation entre trompe-l'œil et peinture d'imitation, de savoir ce qui entre dans l'un, qui ne fait pas partie de l'autre. Ceux qui le tentent « restent dans le vague des bonnes intentions et des bons conseils, car la peinture est trompe-l'œil dès l'instant où elle entreprend de représenter des solides sur une surface plane[129] » ; elle est trompe-l'œil dans l'exacte mesure où elle veut représenter quelque chose.

C) L'antinomie de la peinture

Le peintre est donc aux prises avec une contradiction. La tradition de la peinture occidentale a toujours été imitative. Dès l'Antiquité, et plus encore à partir de la Renaissance,

---

126 Gilson É., *Peinture et réalité, op. cit.*, p. 262.
127 *La peinture*, p. 210. Cité par É. Gilson, *op. cit.*, p. 263.
128 *Cf. L'art de la peinture*, Van Gogh, p. 446 : « De là, je m'éloignerai autant que possible de ce qui donne l'illusion d'une chose et l'ombre étant le trompe-l'œil du soleil, je suis porté à la supprimer. » Nous verrons plus loin que les cubistes systématiquement s'attachent à supprimer les ombres portées.
129 Gilson É., *op. cit.*, p. 263.

certains maîtres ne craignent pas de pousser l'imitation jusqu'au point où elle devient pur trompe-l'œil. La perfection de l'imitation étant le trompe-l'œil, si l'art est bien imitation, le trompe-l'œil devrait en être le sommet.

Les raffinements de la perspective et autres techniques du trompe-l'œil peuvent être considérés comme acquis, depuis la Renaissance, et ils sont enseignés dans les écoles d'art. Or il est surprenant à cet égard que cette maîtrise, de plus en plus répandue, ne donne naissance qu'à un très petit nombre d'œuvres de trompe-l'œil véritable, en comparaison d'un grand nombre de peintures figuratives qui, pour être ressemblantes, ne cherchent pas cependant à atteindre la parfaite ressemblance de l'illusionnisme.

Nous avons vu avec Gilson que le trompe-l'œil fait l'objet d'un relatif mépris. Ses artifices, s'il leur arrive parfois d'être un prétexte à la virtuosité de grands maîtres, sont couramment jugés en deçà de l'art. Et si nous apprécions Giotto aujourd'hui, n'est-ce pas, tout au contraire de Vasari qui louait en lui le grand précurseur de l'art de la perspective, pour les qualités picturales que son art retenait du passé ? Nos conclusions nous ont amenée à dire que toute peinture figurative, dans la mesure où elle nous fait identifier des objets qu'elle représente, a recours aux mêmes procédés qui conduisent le trompe-l'œil à l'illusion, et que le trompe-l'œil est bien de l'essence de la peinture en tant qu'elle représente. Dans ces conditions, la condamnation du trompe-l'œil appelle des répercussions et des prolongements qui s'étendent à toute la peinture d'imitation. Nous reviendrons plus loin sur la façon dont une telle condamnation inquiète les notions d'imitation et de représentation en peinture.

DEUXIÈME PARTIE

L'imitation en quête d'objet ou le labyrinthe de la peinture

Si la fin de la peinture d'imitation n'est pas la perfection de l'imitation, la ressemblance poussée au point qu'elle devient trompe-l'œil, peut-être faut-il la chercher dans l'objet même qu'elle se propose de représenter. La valeur de la peinture, dans cette perspective, se confondrait avec celle de l'objet dont elle nous donne l'imitation. Nous pouvons à présent chercher quel peut être cet objet, et nous demander si les peintres et les théoriciens de l'art s'accordent sur ce qu'il doit être.

I Le choix de l'objet

A) La question du beau naturel

Si la fin de la peinture est la délectation, elle doit présenter aux yeux des œuvres belles. Cette beauté peut être diversement entendue, mais l'idée a longtemps et couramment prévalu qu'un moyen sûr de l'atteindre était de représenter de beaux modèles, des paysages et des sujets grandioses. C'est pourquoi le beau naturel a été pris spontanément comme modèle privilégié. Johann Joachim Winckelmann, en 1755, encourage ses contemporains à imiter les œuvres de l'Antique, non pas seulement parce qu'il s'y trouve « certaines beautés idéales [...] résultant d'images élaborées par le seul entendement[130] », mais aussi parce que ces œuvres présentent des beautés naturelles telles qu'elles font défaut dans la nature du XVIIIe siècle[131] : « Les plus beaux corps parmi nous ne ressembleraient sans doute pas plus au corps grec qu'Iphiclès ne ressemblait à Hercule, son frère[132]. » Dans l'art grec, c'est donc la belle nature qu'il est donné d'imiter.

Pour être d'une formulation simple, le choix du beau naturel n'est pas cependant sans soulever des problèmes. Ce choix en effet ne va pas de soi. Parmi l'infinité des objets de la nature, le choix du beau modèle relève d'une sélection active, délibérée. Quelque chose, qui ne fait pas partie de la seule nature, décide des critères de ce beau d'élection. L'idée qu'a l'artiste de la nature ou de ce que doit être la nature précède ce choix. L'art nous présente donc ici une interprétation de la nature.

D'autre part, dans cette conception de la peinture, le beau naturel doit nous toucher par l'intermédiaire de l'art comme il nous touche dans la nature. Les émotions que la vue d'êtres humains ou de la nature éveillent en nous peuvent être pareillement suscitées par leurs images. Il est aujourd'hui encore un public peu averti qui trouve belle une œuvre de peinture parce qu'elle représente une belle femme[133]. Si nous prisons dans un tableau la beauté naturelle, de ce point de vue, l'œuvre d'art paraîtra toujours inférieure à celle de la nature. Hegel rapporte cette idée comme une « opinion courante[134] » à propos de la peinture, et mal

---

130 Winckelmann J.J., *Réflexions sur l'imitation des œuvres grecques en sculpture et en peinture*, trad. M. Charrière, Nîmes, Éd. J. Chambon, 1991, p. 17.
131 Cette opinion est déjà celle de R. de Piles, dans ses *Cours de peinture par principes*, *op. cit.* S'il faut imiter la sculpture antique, c'est parce que la beauté naturelle ne se trouve point dans le temps présent : « La principale raison », écrit-il, « pourquoi les corps humains sont différents de ceux de l'Antiquité, c'est la paresse, l'oisiveté, et le peu d'exercice que l'on fait. »
132 *Ibid.*, p. 17-22. Pour rendre raison de la « supériorité de leur beauté physique » sur celle de ses contemporains, Winckelmann invoque l'influence du climat, l'exercice précoce de l'athlétisme, la santé, l'eugénisme, le culte de la beauté.
133 La même attitude se retrouve chez un professeur de Maurice Denis, qui condamnait un nu peint par son élève parce que l'on ne coucherait pas avec une femme comme celle-là. Propos rapporté par É. Gilson, *op. cit.*, p. 256.
134 Hegel G., *Esthétique*, trad. S. Jankélévitch, Paris, Aubier, 1944, Introduction, chapitre premier,

fondée. La beauté peinte, si fidèle en soit la ressemblance, n'est jamais que dérivée de la beauté naturelle qu'elle représente partiellement.

Cette idée se trouve dans l'antiquité[135], où elle est juxtaposée à l'idée selon laquelle, au contraire, l'œuvre d'art est supérieure à la nature en tant qu'elle prévient les défauts des productions naturelles prises individuellement, en leur opposant une image nouvellement composée de la beauté. Il s'agit de prélever dans la nature le beau naturel par détails, parce qu'il est très rare de trouver toutes les perfections réunies en un même individu. Socrate voit dans la multiplicité des beaux corps les éléments épars du plus beau des corps, tel qu'il ne s'en rencontre pas dans la nature. Et Zeuxis, pour peindre Hélène, prend pour modèles les cinq plus belles vierges d'Athènes, pour prélever sur chacune ce qui tient de la perfection. Or ce beau de synthèse n'est rien d'autre qu'une forme d'idéalisation. Dans cette sélection de détails, chaque choix relevant d'une interprétation par le peintre de ce que doit être la nature, la peinture parvient, non par invention avouée, mais par simple recomposition, à façonner l'image d'une nature idéale.

B) L'élection du sujet

De même que la peinture s'attache volontiers à imiter de beaux modèles, de même les sujets ou les scènes qu'elle représente, ou qu'elle raconte, doivent-ils être nobles et grands. Diderot donne de cela une formulation très explicite quand il écrit, à propos de Drouais, que « c'est la noblesse du sujet qui fait la qualité d'un tableau[136] ». Selon Maurice Denis, *La Cène* de Léonard de Vinci, œuvre de génie, a engagé la peinture sur le chemin qui devait la conduire à sa perte[137]. Peu importe désormais la peinture ; le peintre ne compte plus que sur le sujet lui-même pour produire son effet. La peinture doit, dans cette perspective, choisir des sujets élevés.

---

première section, 1.
135 Panofsky E., *op. cit.*, p. 30.
136 Diderot D., *Salon de 1761*, *op. cit.*, p. 151.
137 Cette opinion est rapportée par É. Gilson, *op. cit.*, p. 333.

Les peintres en ce point suivent les préceptes d'Aristote dans la Poétique, « c'est le sujet de l'œuvre qui fait la poésie, s'il a une valeur générale[138] », et non le mètre. Appliqué à la peinture, cela revient à dire que le sujet d'un tableau en fait la grandeur, et non la manière dont il est peint. Pour Aristote, Homère par excellence est le poète des sujets élevés ; il peint les hommes meilleurs qu'ils ne sont, il les représente en mieux : « La tragédie est l'imitation d'hommes meilleurs que nous[139]. » Il faut imiter les bons portraitistes qui, « tout en composant des portraits ressemblants, peignent en plus beau[140] ». Il s'agit ici encore de peindre les choses comme elles doivent être plutôt que comme elles sont et, par là même, de sacrifier un peu de la ressemblance tout en restant dans la vraisemblance.

En écho à Aristote, Nietzsche commente, dans *La Naissance de la tragédie*, la décadence de la tragédie grecque avec Euripide[141]. La tragédie grecque se survit dans la comédie nouvelle attique comme dans une forme dégénérée. Avec Euripide, le héros tragique revêt le « masque fidèle de la réalité ». « C'est l'homme de tous les jours », écrit Nietzsche, « qui passe des gradins à la scène, et le miroir, qui ne reflétait naguère que les traits de la grandeur et de l'intrépidité, accusa désormais cette fidélité exaspérante qui reproduit scrupuleusement jusqu'aux ratés de la nature. Ulysse, le type même du Grec de l'art ancien, fut ravalé, entre les mains de ces nouveaux poètes, à la figure du Graeculus, de l'esclave domestique, débonnaire et madré, désormais placé au centre de l'intérêt dramatique[142]. » Il est offert désormais au spectateur d'admirer au théâtre son propre double, qu'il se réjouit d'entendre si bien parler. Euripide est, selon Nietzsche, le premier à avoir fait monter le spectateur sur la scène[143].

Revenons maintenant à la peinture. Une première exigence à laquelle doivent se soumettre la peinture et la poésie peut être trouvée dans les bonnes mœurs. Pour Aristote, Diderot, Hegel et tant d'autres, les sujets de la peinture et de la poésie doivent être *bene*

---

138 Aristote, *Poétique, op. cit.*, 1421b 27.
139 *Ibid.*, chap. XV, 1454b 7 *sqq*.
140 *Ibid.*, 1454b 9 *sqq*.
141 Nietzsche F., *op. cit.*, chap. 11, p. 86-91.
142 *Ibid.*, p. 87.
143 *Ibid.*, p. 88-89.

moratae[144], ils doivent satisfaire à la bonne morale. La raison d'une telle exigence est ce que Hegel appelle la « sophistique de l'art[145] », qui consiste, comme nous l'avons évoqué plus haut, en ceci que, si « l'art peut nous élever à la hauteur de ce qui est noble, sublime et vrai », il peut aussi nous attirer vers ce qui est bas. Ce choix est de première importance car, pour Hegel, l'art doit « adoucir la barbarie » et viser, comme nous l'avons vu avec Aristote, à la « moralisation des spectateurs[146] ». C'est aussi l'opinion de Diderot lorsqu'il dit que le projet de tout honnête homme quand il prend la plume, le pinceau ou le ciseau, est de « rendre la vertu aimable, et le vice odieux[147] ». Il stigmatise, chez Boucher, le vice et exalte la vertu et l'honnêteté dans les tableaux de Greuze. Boucher, écrit-il,

> est toujours vicieux et n'attache jamais. Greuze est toujours honnête, et la foule se presse autour de ses tableaux. J'oserais dire à Boucher : « Si tu ne t'adresses jamais qu'à un polisson de dix-huit ans, tu as raison, mon ami, continue à faire des culs et des tétons ; mais pour les honnêtes gens et moi, on aura beau t'exposer à la grande lumière du Salon, nous t'y laisserons pour aller chercher dans un coin obscur ce Russe charmant de Le Prince, et cette jeune, honnête, décente, innocente marraine qui est debout à ses côtés. Ne t'y trompe pas, cette figure-là me fera plutôt faire un péché le matin plutôt que toutes tes impures. Je ne sais pas où tu vas les prendre, mais il n'y a pas moyen de s'y arrêter quand on fait quelque cas de sa santé »[148].

Si une telle importance est accordée au sujet de la peinture, c'est que l'effet du sujet y est jugé prioritaire[149]. « Touche-moi, étonne-moi, déchire-moi, fais-moi tressaillir, pleurer, frémir, m'indigner d'abord, tu récréeras mes yeux après si tu peux[150] », voilà ce que Diderot

---

144 Diderot D., *Essais sur la peinture*, op. cit., p. 59.
145 Hegel G., *op. cit.*, Introduction, chapitre premier, deuxième section, 2. Nous avons là un écho de ce que nous avons vu Platon reprocher communément à la peinture et à la sophistique.
146 *Ibid.*
147 Diderot D., *Essais sur la peinture*, op. cit., p. 60.
148 *Ibid.*, p. 59. Dans le *Salon de 1759*, Diderot évoque les « culs monstrueux » qu'exhibent les toiles de Boucher. Et dans le *Salon de 1765*, il écrit : « Cet homme ne prend le pinceau que pour me montrer des tétons et des fesses. Je suis bien aise d'en voir mais je ne veux pas qu'on me les montre. » Dans le *Salon de 1761*, il loue Greuze pour le choix de ses sujets, qui « marque de la sensibilité et de bonnes mœurs ». Dans le *Salon de 1763*, il écrit, à propos de la *Piété filiale*, que « c'est de la peinture morale ». « Quoi donc, le pinceau n'a-t-il pas été assez et trop longtemps consacré à la débauche ou au vice ? Ne devons nous pas être satisfaits de le voir concourir enfin avec la poésie dramatique à nous toucher, à nous instruire, à nous corriger et à nous inviter à la vertu ? ».
149 *Cf.* plus haut l'opinion de M. Denis à propos de *La Cène*.
150 Diderot D., *Essais sur la peinture*, op. cit., p. 57.

attend du peintre. La condition de l'éveil de l'émotion est la vraisemblance[151]. La peinture doit nous représenter un monde « assez vraisemblable pour nous émouvoir[152] ». Si *L'Accordée de village* nous touche chez Greuze, la raison en est que « c'est la scène comme elle a dû se passer[153] ». Le vraisemblable chez Diderot consiste à ne retenir de la nature que ce qui est significatif de ce qu'elle est, et non de ce qu'elle paraît passagèrement. Il s'agit donc de représenter le permanent plutôt que l'éphémère, le substantiel plutôt que l'accidentel. Il ne faut pas, dans ce contexte, rechercher l'embellissement des portraits et des sujets quand cela nuit à la vérité du tableau. C'est pour avoir trahi la vraisemblance que La Tour, « si vrai, si sublime d'ailleurs, n'a fait du portrait de M. Rousseau qu'une belle chose au lieu d'un chef-d'œuvre qu'il en pouvait faire. J'y cherche, continue Diderot, le Caton et le Brutus de notre âge, je m'attendais à voir Épictète en habit négligé, en perruque ébouriffée, effrayant par son air sévère les littérateurs, les Grands, et les gens du monde, et je n'y vois que l'auteur du Devin du village bien habillé, bien peigné, bien poudré et ridiculement assis sur une chaise de paille[154]... ».

Ces critiques de Boucher et de La Tour nous aiguillent sur une idée nouvelle, qui ponctue les textes de Diderot : nous n'admettons pas dans l'art cela même que nous apprécions dans la nature et dans nos mœurs. Les afféteries vestimentaires, la politesse, le raffinement des mœurs et des usages sont à bannir de la peinture, parce que d'une mesquinerie nuisible à la représentation. Leur imitation en art se révèle plate et ridicule. Diderot évoque la « platitude de nos révérences[155] » et celle de nos vêtements : « Il faut voir la platitude de nos petits pourpoints, de nos hauts-de-chausses qui prennent la mise si juste, de nos sachets à cheveux, de nos mouches et de nos boutonnières ; et le ridicule de ces énormes perruques magistrales, et l'ignoble de ces faces bourgeoises. » Il ajoute : « Je défie le génie même de la peinture et de la sculpture de pouvoir tirer parti de ce système de mesquinerie[156]. » L'imitation de la nature

---

151 Aristote, *Poétique*, *op. cit.*, chap. XI, 1451ab, 1452a. Diderot écrit aussi, dans ses *Essais sur la peinture*, p. 34, que « [...] les possibles qu'on peut employer, ce sont les possibles vraisemblables ».
152 Ici et pour ce qui suit, nous nous référons à *L'art ou la feinte passion*, de N. Grimaldi, Paris, PUF, 1983, p. 36 *sqq*.
153 Diderot D., *Salon de 1761*, *op. cit.*, p. 164 *sqq*.
154 Diderot D., *Essais sur la peinture*, *op. cit.*, p. 38-39.
155 *Ibid.*, p. 56.
156 *Ibid.*, p. 56.

peut n'être ni belle ni touchante. Il faut par conséquent choisir, pour peindre la nature, ce dont l'imitation sera forte et émouvante. Tout le système du code social doit alors être proscrit de la représentation, parce qu'il y est trop banal. Ainsi, « la politesse, cette qualité si aimable, si douce dans le monde, est maussade dans les arts d'imitation[157] ».

Il faut donc, pour représenter la nature, choisir en elle ce qu'elle a de moins banal. « Il faut aux arts d'imitation quelque chose de grand, de frappant et d'énorme[158]. » On peut et on doit « en sacrifier un peu au technique », c'est-à-dire, ici, à la ressemblance, en faveur de l'expression. Les peintures de paysages doivent être « d'une vérité surprenante, et qui nous frappe[159] », nous montrer l'insolite d'une nature qui nous émeuve plus qu'à l'ordinaire, et dont nous sentions toute la puissance. C'est bien plutôt le pittoresque que Diderot conseille de représenter, où tout doit être comme dans la nature, mais dépourvu de banalité et d'insignifiance.

Nous avons vu Diderot condamner le vice chez Boucher, et donner pour tâche à la peinture de le rendre odieux. Or il reconnaît la valeur esthétique des grands crimes. Parfaits dans leur genre, ils transcendent ce genre et sont louables en peinture. C'est un curieux moralisme esthétique que celui de Diderot, qui condamne les petites bassesses et prescrit les grands crimes.

C) Les réalistes et le choix des sujets vulgaires

À l'inverse des peintres de grands sujets, d'autres représentent des sujets indifférents ou peu signifiants, qui ne racontent pas d'action grandiose, historique ou mythique, et qui ne touchent pas nos sentiments par quelque scène grosse d'émotion. Une acception du réalisme, ou du moins est-ce un reproche qu'on lui adresse couramment, consiste à représenter la nature sans y opérer d'abord un tri. Dans le *Salon de 1761*, Diderot condamne Chardin parce qu'il

---

157 *Ibid.*
158 *Ibid.*, p. 57.
159 *Ibid.*

montre une « nature basse, commune, domestique[160] ». Il reviendra sur ce jugement[161] dès le *Salon de 1763*.

Au XIXᵉ siècle, le même reproche se généralise à l'adresse des peintres qui inaugurent l'appellation de « réalistes[162] ». Pour leurs contemporains, le réalisme s'apparente à la vulgarité. « Soyons vrai, mais pourquoi être réaliste, vulgaire ? » demande Sainte-Beuve, qui est toujours représentatif des préjugés et des clichés de son temps. La critique des réalistes au XIXᵉ siècle excède celle dont Diderot et ses contemporains accablaient la nature morte. En effet, les réalistes dérogent à ce préalable imprescriptible à toute appréciation esthétique qui réside dans la sélection des objets de la nature. Les artistes refusant ce choix ne peuvent arriver qu'à ce résultat déplorable : le laid. La laideur esthétique, celle des objets représentés, mais aussi la laideur morale, leur sont constamment reprochées. Courbet est tant attaqué pour son « parti pris du laid » qu'il aurait, en réponse, affirmé avec force que « le beau, c'est le laid ».

Pour ses ennemis, le Réalisme se caractérise par son refus d'embellir, d'idéaliser, de transfigurer ou de poétiser la nature. Les réalistes sont souvent accusés de naïveté, car leur peinture ne demande pas, pour être comprise, tout un attirail complexe de littérature, d'histoire et de philosophie, mais elle demande simplement à être vue, ne s'appuyant que sur la sensibilité. Le peintre réaliste apparaît comme un œil, plutôt qu'un esprit.

Les académismes d'atelier du XIXᵉ siècle puisent de préférence leurs sujets dans l'histoire, la mythologie et la religion, et revêtent leurs modèles « d'accoutrements exotiques ou antiques[163] ». Significativement, la noblesse est recherchée dans l'ailleurs et le passé. La

---

160 Diderot D., *Salon de 1761, op. cit.*, p. 142.
161 Diderot D., *Salon de 1763, op. cit.*, p. 219 *sqq*. En même temps qu'il redécouvre Chardin, le *Salon de 1763* inaugure un renversement de l'idée que se fait Diderot de la nature du peintre. Il comprend que les grands sujets ne font pas la grande peinture. Chardin lui révèle la toute puissance du peintre et l'insignifiance du sujet.
162 Le mot « réalisme » est un terme historiquement daté, considéré encore par Littré comme un néologisme au milieu du XIXᵉ siècle. Gustave Courbet, que l'histoire de l'art institue comme l'un des chefs de file du mouvement réaliste, réfute cette appellation : « Le titre de réaliste m'a été imposé comme on a imposé aux hommes de 1830 le titre de romantiques. Les titres en aucun temps n'ont donné une idée des choses. S'il en était autrement, les œuvres seraient superflues. »
163 Baudelaire C., *Curiosités esthétiques, op. cit.*, p. 85.

raison en est, selon Baudelaire, un « préjugé d'atelier » qui attribue la décadence de la peinture à celle des mœurs[164]. De telles pratiques occultent la noblesse que l'on peut trouver dans les sujets modernes. Pour Baudelaire, « celui-là sera le vrai peintre, qui saura arracher à la vie actuelle son côté épique, et nous faire voir et comprendre, avec de la couleur, combien nous sommes grands et poétiques dans nos cravates et nos bottines vernies[165] ». Mais il s'agit ici encore de noblesse et de poésie.

Les réalistes prennent leurs sujets dans l'histoire contemporaine[166], la seule réalité à peindre est celle que l'on voit et vit[167]. Très vite, les réalistes sont dépréciés par leurs contemporains et la critique d'art, pour ne représenter que des sujets inconvenants et des classes sociales dangereuses. Parce qu'elle représente un sujet jugé choquant, l'*Olympia* de Manet a soulevé le « rire coléreux[168] » du public. Georges Bataille, dans son ouvrage sur Manet, rapporte des propos de la critique, en réaction au « scandale de l'*Olympia* ». Certains critiques éludent l'analyse détaillée de l'œuvre, comme suit : « La foule se presse comme à la morgue devant l'*Olympia* de M. Manet. L'art descendu si bas ne mérite pas qu'on le blâme[169] ». Et Théophile Gautier lui-même écrit que l'*Olympia* « ne s'explique d'aucun point de vue, même en la prenant pour ce qu'elle est, un chétif modèle étendu sur un drap. Le ton des chairs est sale, le modelé, nul. Que dire de la négresse qui apporte un bouquet dans un papier, et du chat noir qui laisse l'empreinte de ses pattes crottées sur le lit ? »[170]. Comme le note Bataille, la nudité d'Olympia fait scandale parce qu'elle est une fille, non une déesse nue : « Cette fille nue et l'homme en jaquette (qui va aux Tuileries) habitent le même monde, et c'est le monde que l'art rejette[171]. »

---

164 *Ibid.*, p. 466-470.
165 *Ibid.*, p. 85.
166 E. Duranty écrit, dans la revue *Réalisme*, en juillet 1856 : « La seule histoire à peindre, c'est l'histoire contemporaine. Le fanatisme de la tradition pousse l'artiste à répéter invariablement de vieilles idées, de vielles formes... Notre siècle ne se relèvera pas de cette fièvre d'imitation qui l'a mis sur le flanc. »
167 *Ibid.* « On ne peut exactement peindre que ce que l'on voit ; le peintre doit donc seulement reproduire les usages et les hommes de son temps. ». Courbet, en peignant les mœurs, les idées et les aspects de son époque, dit vouloir faire de « l'art vivant ». *Cf. L'art de la peinture*, p. 386.
168 Bataille G., *Manet*, Paris, Skira, 1955, p. 57.
169 *Ibid.*
170 *Ibid.*
171 *Ibid.* Manet était parfaitement conscient que ces toiles choquaient parce que ses personnages

Les réalistes sont accusés de représenter non seulement des sujets moralement inconvenants, mais aussi une réalité sociale peu acceptable, qu'on devrait ne pas voir, et surtout, qu'on ne devrait pas donner à voir. Très vite, les œuvres réalistes se sont vu assigner une finalité sociale[172], et la critique dénonce la collusion du Réalisme et de l'hydre socialiste. Longtemps après encore, des historiens de l'art considèrent *Les Casseurs de pierres* comme un tableau dangereux, parce qu'il représente des individus dans un état d'abattement qui ne précède que d'un moment la révolte. Un « message social » est toujours lu dans les tableaux de Courbet, et même dans ceux de Millet. Peindre la réalité contemporaine, et en particulier la réalité sociale, constitue une transgression.

Dans son traitement du sujet, le Réalisme opère une autre transgression. Il reproduit des scènes de la réalité quotidienne en les abandonnant à leur manque de cohérence et de signification : il ne les recompose pas en y accentuant l'unité narrative. Or il est admis qu'un tableau doit pouvoir être lu, qu'une œuvre d'art n'existe qu'à condition de signifier quelque chose, de renfermer une idée qui puisse captiver le spectateur. C'est ce défaut d'idée recomposant la scène pour lui donner une unité signifiante que le public et la critique reprochent aux réalistes. La plupart des critiques se posent des questions sur le sens précis des tableaux de Courbet ou de Manet, s'étonnant que ces peintres s'y refusent à faire une démonstration.

Ainsi Delacroix, pourtant quelque peu admiratif, note dans son *Journal* des reproches qui sont le type même des anathèmes proférés contre cette nouvelle peinture, imitation réaliste de la réalité : « J'avais été, avant la séance, voir les peintures de Courbet. J'ai été étonné de la vigueur et de la saillie de son principal tableau ; mais quel tableau ! quel sujet ! La vulgarité des formes ne ferait rien ; c'est *la vulgarité et l'inutilité de la pensée* qui sont abominables ; et

---

n'étaient pas assez « nobles ». Il le note avec ironie comme suit : « Je rends aussi simplement que possible les choses que je vois. Ainsi, l'*Olympia*, quoi de plus naïf ? Il y a des duretés, me dit-on, mais je les ai vues. [...] Si au lieu de peindre Jeanne Lorgnon nettoyant ses hardes, j'avais fait l'impératrice Joséphine lavant son linge sale, quel succès mes enfants ! Il n'y aurait pas eu assez de graveurs pour répandre cette œuvre magistrale, pas assez de critiques pour la louer. Mais voilà, moi, je n'ai pas connu l'impératrice Joséphine. Meissonnier, lui, l'a connue ; il a aussi connu Napoléon Ier. » Propos rapporté dans *L'art de la peinture*, p. 422.
172 Cette finalité est souvent revendiquée par les réalistes, comme en témoigne l'engagement politique de Courbet, qui entretint une correspondance avec Proudhon. *Cf.* Schapiro M., *op. cit.*, p. 273 *sqq*.

même, au milieu de tout cela, si cette idée, telle quelle, était claire ! Que veulent ces deux figures ? Une grosse bourgeoise fait un geste *qui n'exprime rien* et une autre femme, que l'on suppose sa servante, est assise par terre [...]. Il y a entre ces deux figures un échange de pensées *qu'on ne peut comprendre*. Le paysage est d'une vigueur extraordinaire, mais Courbet n'a fait autre chose que de mettre en grand une étude que l'on voit là près de sa toile ; il en résulte que les figures y ont été mises ensuite et *sans lien* avec ce qui les entoure[173]. » Dans son *Journal*, Eugène Delacroix résume toute la critique adressée aux réalistes : « Ô Rossini ! Ô Mozart ! Ô les génies inspirés dans tous les arts, qui tirent des choses seulement ce qu'il faut en montrer à l'esprit ! Que diriez-vous devant ces tableaux ?[174]. »

Si la grandeur du sujet ou la beauté du modèle sont ce qui importe dans la peinture, il s'ensuit une classification hiérarchique des genres de peinture selon la nature des sujets représentés. Et à l'intérieur d'une telle classification, dans un même genre de peinture, des tableaux peuvent être évalués les uns par rapport aux autres selon la noblesse, la force ou la poésie de leurs sujets respectifs.

La peinture est traditionnellement divisées en trois genres, qui sont la nature morte, la peinture de genre, et la peinture d'histoire. Des trois, la nature morte est le genre le plus humble, mal considéré pendant des siècles. La peinture d'histoire est privilégiée, car elle offre, avec la mythologie et la religion, les sujets de grand effet, et qui « parlent » le plus. Or, une telle classification revient à dire que la peinture hollandaise, qui représente, selon Hegel, une « nature intérieurement et extérieurement vulgaire[175] », les natures mortes de Chardin, ou les paysages de Constable, ne seraient d'aucun poids devant la plus banale peinture d'histoire.

Dans l'optique d'une classification et d'une hiérarchie des tableaux selon leurs sujets, le portrait d'un général serait une meilleure peinture que celui d'un lieutenant. Ainsi voit-on que l'idée d'une hiérarchie des tableaux selon ce qu'ils représentent, et des peintures selon leur genre, frise l'absurdité. Nous reviendrons plus loin sur les implications de cette restriction du rôle imparti au sujet dans la qualité d'une peinture[176].

---

[173] Delacroix E., *Journal*, le 15 avril 1853, Paris, Plon, 1980, p. 366.
[174] *Ibid.*, p. 327-328.
[175] Hegel G., *op. cit.*, L'idée du beau, chap. III, A, 2.
[176] Voir notre quatrième partie, chap. I, C.

II Entre idéalisme et naturalisme

Si l'on accorde que l'objet de la peinture est d'imiter, la question se pose de savoir ce qu'elle doit imiter. Jusqu'à présent, nous avons vu que la réponse unanime est que la peinture doit imiter la nature. Mais qu'est-ce que la nature ? La mésentente des théories de la peinture, plus que de la pratique picturale elle-même, sur ce que peut être la nature à imiter, les condamne à un itinéraire erratique dont nous allons parcourir quelques voies.

A) L'idéalisme

Une longue tradition idéaliste a nourri la peinture et ses théories : ce n'est pas le détail, par quoi l'objet individuel diffère des autres, qui doit être représenté, mais bien plutôt ce qu'il a de commun avec eux. La question est ici de savoir où se peut trouver ce modèle commun, essentiel ou idéal, de la réalité.

L'imitation des Idées

Une première réponse possible à cette question consiste à représenter les Idées platoniciennes, c'est-à-dire l'Intelligible. Mais cela n'est pas sans soulever des difficultés. D'une part en effet, les Idées ont le tort d'être invisibles, de n'être visibles que pour l'œil du νοῦς. C'est pourquoi peu de peintres ont pris cette solution en considération : elle fait davantage l'objet des théories de la peinture que de la pratique picturale. D'autre part, selon Panofsky, Platon ne fournit guère aux peintres que des métaphores[177] pour dire que l'objet de l'art est au-delà de tout ce que l'œil peut voir, ou la main représenter, et encore leurs occurrences sont-elles mineures dans son œuvre. Aussi la conception platonicienne de l'art, que nous avons évoquée plus haut, importe-t-elle moins ici pour nous que le zèle que met la

---
177 Panofsky E., *op. cit.*, p. 23.

théorie de l'art à s'annexer la théorie des Idées. Ce zèle est tel qu'il va jusqu'à transformer le concept d'Idée en concept spécifique de la théorie de l'art. Il nous faut donc maintenant examiner comment a été détourné ce concept d'Idée, dont Platon a si fréquemment déduit l'infériorité de l'art.

Ce détournement de la théorie platonicienne des Idées s'opère dès l'Antiquité, avec *L'Orateur*, de Cicéron. « Selon moi », écrit Cicéron, « il n'existe nulle part quelque chose de si beau que l'original ainsi copié ne se trouve plus beau encore, comme c'est le cas d'un visage par rapport à son portrait ; mais ce nouvel objet, *nous ne pouvons le saisir ni par la vue ni par l'ouïe non plus que par aucun autre sens* ; c'est au contraire *en esprit et en pensée seulement* que nous le connaissons [...]. De la même façon que le domaine des arts plastiques propose quelque chose de parfait et de sublime, dont il existe *une forme purement pensée*, et qu'à cette forme sont rattachées, par la production que nous en donne l'art, les objets qui sont, comme tels, *inaccessibles à la perception sensible* [...], de même c'est *en esprit seulement* que nous contemplons la forme de la parfaite éloquence et c'est seulement sa copie que nous cherchons à saisir auditivement. Platon, ce professeur et ce maître [...], désigne ces formes des choses sous le terme d'*Idées*[178], il nie qu'elles soient périssables, affirme qu'elles ont une existence éternelle et ne se trouvent enfermées que *dans la raison et dans la pensée.*[179] »

Dans cette description de la création d'art et d'éloquence, la fonction du concept platonicien est en fait de démentir la conception platonicienne de l'art. En effet, l'artiste n'est plus ici l'imitateur du monde sensible et trompeur ; il n'est pas davantage, face à quelque « essence » métaphysique, un interprète assujetti à la rigidité de normes préexistantes, mais dont les efforts sont finalement inutiles : l'artiste est au contraire celui dont l'esprit renferme un modèle prestigieux de beauté, vers lequel il peut tourner son regard intérieur. Et bien que l'entière perfection de ce modèle intérieur ne puisse passer dans l'œuvre au moment de la création, celle-ci doit néanmoins dévoiler une beauté qui est, selon l'analyse de Panofsky, plus que la simple copie d'une beauté ravissante[180]. Il apparaît dans le texte de Cicéron que ce renversement des conceptions platoniciennes des Idées et de l'art repose sur deux distorsions.

---

178 En grec dans le texte de Cicéron, « ιδεας ».
179 Cicéron, *Orator ad Brutum* II, 7 *sqq*. Cité par E. Panofsky, *ibid.*, p. 27-28.
180 Panofsky E., *op. cit.*, p. 29.

D'une part en effet, l'Idée est moins ici une réalité supra-céleste, offerte à la seule contemplation du philosophe arrivé au terme de son travail dialectique, qu'une vue de l'esprit présente en l'artiste. D'autre part, elle se dévoile désormais dans l'activité artistique, au lieu, comme chez Platon, de s'y voiler.

Sur la base de ce texte de Cicéron, l'Idée descend de son lieu supra-céleste pour devenir une représentation intérieure à l'esprit de l'artiste ; elle déchoit en fondant sa condition d'essence métaphysique avec celle de simple concept[181]. Cette formulation du problème de l'Idée dans l'art procède chez Cicéron d'un compromis entre l'Idée platonicienne, comme nous venons de le dire, et la « forme » en général et, pour ce qui ici nous intéresse, la « forme intérieure », pour lesquelles Aristote a conservé le terme platonicien d'εἶδος. Pour Aristote, en effet, les œuvres d'art se distinguent des productions de la nature en ceci seulement que « leur forme réside dans l'âme[182] » humaine.

Cette formule cicéronienne de compromis pose un problème particulier : si le modèle intérieur à l'artiste est bien une « idée de la pensée », qu'est-ce qui lui garantit, alors, cette perfection par laquelle elle doit l'emporter sur les modèles sensibles ? Et inversement, si elle possède cette perfection, n'est-elle pas alors tout autre chose qu'une simple « idée de la pensée » ? Deux voies sont possibles pour trancher cette alternative : ou bien il faut refuser à l'Idée, désormais identifiée à la représentation artistique, sa haute perfection, ou bien l'on confère à cette haute perfection une validité métaphysique. La première solution de cette alternative se trouve chez Sénèque[183], la seconde dans le néoplatonisme.

---

181 Cette mixité de l'Idée peut résulter, selon Panofsky, d'un héritage du stoïcisme qui, « à une certaine époque, avait opéré le renversement des idées platoniciennes en les interprétant comme des "concepts" (εννοηματα) innés et précédant l'expérience, ou bien encore comme des prénotions (*notiones anticipate*), que nous pouvons à peine concevoir comme des états "subjectifs" au sens moderne du mot, mais qui s'opposaient en tout cas, comme contenus immanents de la conscience, aux essences transcendantes de Platon. », *ibid.*, p. 34.
182 Aristote, *Métaphysique*, VII, 7, 1032a. Cité par E. Panofsky, *ibid.*, p. 35.
183 Pour Sénèque, l'artiste a la possibilité de reproduire tant un objet de la nature visible qu'une représentation sise à l'intérieur de lui. Il écrit dans la *LXVIIIᵉ Lettre* : « Supposons que je veuille peindre ton portrait […]. Ce qui est le modèle de ma peinture, c'est toi et de toi mon esprit reçoit une certaine manière d'être (*habitus*) qu'il exprime dans l'œuvre ; c'est donc bien ce visage qui m'instruit et m'enseigne et c'est sur lui que se règle l'imitation, précisément l'idée. » Et plus loin : « Je me réclamais précédemment du peintre. Lorsqu'il entendait peindre un portrait de Virgile, il regardait attentivement celui-ci. Et le visage de Virgile, c'était l'idée qu'il s'appropriait et dont il faisait le modèle de son œuvre. Or ce que le peintre emprunte à ce modèle, c'est « l'idos » ; il y a d'un côté le modèle, de l'autre la forme

La philosophie de Plotin entreprend de conquérir pour la « forme intérieure » un droit métaphysique à mériter le rang de « modèle parfait et suprême ». Plotin s'élève délibérément contre les attaques que formule Platon à l'endroit de l'art mimétique :

> Si quelqu'un dédaigne les arts sous prétexte que leur activité se réduit à imiter la nature, il faut lui déclarer d'abord une bonne fois que les arts ne se contentent pas de reproduire le visible, mais qu'ils remontent aux principes (λογοι) originaires de la nature ; on doit savoir en outre que les arts donnent et ajoutent beaucoup d'eux-mêmes lorsque l'objet représenté est défectueux, c'est-à-dire imparfait, car ils possèdent le sens de la beauté. Phidias crée son Zeus sans imiter rien de visible, mais il lui a donné les traits sous lesquels Zeus serait apparu lui-même s'il avait voulu se montrer à notre regard[184].

Avec Plotin le statut de l'Idée dans le domaine de l'art change : devenue l'Idée que l'artiste contemple en son esprit, elle est, selon Panofsky, « en un certain sens, dépouillée de la rigide immobilité qui paraissait inhérente à l'Idée platonicienne et elle se change en une vision vivante chez l'artiste ; mais en un autre sens [...], il lui appartient de ne pas exister seulement comme contenu de la conscience humaine, mais de prétendre à la validité et à l'objectivité métaphysique[185] », en tant qu'elle est principe originaire de la nature. Pour Plotin, l'image de Zeus que Phidias porte en son intériorité n'est pas seulement une représentation de Zeus, mais son essence.

C'est ainsi que, pour Plotin, l'esprit de l'artiste accompagne désormais l'esprit créateur qui anime le monde. Car dans la conception plotinienne, l'esprit engendre les Idées à partir de lui et en lui, et doit, par une sorte de profusion, répandre ses pures et incorporelles pensées dans le monde de la spatialité, où forme et matière se séparent et où se perdent la pureté et l'unité de la forme originaire. Et de même que la beauté dans la nature consiste, pour Plotin, en un rayonnement de l'Idée à travers la matière qui, pour n'être pas totalement modelable, n'en est pas moins modelée sur elle, de même la beauté d'une œuvre d'art vient de ce qu'une forme

---

qui lui est empruntée et qui est introduite dans l'œuvre. Dans le premier cas, l'artiste imite d'après modèle, dans le deuxième, il crée la forme. La statue possède un visage, c'est l'idos ; le modèle possède lui aussi un visage, celui que le peintre contemplait lorsqu'il donna à la statue ses contours : c'est l'eidos. » Selon l'analyse d'E. Panofsky, la représentation intérieure de l'objet n'est donc pas supérieure, pour Sénèque, à la vision de l'objet extérieur, et il peut même conférer indistinctement à l'une et à l'autre la dénomination d'« idea ». Voir E. Panofsky, *op. cit.*, p. 38-39.
184 Plotin, *Ennéades*, V, 8, 2. Cité par E. Panofsky, *ibid*.
185 Panofsky E., *op. cit.*, p. 40-41.

idéale est « émise » dans de la matière et s'efforce de l'animer.

Or pour Plotin, la matière représente le mal absolu, le complet non-être : elle est incapable d'être parfaitement « informée » par l'eidos, mais conserve, même lorsqu'il lui arrive d'être apparemment informée, les caractéristiques de la négativité, de la stérilité et de l'hostilité. Il y a dans la matière une impassibilité[186] devant la forme ; elle demeure toujours étrangère à l'eidos et lui oppose sa résistance. Cet antagonisme de la forme et de la matière chez Plotin prend la forme d'un conflit entre la force et l'inertie, entre la beauté et la laideur, entre le bien et le mal. Chez Plotin, « pour qui les images du monde sensible représentent moins l'incarnation d'une forme que l'imitation d'une Idée, l'αισθητον matériel et sensible est esthétiquement et éthiquement si dévalorisé par rapport au νοητον idéal, qu'il ne peut être qualifié de beau que dans la mesure où il permet de reconnaître en lui ce dernier, ou plutôt de le pressentir[187] ». Pour Plotin, l'architecte peut adapter la maison extérieure à l'eidos et la déclarer belle « pour la simple raison qu'abstraction faite des pierres qui la constituent, la maison extérieure se réduit à l'eidos intérieur et que, divisée assurément par la masse de la matière, elle est par essence indivisible, encore qu'elle se donne sous les apparences de la multiplicité[188] ».

Ainsi, si Plotin défend face aux attaques de Platon les arts mimétiques, les beaux-arts sont cependant chez lui aussi dangereusement menacés, mais pour des raisons différentes, voire opposées. En effet, si la conception « mimétique », selon laquelle l'art est une imitation du monde sensible, conteste la légitimité des beaux-arts en définissant leur objectif comme indigne d'être recherché, la conception « heuristique » de Plotin, suivant laquelle l'art détient la noble mission de faire pénétrer une « forme » dans la matière rebelle, conteste la possibilité de son succès dans la mesure où son objectif se donne lui-même comme impossible à

---

186 Aristote au contraire se refuse à considérer la matière comme un mal : parce qu'elle est l'informe même, elle se prête à toutes les formes. Elle possède en puissance une aptitude à la perfection de l'« information », tout comme comme l'eidos détient en acte la perfection de la forme ; bien mieux, elle « appelle la forme comme son complément, de la même façon que la femelle appelle le mâle ». Cité par E. Panofsky, *ibid.*, p. 42.
187 Panofsky E., *ibid.*, p. 43.
188 Plotin, *Ennéades*, I, 6, 3. Pour Aristote, la question de comparer du point de vue de la valeur la maison matérielle et la maison intelligible ne se pose pas, parce que la maison n'est pas à proprement parler une maison tant que la forme n'a pas pénétré la matière.

atteindre. La beauté que l'art accomplit est inférieure à la beauté de l'Idée : « Plus la beauté pénètre et se déploie dans la matière », écrit Plotin, « plus elle s'exténue par rapport à la beauté en soi. » Dans une telle perspective, la beauté des œuvres d'art n'est plus qu'une allusion à la beauté intelligible, à laquelle la contemplation nous renvoie par-delà les œuvres de l'art. Les pensées d'un Raphaël privé de mains auraient alors plus de valeur que les peintures d'un Raphaël en chair et en os. Ainsi, ce nouvel usage de la théorie des Idées aboutit à une nouvelle contestation de la valeur de l'œuvre d'art.

Cette dévaluation de l'art, contemporaine d'une relative réhabilitation en comparaison de son statut chez Platon, se poursuit dans le Moyen-Âge chrétien. Chez Saint Augustin, en effet, la beauté des productions de l'art est, plus explicitement que chez Plotin, dérivée de la Beauté en soi, que nous ne pouvons pas vénérer dans les œuvres d'art, mais seulement au-delà d'elles. La beauté visible n'est pour lui, selon l'expression de Panofsky, qu'une « faible parabole de l'invisible Beauté[189] ».

Avec le Moyen-Âge chrétien, les Idées se trouvent désormais enfermées dans l'esprit de Dieu. Produire les Idées et les abriter est devenu le privilège de l'esprit divin et lorsque ces « images »[190] sont envisagées dans leur rapport à l'homme, c'est généralement pour être l'objet d'une vision mystique plutôt que d'une connaissance logique ou d'une création représentative. Mais le rapport que l'esprit de l'artiste établit entre ses représentations intérieures et ses œuvres hors de lui peut être mis en parallèle avec celui que l'esprit divin entretient entre les Idées qui lui sont intérieures et le monde créé par lui ; de sorte que, selon Panofsky, même si l'artiste ne possède pas l'idée comme telle, on peut penser cependant qu'il est en possession d'une « quasi-Idée[191] ». Ce rapport à leurs Idées respectives est un gage de la ressemblance de l'homme et de Dieu. L'artiste est souvent comparé avec le « Dieu-artiste », ou le « Dieu-peintre ».

Bien plus tard, avec Zuccari, s'affirme avec force que c'est bien l'Idée présente en l'esprit de Dieu, que l'artiste imite quand il fait œuvre. Le « dessin intérieur », ou l'Idée,

---

[189] Panofsky E., *op. cit.*, p. 51.
[190] Ces Idées présentes en l'esprit de Dieu peuvent être également appelées « images » : Maître Eckhart, par exemple, pose la question de savoir si « préexistent en lui les images des choses créées ».
[191] Cette expression de « quasi-Idée » se trouve chez Thomas d'Aquin.

précède l'exécution et en est totalement indépendant. Il ne peut apparaître dans l'esprit humain que parce que Dieu lui en a donné la faculté, et chez l'homme, l'Idée n'est qu'une étincelle arrachée à l'esprit divin. En son origine et en sa vérité, l'Idée n'est rien d'autre que le modèle intérieur à l'intellect de Dieu qui, en l'imitant, crée le monde.

La Renaissance marque un tournant dans la conception de l'idéalisme en peinture. L'artiste doit s'exercer à une imitation directe de la réalité, c'est-à-dire peindre devant le motif. Une forme d'idéalisme y survit cependant, mais elle est fondamentalement différente de celle du néoplatonisme ou de la tradition chrétienne. En effet, la conception naturaliste qui prédomine dans les théories de l'art de la Renaissance s'insurge contre la croyance selon laquelle l'âme humaine porte en elle une Idée, qu'elle soit d'origine métaphysique ou divine, représentative de l'homme, du lion ou du cheval saisis en leur perfection, et d'après laquelle elle juge les choses de la nature. Chez les théoriciens de la Renaissance, l'approche de la nature peut bien avoir pour préalable la vision de la beauté idéale, mais cette beauté idéale n'a plus désormais d'existence métaphysique, divine ou supra-céleste. Cette faculté d'apercevoir en esprit la beauté ne peut être acquise que par l'expérience et l'exercice.

Chez Alberti, l'« idée des beautés » conserve encore quelque chose de son aura métaphysique. Elle paraît bien dépendre de l'expérience, mais il n'est pas explicite qu'elle ait son origine dans l'expérience : elle a, selon l'analyse de Panofsky, « pour résidence favorite [...] l'esprit qui connaît la nature, de préférence à celui qui reste dépourvu d'intuition concrète[192] ». C'est seulement avec Vasari que l'idée est déduite des choses de la nature : elle reçoit de l'expérience non seulement sa condition de validité, mais aussi son origine[193]. L'idée n'est plus désormais un archétype de la réalité sensible, mais un dérivé de cette réalité sensible. Elle n'est plus un contenu transcendant à la connaissance humaine, mais un produit de cette connaissance.

Toute dérivée qu'elle soit de la nature, l'idée peut cependant la compléter et suppléer à ses déficiences. La beauté idéale est obtenue par la synthèse des cas particuliers, constituant par là une version spiritualisée du choix électif de l'Antique, que nous avons exposé plus

---

192 Panofsky E., *op. cit.*, p. 79.
193 *Ibid.*, p. 82.

haut. Quand le modèle naturel fait défaut, ou quand sa beauté est insuffisante, Raphaël s'en remet pour peindre à l'idée. L'usage ainsi fait de l'idée n'est pas exclusif de la première préoccupation de la Renaissance italienne, qui est l'imitation directe de la réalité : la vision de l'idée et celle de la nature se corrigent réciproquement. Panofsky cite à cet égard Pacheco, un Espagnol plus tardif, mais qui s'accorde parfaitement avec l'esprit du classicisme :

> Il est bon d'ajouter aux préceptes et à la bonne et belle manière de peindre l'art de jugement et de choisir les œuvres splendides qui sont celles de Dieu et de la nature. Et si ce modèle faisait défaut, on ne pourrait pas rencontrer la beauté convenable, ni, en raison d'une impossibilité de lieu et de temps, exploiter bien admirablement les belles idées acquises par l'artiste de valeur. [...] La perfection consiste à passer (ce qui est naturel) des Idées à la nature et de la nature aux Idées, en recherchant toujours ce qu'il y a de meilleur, de plus sûr et de plus parfait[194].

Une attitude voisine se trouve, cette fois dans le néoclassicisme, chez Bellori. Dans son traité[195], après une introduction d'inspiration néoplatonicienne sur la perfection des Idées produites par l'esprit divin et l'imperfection des réalités terrestres qui n'en sont que les copies confuses et déformées, Bellori présente l'artiste comme ayant en lui, à l'image de Dieu, la représentation de la beauté sans mélange. Mais une rupture soudaine se produit, dans laquelle Bellori diverge de la thèse néoplatonicienne : cette idée, sise en l'esprit de l'artiste, n'a aucune origine métaphysique. Elle ne provient que de l'intuition sensible. Mais aux objets de l'intuition sensible, elle semble conférer une forme plus pure et sublime : « Son origine est dans la nature, mais elle opère le dépassement de son origine et constitue l'original de l'art[196] ». Bellori, quand il condamne les « Naturalistes », qui « ne jurent que par le modèle », puis ceux qui ne peignent qu'à partir d'une « idée de l'imagination », préconise un mixte d'idéalisme et de réalisme, soit une forme d'idéalisme qui se ramène à un réalisme épuré.

Formes pures et rapports arithmétiques

---

194 *Ibid.*, p. 83.
195 Bellori, *L'Idea del Pittore, dello scultore e dell'Architetto*, discours prononcé en 1664 et repris dans l'introduction des *Vies des peintres...*, 1672.
196 Cité par E. Panofsky, *op. cit.*, p. 129.

Une autre forme d'idéalisme peut se trouver dans l'importance qu'accorde la pratique picturale aux formes géométriques idéales et aux rapports arithmétiques des proportions. Nous avons déjà vu cette tendance s'exprimer chez Platon, dans la séduction qu'exercent sur lui les formes pures et les Idées-Nombres.

Dans son traité *De la règle et du compas*, Dürer se réclame des instruments du pur géomètre : il revient au dessinateur et au peintre de dégager les structures géométriques qui sous-tendent les apparences. La pratique de ces schémas géométriques remonte à la préhistoire, à l'origine même de l'art. Dans la *Vénus de Lespugue*, la forme féminine s'inscrit dans un losange et présente deux sphères symétriques. Cette pratique est très variablement développée selon qu'elle est plus ou moins consciente dans des époques différentes, et selon qu'elle fait l'objet d'une réflexion théorique plus ou moins élaborée. Le procédé du quadrillage, apparu dès l'antiquité avec les canons de Polyclète, culmine au Moyen-Âge avec l'accentuation de cette tendance à la schématisation chez Villard de Honnecourt. Chez ce dernier, les têtes, qu'elles soient humaines ou animales, sont construites non pas seulement à partir de cercles, mais aussi du triangle ou même du pentagramme, c'est-à-dire à partir de formes tout à fait étrangères à la nature. Au XVe siècle, une peinture comme la célèbre *Vierge* de Jean Fouquet affiche une recherche systématique de la beauté des formes géométriques. La forme sphérique de la tête de l'Enfant Jésus répond à celle qui jaillit du corsage de la Vierge. Les têtes des angelots de l'arrière-plan, les formes du dossier du trône et le décor où se multiplient les perles, reprennent ce motif sphérique. La recherche des formes cylindriques se révèle aussi fructueuse, si on la reporte des montants du siège à l'aspect des bras de l'enfant ou des plis d'étoffes. Il apparaît dans ce tableau que, dès lors qu'est introduite en peinture l'exigence de beauté pure, géométrique, c'est-à-dire de la beauté des formes telles que la nature ne nous les présente jamais dans leur pureté, celle de réalité ne peut plus désormais que composer avec elle. Par suite, les exigences de ressemblance et de vraisemblance lui sont en partie sacrifiées. Aussi Cézanne, lorsqu'il déclare nécessaire de « traiter la nature par le cylindre, la sphère, le cône », ne fait-il que conclure et généraliser une longue tradition dont on trouvait déjà l'expression dans la *Théorie de la figure humaine*, de Rubens, professant qu'« on peut réduire les éléments ou principes de la figure humaine au cube, au cercle ou au triangle[197] ».

La rigueur mathématique ne se trouve pas seulement dans le fait de ramener les formes naturelles à des schémas géométriques, mais aussi dans le calcul arithmétique des proportions à représenter. Pour Alberti, la beauté « consiste dans une harmonie et dans un accord des parties avec le tout, conformément à des définitions de nombre, de proportionnalité et d'ordre, telles que l'exige l'harmonie ». Et les savants calculs qui ont abouti à la « Section d'or » ou au traité de *La Divina Proportione*, de Fra Luca Pacioli, qui se place de lui même sous le patronage de Platon[198], n'ont d'autre objet que d'énoncer les formules mathématiques de la Beauté absolue.

Pendant la Renaissance italienne, dont nous avons évoqué l'engouement pour la rationalité, pour les sciences physiques et mathématiques, et pour l'optique en particulier, la théorie des proportions est investie d'une signification métaphysique. Cette théorie passe à la fois pour un préalable à la production artistique et pour une expression du fondement rationnel de la beauté, ainsi que de l'harmonie préétablie entre microcosme et macrocosme. Selon Panofsky, la Renaissance opère la synthèse entre ses tendances mystiques et son exigence de rationalité, en interprétant la théorie du double point de vue d'une cosmologie harmonique et d'une esthétique normative. En même temps qu'elles font l'objet de l'enseignement d'atelier, les proportions du corps humain sont célébrées comme une incarnation visible de l'harmonie musicale.

Conférer une origine métaphysique ou divine à la beauté, désormais rationnellement fondée, explique la raison profonde qui fait que l'art imite la nature. En effet, si nous voulons prouver que la nature est susceptible d'être imitée, il faut admettre qu'un principe intelligible lui enseigne ses objectifs et ses procédés. Ce principe, une fois redécouvert par le moyen du calcul, rend la nature intelligible à l'esprit de l'artiste, qui peut dorénavant l'imiter, c'est-à-dire créer comme elle fut créée, et produire ses œuvres comme elle continue de produire les siennes.

C'est aussi dans la Renaissance italienne qu'inversement, la théorie des proportions a

---

197 Rubens, *Théorie de la figure humaine*. Cité dans *L'art de la peinture*, p. 223.
198 Cette beauté arithmétique et géométrique laisse deviner les Idées et les Nombres, à l'aide desquels le démiurge (*Timée*, 53b) a donné leur forme aux ultimes composants du monde.

été dépouillée de toute la signification métaphysique dont nous l'avons vue investie. En effet, si des proportions numériques expriment chez Alberti l'harmonie, celle-ci n'est autre que « la loi absolue et souveraine de la nature ». Alberti et Léonard de Vinci se sont efforcés, chacun dans son domaine[199], d'élever la théorie des proportions au niveau d'une science empirique : Alberti perfectionne la méthode, tandis que Léonard étend et élabore le matériel. L'un et l'autre se détournent de la tradition et poursuivent une expérimentation qui prend appui sur l'observation attentive de la nature. Cependant, en italiens qu'ils sont, ils n'envisagent pas de remplacer le type idéal, unique, par une pluralité de types caractéristiques. Mais ils cessent de déterminer ce type en se fondant sur une métaphysique harmonique : ils s'enhardissent à affronter la nature même, ils abordent le corps humain au moyen de compas et de rapporteurs. Mais, quelque scientifiques que soient leurs méthodes, il reste qu'ils sélectionnent, parmi une multitude de modèles, ceux qui, à leur propre jugement qui peut n'être pas neutre mais influencé par la tradition, sont les plus beaux.

Dürer, reprend les acquis d'Alberti et de Léonard, mais pour surpasser ses deux modèles italiens. En effet, renonçant résolument à la prétention de découvrir un unique canon idéal de beauté, il entreprend l'infiniment plus laborieuse tâche d'élaborer divers « types caractéristiques » qui, chacun à sa manière, puissent échapper à la laideur. Il parvient ainsi à vingt-six types de proportions du corps humain, auxquels il convient d'ajouter ses nombreuses études du corps des jeunes enfants et celles des mensurations détaillées de la tête, des pieds et des mains. Il élabore aussi divers procédés pour introduire de nouvelles variations dans les nombreux types ainsi conçus. Il s'essaye même à capter l'idéal et le grotesque par des méthodes strictement géométriques. Il tente ensuite de compléter sa théorie des mesures par une théorie du mouvement et par une théorie de la perspective. Il apparaît donc qu'avec Dürer, la pratique des schémas géométriques et le calcul des proportions perdent leur statut d'idéalité rigide, pour viser à la représentation de la nature dans son intégralité, avec ses particularités, sa vie et son mouvement.

La représentation de l'espèce
---

[199] Alberti conçoit une table unique de mensurations, et Léonard reprend, parfait et utilise le procédé des fractions communes.

Il est une autre forme d'idéalisme, qui résulte cette fois non d'une lecture faite de Platon, mais d'une interprétation d'Aristote. Copier servilement l'individu naturel est jugé indigne de l'artiste ; représenter par des moyens matériels une Idée platonicienne, dont l'essence est d'être immatérielle, semble une entreprise contradictoire ; il reste donc la réalité qu'Aristote a située au-dessus de l'individu et au-dessous de l'Idée, c'est-à-dire l'espèce. De ce point de vue, représenter l'espèce et imiter la nature ne feraient qu'un.

Joshua Reynolds est un parfait interprète de cette doctrine, comme en témoigne le moindre de ses écrits. Selon lui, le peintre ne trouve dans la nature que des individus différents ; s'il les prend pour modèles, ce n'est pas la nature qu'il imite, mais seulement certaines de ses particularités. Pour éviter ce péril, le peintre doit comparer ces individus et, par un processus de généralisation, son imagination conçoit « l'idée abstraite des formes ». Dès lors, il est « admis au grand conseil de la nature ». En effet, une fois en possession de la forme que la nature se propose de réaliser, l'artiste peut agir comme une nature dont aucun accident particulier ne viendrait contrarier les desseins. La forme dont la nature ne réussit que des approximations particulières, le peintre peut la reproduire dans la pureté de sa généralité.

Une telle utilisation des théories d'Aristote procède en fait d'un détournement. Selon l'analyse de Gilson, en effet, « le problème de l'objet de l'art de peindre emprunte les termes du problème de l'objet de la connaissance » : supposant, avec Aristote, que la réalité à connaître soit la forme générale de l'espèce, Reynolds en infère que l'objet de l'art, dont la fonction est d'imiter la nature, consiste à représenter la forme de l'espèce dans sa généralité. Aussi recommande-t-il au peintre de considérer, « comme le philosophe, la nature à l'état abstrait » et de représenter « dans chacune de ses figures le caractère de l'espèce[200] ».

Dans cette théorie, Reynolds croit possible de former une image qui représente l'homme en général, sans représenter aucun homme en particulier. Or il est manifeste que l'homme qu'on peindra sera toujours mâle ou femelle et que dans chaque sexe, ce sera un enfant, un jeune homme ou une jeune fille, un adulte ou un vieillard ; non seulement il appartiendra à une certaine race ou à un certain type, mais sera aussi probablement marqué par sa profession : un pugiliste et un philosophe ne se ressemblent d'ordinaire ni par le corps ni

---

[200] Cité par É. Gilson, *op. cit.*, p. 267.

par l'expression du visage. Reynolds a été peu suivi en raison de l'absurdité, de l'irréalité de ces espèces. Il est remarquable cependant que son œuvre peint, ainsi que ceux de David et Ingres, qui embrassent ces mêmes théories, ont été sauvés parce que ces peintres étaient souvent portraitistes, et contraints à rendre de leur modèle un minimum de particularités[201].

Cette idée qu'il faut généraliser la nature pour en exprimer la vérité a plus de crédit dès lors quelle est moins catégorique. C'est ainsi que, pour Diderot, Hegel ou Baudelaire, dont les opinions ici se recoupent, le peintre de portraits, qui est « celui qui s'intéresse le moins à l'idéal[202] », doit généraliser ou idéaliser son modèle. Nous avons vu plus haut avec Diderot qu'un portrait doit exprimer de son modèle le substantiel et le permanent[203]. Pour Hegel également le portraitiste doit laisser de côté les particularités accidentelles, extérieures, pour reproduire le caractère général du sujet, ses propriétés spirituelles permanentes[204]. Il s'agit donc de dégager les « vrais traits » du modèle. C'est aussi le sens de ce que dit Baudelaire quand il déclare l'imagination nécessaire à la réalisation d'un bon portrait : il lui faut deviner « ce qui se cache derrière un visage[205] ». L'idéal exige, chez Baudelaire, que la forme extérieure soit l'expression de l'âme[206]. Cependant, si le terme de « généralisation » est employé par ces trois auteurs, il reste contenu dans un usage beaucoup plus étroit que celui qu'il revêt chez Joshua Reynolds, et si le modèle doit être généralisé, ce n'est pas pour atteindre à la généralité de l'espèce.

B) Le naturalisme

Le naturalisme, à chacune de ses apparitions ou renaissances au cours de l'histoire de la peinture, se présente comme réponse, rupture ou moyen de rétorsion, face à ce qu'il juge

---

201 Gilson É., *ibid.* p. 268, Dans l'esprit de Reynolds cependant, cette « généralisation » doit même s'appliquer au portrait : « La ressemblance d'un portrait, écrit-il, [...] consiste plus à conserver l'effet général d'un visage, qu'à finir avec une extrême minutie les traits ou l'une quelconque de ses parties. »
202 Hegel G., *op. cit.*, L'idée du beau, chap. III, A, 1.
203 Diderot D., *Salon de 1767, op. cit.*, à propos du *Portrait de J.J. Rousseau* par La Tour.
204 Hegel, *op. cit.*, L'idée du beau, chap. III, A, 1.
205 Baudelaire C., *Curiosités esthétiques, op. cit.*, p. 150.
206 *Ibid.*

l'aberration des idéalismes, ou au statut dégradant auquel parfois ces derniers relèguent la pratique picturale. « Ce qui est insensé », s'insurge Cézanne, « c'est d'avoir des idées toutes faites et de copier ça au lieu du réel. Les faux peintres ne voient pas cet arbre, votre visage, ce chien, mais l'arbre, le visage, le chien. Ils ne voient rien[207]. » Il dénonce ici cette « mauvaise abstraction » dont nous venons de voir qu'elle risque de conduire la peinture à une impasse.

Il faut, dit encore Cézanne, préserver l'« effectivement vu » de « toutes les significations qui ne sont pas fondées sur lui ». Or ces significations, extérieures à l'objet de la vision simple, désignent tant les Idées, dont on voudrait qu'elles fondent les objets de la nature plutôt qu'elles soient fondées sur ces derniers, que les pratiques d'écoles, traditions et manières qui, par convention arbitraire, se détachent du simple vu. La recherche d'un franc retour au réel chez Courbet ou Manet, dont témoignent des œuvres comme *L'Enterrement à Ornans* et *L'Exécution de Maximilien*[208], s'inscrit explicitement en réaction contre l'académisme du XIXe siècle et l'anémie dont il souffre.

Pour le naturalisme, l'objet de la peinture est ce que la nature offre à notre perception, soit l'individu avec toutes ses marques individuantes : c'est donc cela même qui faisait la hantise des idéalistes et de Reynolds. Pour représenter les choses telles qu'elles sont, il est jugé nécessaire d'abolir les idées préconçues et les conventions d'école ; l'effacement des moyens utilisés par le peintre s'impose, ainsi que la neutralité de l'artiste lui-même, la neutralisation de son tempérament et de ses préférences. L'éloge que donne Diderot de La Tour va dans ce sens.

Diderot loue La Tour de représenter la nature sans rien y retrancher ou ajouter : « C'est la nature même, c'est le système de ses incorrections telles qu'on les y voit tous les jours[209] ». La Tour, selon Diderot, est un bon portraitiste, parce qu'il est un peintre vrai ; il reproduit la nature sans l'embellir ou la corriger, sans la métamorphoser par les règles de l'art. « Ce n'est pas de la poésie, ce n'est que de la peinture[210] », écrit-il en manière d'éloge. Diderot reprend ici l'opposition, traditionnelle depuis Aristote, entre une mimèsis poiétique, ou créatrice, qui embellit son modèle et supplée aux défauts de la nature, et une mimèsis

---
207 Gasquet J., *Cézanne*, Paris, Éditions Bernheim jeune, 1921, p. 83.
208 Pour l'historien de l'art, cependant, c'est à tout ce par quoi elles dépassent le simple rendu de l'individuel et la littéralité du réalisme, que ces œuvres doivent leur grandeur.
209 Diderot D., *Salon de 1767*, *op. cit.*, La Tour.
210 *Ibid.*

purement reproductrice. La Tour est bon portraitiste, parce qu'il se contente de reproduire. S'il se mêlait de produire, il ne donnerait plus lieu à un portrait, mais à une caricature, fût-ce une « caricature en beau », selon l'expression de Diderot.

Un bon portraitiste ne doit pas être génial : son seul génie doit être celui du technique[211]. En effet, le génie[212] ne se borne pas à voir, il est ému ; il ne cherche pas à reproduire la nature, mais seulement à donner corps aux fantômes qui sont son ouvrage. À l'inverse du génie, La Tour est sans enthousiasme. Pourtant, son imitation est « chaude » : « la chair et la vie sont dans sa peinture[213] ». Il est du « nombre de ceux qui savent conserver la vie aux choses qui l'ont reçue[214] ». La Tour est l'analogue en peinture du grand comédien : loin d'être possédé par l'inspiration du moment, d'être en proie à une mimèsis passive, il joue seulement la mimèsis, qui est pour lui le produit de l'étude, de la technique et du savoir. Le paradoxe majeur du comédien est celui-ci : ce sont l'absence d'identification réelle à ses personnages, et son manque de sensibilité, qui lui permettent de tout imiter. De la même façon, le peintre « qui ne produit rien de verve » imite en vérité un modèle qui est strictement hors de lui. C'est pourquoi seul il peut faire des portraits ressemblants, à l'image de leurs modèles, et non à la sienne. Un homme sensible ne saurait être, selon Diderot, « un sublime imitateur de la nature, à moins qu'il ne puisse s'oublier et se distraire de lui-même[215] ». Il faut être insensible et froid, pour imiter en vérité. Il faut savoir n'être rien, pour pouvoir imiter tout ; aussi bien, il faut être une machine[216].

Cet effacement du peintre, que postule une imitation réaliste de la nature, s'affirme plus radicalement encore dans le propos de Cézanne[217]. « Je veux », écrit-il, « peindre la

---

211 *Ibid.* : « Ce peintre n'a jamais rien produit de verve, il a le génie du technique, c'est un machiniste merveilleux ».
212 *L'Encyclopédie*, article « génie ».
213 Diderot D., *Salon de 1767, op. cit.*, La Tour.
214 *Ibid.*
215 *Ibid.*
216 *Ibid.* : « Quand je dis de La Tour qu'il est machiniste, c'est comme je le dis de Vaucanson, et non comme je le dirais de Rubens ; voilà ma pensée pour le moment, sauf à revenir de mon erreur, si c'en est une. »
217 Il ne s'agit pas pour nous ici de savoir comment Cézanne a respecté ou déjoué, dans son œuvre, ces affirmations. Nous nous contentons d'une lecture hors contexte et restreinte de ces propos, ne retenant que ce qui en eux relève d'une attitude typiquement « réaliste », et vient étayer notre analyse. Nous aurons par la suite l'occasion de revenir sur ces phrases de Cézanne et d'en creuser la signification.

virginité du monde. [...] Jamais on n'a peint le paysage l'homme absent[218], mais toujours tout entier dans le paysage. » Ce disant, Cézanne émet le vœu de retrouver l'innocence du premier voir, vierge de convention ou de prise de position. Mais il va aussi beaucoup plus loin : il préconise jusqu'à l'effacement de l'esprit de l'homme, en qui vient se réfléchir la nature avant qu'il ne la peigne. Ce propos de Cézanne se ramène exactement à l'attitude du réaliste, que Baudelaire dénonce dans les *Curiosités esthétiques* comme « positiviste ». Au réaliste, Baudelaire, en effet, prête ces mots : « Je veux représenter les choses telles qu'elles sont, ou bien telles qu'elles seraient en supposant que je n'existe pas ». Il ne vise donc rien de moins que représenter « l'univers sans l'homme ». Une telle entreprise est contradictoire, car elle croit possible de donner une représentation en omettant à son principe l'intention de représenter. De plus, contre ceux qui prétendent reproduire la réalité telle qu'elle est, Baudelaire soulève la question de savoir ce qui d'elle leur est connu. Il faut, dit-il, demander à ces « doctrinaires » s'ils sont « bien sûrs de connaître toute la nature », et même, s'ils sont « bien certains de l'existence de la nature extérieure ».

Une autre manière d'éprouver le réalisme nous est offerte par la réflexion des peintres sur la pratique du modèle. Des intentions réalistes se traduisent par la volonté de peindre devant le motif, de rester les yeux rivés sur la nature à imiter. Un artiste de la Renaissance, Cennino Cennini, choisit pour représenter une montagne de peindre devant des fragments de roches, les yeux collés, au plus près, sur leurs menus détails. Mais sans doute est-ce là un cas extrême. Dans ses *Essais sur la peinture*, Diderot bannit l'étude de l'écorché, parce qu'il donne trop à voir, c'est-à-dire plus que ce que nous montre la nature, et condamne la pratique du modèle telle que l'entend l'Académie, qui ne sait enseigner que le maniéré[219]. Les modèles d'atelier n'offrent au regard que des « positions académiques, contraintes et apprêtées[220] [...] ». « Qu'a de commun », demande Diderot, « celui qui fait semblant de mourir avec celui qui expire dans son lit, ou qu'on assomme dans la rue ? Qu'a de commun ce lutteur d'école avec celui de mon carrefour ? Cet homme qui implore, qui prie, qui dort, qui réfléchit, qui s'évanouit à discrétion, qu'a-t-il de commun avec le paysan étendu de fatigue sur la terre, avec

---

218 C'est-à-dire sans prise de position préalable.
219 Diderot D., *Essais sur la peinture*, *op. cit.*, p. 14.
220 *Ibid.*

le philosophe qui médite au coin de son feu, avec l'homme étouffé qui s'évanouit dans la foule ?[221] » C'est parce que « la vérité de la nature s'oublie », face aux « poncifs » que crée l'éternelle étude du modèle d'école, que Diderot conseille aux jeunes artistes de quitter l'atelier de l'école, pour aller peindre selon la nature elle-même : « Laissez-moi cette boutique de manière[222]. Allez-vous en aux Chartreux, et vous y verrez la véritable attitude de la piété et de la componction. C'est aujourd'hui veille de grande fête ; allez à la paroisse, rôdez autour des confessionnaux, et vous y verrez la véritable attitude du recueillement et du repentir[223] ».

Le lien de la pratique du modèle naturel et de la peinture réaliste n'est pourtant pas d'une évidente simplicité. En effet, les Impressionnistes, qui furent les premiers à pratiquer systématiquement le plein air et à proclamer qu'ils n'imitaient que ce qu'ils voyaient, n'incarnent ni le réalisme d'un Chardin, ni celui d'un Courbet. De la même façon, le naturalisme dont se réclament certains artistes de la Renaissance italienne n'a rien à voir avec l'hyperréalisme américain du XXe siècle. Il semble donc que le réalisme, qui par définition devrait être un, revête des aspects très différents selon les époques et selon les peintres. Il n'y aurait pas une manière unique, qui serait la plus fidèle, d'imiter la nature, mais des manières diverses se réclamant toutes de cette manière unique, qui dès lors ne serait qu'un pôle théorique, toujours différé, différemment ou partiellement atteint, dans la pratique picturale. Le fait de distinguer plusieurs courants au sein de ce qui voudrait être *le* réalisme, nous le donne à concevoir comme toujours mêlé de convention et divisé en plusieurs écoles.

La pratique du modèle naturel n'appartient pas exclusivement aux peintres tenant du réalisme. Chez les autres, elle reste jugée bienfaisante, mais elle leur sert surtout à « se mettre le modèle dans la tête[224] », c'est-à-dire à se faire d'après lui une idée. Et c'est d'après cette idée, issue de lui, plutôt que d'après le modèle naturel, que travaillent les peintres. Diderot l'évoque succinctement, à la suite de l'extrait des *Essais sur la peinture*, que nous venons de citer : « Cherchez les scènes publiques ; soyez observateurs dans les rues, dans les jardins, dans les marchés, dans les maisons, et *vous y prendrez des idées justes* du vrai mouvement dans les

---

221 *Ibid.*, p. 14-15.
222 Diderot vise ici explicitement le Louvre.
223 *Ibid.*, p. 16.
224 Nous empruntons cette expression à É. Gilson, *op. cit.*, p. 240.

actions de la vie ».

Si les peintres travaillent devant le modèle naturel, beaucoup s'attachent à maintenir entre eux et la nature une distance qu'ils jugent nécessaire. La présence du motif leur est gênante, voire dangereuse. Claude Monet peignait en plein air, sur le motif, mais pendant dix minutes seulement : il ne laissait pas aux choses le temps de le prendre. Bonnard donne une raison de cette attitude : « J'ai essayé de peindre directement, scrupuleusement ; je me suis laissé absorber par les détails. » C'est pourquoi il préfère peindre dans son atelier. Le danger de la pratique du modèle naturel vient, selon Delacroix, de ce que « le modèle tire tout à lui : il ne reste plus rien au peintre ». Ce sont là peintres pour qui l'œuvre d'art a sa source dans l'esprit[225], non dans la nature. Si, dans cette perspective, le point de départ d'un tableau est une idée, il s'agit de ne prendre du modèle naturel que ce qui sert à corroborer cette idée. Bonnard écrit que « Cézanne devant le motif avait une idée solide de ce qu'il voulait faire, et ne prenait de la nature que ce qui se rapportait à son idée » ; il peignait « les choses telles qu'elles entraient dans sa conception ». Pour Delacroix, l'artiste doit principalement avoir recours à la nature pour y retremper ses impressions fugitives et leur donner plus de consistance. Selon lui, le défaut de beaucoup de peintres est qu'ils partent toujours de cet objet étranger à eux-mêmes, le modèle extérieur. Ils ont le tort de s'en remettre à lui. Bien au contraire, selon Delacroix, il n'y a que ceux qui savent faire de l'effet en se passant du modèle, qui puissent véritablement en tirer parti quand ils le consultent.

Dans cette perspective, l'attitude réaliste consiste à vouloir cantonner le point de départ et la suite de la pratique picturale à ce qui est donné par le modèle extérieur. Cela revient, comme nous l'avons déjà évoqué plus haut, à postuler la neutralité et l'impartialité de la vision humaine, et en particulier de la vision artistique. C'est omettre, à l'origine de l'acte pictural, l'intention de représenter tel visage de la nature plutôt que tel autre, choisi parmi l'infinité de ceux qu'elle nous présente. C'est omettre aussi la question du choix des moyens de l'exécution, parmi le grand nombre de ceux que la tradition artistique met à la disposition de

---

[225] Pour Bonnard, « le point de départ du tableau est une idée ». Et pour Delacroix, « il est beaucoup plus important pour l'artiste de se rapprocher de l'idéal qu'il porte en lui [que de rester attaché au modèle naturel] ».

l'artiste ; ce choix le rattache, qu'il le veuille ou non, à la tradition[226]. Or ces choix ne sont pas inclus dans le modèle naturel, mais ils relèvent d'un acte de l'esprit.

C) Idéalisme et naturalisme : deux pôles artificiels ?

L'histoire de la peinture est scandée par ses hésitations et ses alternances entre l'idéalisme et le naturalisme, quoi qu'on entende d'ailleurs par là selon les époques. Leur alternance, voire leur entrée en concurrence, les fait apparaître l'un et l'autre et tour à tour tantôt comme un nouveau souffle, tantôt comme une conception arriérée ou dégradante de la pratique picturale. Leur antinomie a animé des siècles de théorie de la peinture. Nous avons rencontré, en parcourant quelques unes des voies de l'idéalisme et du naturalisme, la difficulté de départager ce qui ressortit uniquement à l'un ou à l'autre. En effet, ils semblent n'être jamais donnés séparément, chacun incluant son exact contrepoint.

Des divers idéalismes inspirés de Platon, nous avons vu qu'ils aboutissaient à une dévalorisation de la peinture. En effet, s'il est conféré à l'Idée une origine et une objectivité métaphysique, la peinture n'en accomplit qu'une dégradation, en ce qu'elle la reproduit imparfaitement dans le règne de la spatialité et de la matérialité. Si l'on dénie aux Idées toute validité métaphysique, la peinture retrouve sa dignité, mais le statut de l'idéalité se trouve ébranlé : l'idéal de la peinture est désormais fondé sur l'observation de la nature et procède d'un acte de généralisation de l'esprit humain. Et Dürer, renonçant à l'unicité de l'idéal pour concevoir une multitude de types non plus idéaux, mais caractéristiques, se rapproche d'une représentation naturaliste de la nature. De la même façon que l'idéalisme n'est pas vierge d'empirisme, nous avons vu que le naturalisme, s'il se fixe pour tâche de n'imiter que la nature, et non plus l'idéal, n'est pas pur d'idée lui non plus : la nature s'y trouve recomposée selon l'idée qui préside à la représentation picturale.

Si, dans les théories de la peinture que nous avons évoquées, il semble délicat de faire

---

226 Constable illustre cette volonté d'omettre jusqu'à l'existence de la tradition picturale. « Chaque fois que je me prépare à faire une esquisse d'après nature », écrit-il, « je m'efforce d'oublier que j'aie jamais pu voir un tableau ». Cité par E.H. Gombrich, *op. cit.*, p. 226.

le départ entre ces deux notions, la raison en est peut-être qu'il est de leur essence de n'être pas séparables, ou de celle de la peinture de ne les pas séparer. Cette dernière hypothèse est accréditée en mainte occurrence par Baudelaire dans les *Curiosités esthétiques*. Le dessin d'un grand artiste « doit résumer l'idéal et le modèle[227] ». Il doit tant se garder de trop particulariser que de trop généraliser[228]. Quant à l'idéal, il n'est pas une projection de l'esprit du peintre, extérieure à l'individu représenté et artificiellement plaquée sur lui. Bien au contraire, il est déduit de l'individu. En effet, pour Baudelaire, « chaque individu a son idéal[229] ». Baudelaire achève ici les intuitions de Diderot. Chez ce dernier, la nature « ne fait rien d'incorrect ». « Toute forme belle ou laide a sa cause, et de tous les êtres qui existent, il n'y en a pas un qui ne soit comme il doit être[230]. » Telle main veut tel pied, tel visage veut telle silhouette. Chez une femme atteinte de cécité, son col, ses épaules, sa gorge, et non pas seulement son visage, sont marqués par cette infirmité[231].

Selon Baudelaire, la nature ne donne rien d'absolu, ni même de complet. Parce qu'elle ne donne rien d'absolu, « l'idéal du compas est la pire sottise ». Et parce qu'elle ne donne rien de complet, « il faut tout compléter, et retrouver chaque idéal ». De cet idéal, Baudelaire donne une définition qui lui est propre : il « n'est pas cette chose vague, ce rêve ennuyeux et impalpable qui nage au plafond des académies ; un idéal, c'est l'individu redressé par l'individu, reconstruit et rendu par le pinceau ou le ciseau à son harmonie native ». C'est pourquoi Baudelaire définit le portrait comme « modèle idéalisé[232] », ou encore comme la « reconstruction idéale des individus[233] ». Cette reconstruction idéale consiste selon Baudelaire à généraliser quelque peu l'individu, non à partir de l'espèce, comme chez Reynolds, mais à partir de lui-même ; il s'agit d'en extraire l'idéal, autrement dit de dégager son expressivité de la confusion où la nature nous le donne.

Le XXe siècle voit la fin des théories dogmatiques de la peinture, c'est-à-dire du pur

---

227 Baudelaire C, *Curiosités esthétiques*, *op. cit.*, chap. « De l'idéal et du modèle », p. 148.
228 Pour Baudelaire, l'art est « une mnémotechnie du beau ; trop particulariser ou trop généraliser empêchent également le souvenir ».
229 *Ibid.*, p. 149.
230 Diderot D., *Essais sur la peinture*, *op. cit.*, p. 11.
231 *Ibid.*
232 *Ibid.*,. p. 150.
233 *Ibid.*, chap. « Le musée classique », p. 93.

idéalisme, ou du naturalisme intransigeant. Il semble difficile, désormais, de souscrire à la distinction entre réalité extérieure et réalité intérieure. Cette tentation se retrouve néanmoins chez André Breton, dans *Le Surréalisme et la peinture*, où il stigmatise l'imitation qu'il juge celle de la tradition : « Une conception très étroite de l'imitation, donnée pour but à l'art, est à l'origine du grave malentendu que nous voyons se perpétuer jusqu'à nos jours. […] L'erreur commise fut de penser que le modèle ne pouvait être pris que dans le monde extérieur, ou même seulement qu'il pouvait y être pris[234]. » Nous avons vu le bien fondé de cette critique. Mais André Breton tombe à son tour dans l'erreur en inversant le propos du naturalisme pur, pour affirmer la primauté exclusive de l'idéalisme pur : « L'œuvre plastique, pour répondre à la nécessité de révision absolue des valeurs réelles sur laquelle aujourd'hui tous les esprits s'accordent, se référera donc à *un modèle purement intérieur*, ou ne sera pas. » Or nous avons reconnu, à la suite de Baudelaire, que le modèle est nécessairement un mixte de ces deux pôles tout artificiels de l'extériorité et de l'intériorité. La conclusion péremptoire d'André Breton est donc un pur verbalisme, car l'origine de ce « modèle intérieur » nous ramène toujours à la perception sensible[235], quelque recomposition qu'il en soit faite. De plus, le « modèle intérieur » ne peut se passer d'une forme de façonnement tout extérieure : c'est alors que l'œuvre ne serait pas ! Il est manifeste, au terme de ce détour par André Breton, que la séparation radicale des deux pôles de l'idéalisme et du naturalisme, de l'intériorité et de l'extériorité, est bien plutôt l'œuvre des mots que celle de la peinture. La seule possibilité de la peinture invalide cette distinction ; sans doute ces deux pôles subsistent-ils dans la pratique picturale, mais ils y sont simultanément présents, unis, mêlés plus que dissociés, dans des proportions différentes selon les peintres et les écoles. La peinture suit une voie beaucoup plus sûre que les théories qui voudraient en être l'explicitation.

---

234 Breton A., *Le Surréalisme et la peinture*, Paris, Gallimard, 1965, p. 4.
235 « *Nihil est in intellectu quod non prius fuerit in sensu.* »

III Faut-il imiter les anciens ou la nature ?

Si nous poursuivons la quête de l'objet de l'imitation, une nouvelle alternative se présente, dont les termes ont également partagé l'avis des peintres et des théoriciens de l'art. Il s'agit de savoir s'il faut imiter les Anciens, ou bien la nature. L'artiste doit-il s'en remettre à l'imitation de la tradition plutôt qu'à celle de la nature ? L'imitation des Anciens constitue-t-elle un préalable nécessaire à l'imitation directe de la nature ? Il nous incombe ici de confronter ces deux nouveaux pôles et d'examiner comment ils s'excluent, s'accordent ou se complètent.

A) L'imitation des maîtres, ses risques et ses conséquences

La thèse selon laquelle on doit imiter les œuvres de la tradition plutôt que la nature admet plusieurs raisons. La première est que l'art de peindre ne saurait être improvisé, car il est une technique. C'est d'abord dans une visée de formation, que l'enseignement d'atelier prône l'imitation des maîtres. Traditionnellement, le disciple imite son maître et, depuis sa création, le Louvre est l'école des peintres qui nombreux y ont débuté comme copistes.

Mais ce n'est pas seulement pour acquérir le tour de main, la maîtrise technique, que l'on prescrit l'imitation des Maîtres. C'est aussi pour former son goût et apprendre à voir. La Renaissance italienne ou, à sa suite, les académismes du XVIIIe et du XIXe siècles, ont élu pour modèle la tradition de l'Antique parce qu'elle est jugée incarner le goût le meilleur. Selon Winckelmann, si l'on doit imiter les œuvres de l'Antique, ce n'est pas seulement parce que « la justesse des contours ne peut s'apprendre que chez les Grecs[236] », ce n'est pas non plus seulement parce que ces œuvres nous présentent de façon concentrée la « belle nature », telle que nous ne pouvons la rencontrer[237]. Il faut imiter les anciens parce qu'eux seuls ont inventé l'idéal de beauté. Winckelmann entretient un mythe de l'âge d'or de la peinture, entouré d'un

---

[236] Winckelmann J.J., *Réflexions sur l'imitation des œuvres grecques...*, op. cit., p. 28.
[237] *Cf.* plus haut.

halo de mystère, parce que ces Anciens n'avaient pas, eux-mêmes, d'Anciens à imiter. L'art grec est une floraison unique dans l'histoire de l'art, non réitérable et inégalée. Il n'est pas possible de concevoir un idéal à l'égal de celui de l'antique. C'est pourquoi ce sont les œuvres de l'art grec qu'il faut imiter : « L'unique moyen pour nous de devenir grands et, si possible, inimitables, est d'imiter les Anciens[238] ».

Cette attitude à l'égard de l'art grec a donné naissance à l'art dit académique, à la peinture sculpturale. La peinture devient, selon la formule de Gilson, « le trompe-l'œil d'une partie de la sculpture grecque ». Des peintres comme Reynolds ou Ingres, au XIXe siècle, tentent de traduire dans leurs œuvres la beauté idéale acquise par une étude attentive de la sculpture grecque. Dans ses réflexions sur Ingres, Baudelaire s'applique à mesurer les conséquences et les risques de cette pratique de la peinture. Ingres prend la statuaire antique pour modèle, mais il y a entre elle et lui un relais, qui est Raphaël. Alors même qu'Ingres prétend imiter scrupuleusement le modèle vivant qu'il fait poser dans son atelier, certes choisi par ses soins pour sa conformité avec l'idéal de sa recherche, il sacrifie l'imitation de la nature à la tradition et à « l'idée du beau raphaëlesque[239] ».

Ingres est « un homme à système » ; pour lui, le devoir du peintre est de « corriger, d'amender la nature[240] », c'est-à-dire, en l'occurrence, d'arriver par quelques « dol, ruse, violence, quelquefois tricherie et croc en jambe[241] » au style de Raphaël. Ce style devient presque un tic irréfléchi de la facture du peintre. Baudelaire donne une série d'exemples de cette entorse faite à l'imitation du modèle naturel, en faveur de la tradition raphaëlique. Voici, écrit-il,

> une armée de doigts trop uniformément allongés en fuseaux et dont les extrémités trop étroites oppriment les ongles, que Lavater, à l'inspection de cette poitrine large, de cet avant-bras musculeux, aurait jugés devoir être carrés, symptôme d'un esprit porté aux occupations masculines, à la symétrie et aux ordonnances de l'art. Voici des figures délicates et des épaules simplement élégantes associées à des bras trop robustes, trop

---

238 *Ibid.*, p. 16.
239 Baudelaire C., *Curiosités esthétiques*, l'« *Exposition Universelle* », *op. cit.*, p. 225 : « Le sacrifice héroïque que M. Ingres fait en l'honneur de la tradition et de l'idée du beau raphaëlesque, M. Courbet l'accomplit au profit de la nature extérieure, positive et immédiate ». Ils obéissent à deux mobiles différents et sont, selon Baudelaire, représentatifs des « deux fanatismes inverses » que nous avons répertoriés plus haut.
240 *Ibid.*, p. 226.
241 *Ibid.*, p. 227.

pleins d'une succulence raphaëlique. Mais Raphaël aimait les gros bras, il fallait avant tout obéir et plaire au maître[242].

Dans le *Salon de 1859*, Baudelaire dénonce à nouveau chez Ingres la préoccupation du style, c'est-à-dire d'une « poésie[243] étrangère au sujet », que l'on cherche à plaquer sur lui. Ingres, en cela, déroge à la conception de l'idéal selon Baudelaire, que nous avons énoncée plus haut. Même le genre du portrait, où s'impose le plus la ressemblance au modèle naturel, et qui s'attache le moins à l'idéal[244], entendu au sens académique, reste chez Ingres influencé par l'idéal de Raphaël : « Cette dame parisienne, ravissant échantillon des grâces évaporées d'un salon français, il la dotera malgré elle d'une certaine lourdeur, d'une bonhomie romaine[245] ». Il ajoute à ses bras graciles, « pour arriver au style préconçu », une certaine dose d'« embonpoint et de suc matronal[246] ». Ce « style préconçu » n'est pas chez Ingres, comme devrait l'être le style aux yeux de Baudelaire, une « qualité naturellement poétique du sujet, qu'il faut en extraire pour la rendre visible », mais cette poésie étrangère et empruntée au passé, que nous avons nommée ci-dessus. Si Ingres ajoute quelque chose à son modèle, « c'est par impuissance de le faire à la fois grand et vrai ».

Ingres s'impose l'obéissance à Raphaël, même quand elle va contre l'intérêt de la composition. Ici, poursuit Baudelaire,

> nous trouverons un nombril qui s'égare vers les côtes, là, un sein qui pointe trop vers l'aisselle ; ici, chose moins excusable (car généralement ces différentes tricheries ont une excuse plus ou moins plausible et toujours facilement devinable dans le goût immodéré du style), ici, dis-je, nous sommes tout à fait déconcertés par une jambe sans nom, toute maigre, sans muscles, sans formes, et sans pli au jarret[247].

La beauté du tableau peut pâtir de ce respect aveugle :

> Emporté par cette préoccupation presque maladive du style, le peintre supprime souvent

---

242 *Ibid.*
243 Il convient ici de rappeler que, pour Baudelaire, chercher de parti pris la poésie est le plus sûr moyen de ne pas la trouver.
244 Voir plus haut, à propos de Baudelaire et de Hegel.
245 *Ibid.*, p. 368.
246 « Il faut donner de la santé à la forme », disait Ingres. Cité dans *L'art de la peinture,* p. 342.
247 *Ibid.*, p. 227.

> le modelé ou l'amoindrit jusqu'à l'invisible, espérant ainsi donner plus de valeur au contour, si bien que ses figures ont l'air de patrons d'une forme très correcte, gonflés d'une matière molle et non vivante, étrangère à l'organisme humain[248].

Et s'il arrive parfois de rencontrer chez Ingres des « morceaux charmants, irréprochablement vivants », il vient à l'esprit, selon Baudelaire, la méchante pensée que ce n'est pas le peintre qui a cherché la nature, mais la nature qui a violé le peintre.

Baudelaire, après avoir soulevé avec ironie le problème de la pertinence de la fidélité à la tradition et à ses conventions, évoque corrélativement le risque d'une dégénérescence de la pratique picturale en routine technique. Il dénonce chez ses contemporains la prétention à devenir grands en tâchant d'imiter les maîtres de la tradition. « L'imitateur de l'imitateur », écrit Baudelaire, « trouve ses imitateurs, et chacun poursuit ainsi son rêve de grandeur, bouchant de mieux en mieux son âme[249]. » Il attribue cette décadence de la peinture à « l'abus du simple métier », à la « pratique exclusive du métier[250] ». L'imitation des œuvres de l'Antiquité ou des grands maîtres de la tradition constitue selon Baudelaire un danger pour les artistes, en tant que, dans leur pratique de la peinture, elle exacerbe l'aspect purement technique de l'art, au détriment de l'imagination, ou de l'âme, qui désormais n'y ont plus part.

Parmi tous les imitateurs de l'antique, Baudelaire attache prioritairement ses réflexions à David[251] et Ingres, pour en donner une critique toujours incontestablement mêlée d'admiration. Et parce qu'il les juge talentueux, ses critiques n'en ont que plus de poids, et sont significatives de tout ce qu'il reproche aux imitateurs dont il abrège ou néglige l'analyse, les reléguant parmi les peintres de bas étage. « Ce qui fut bon, ou tout au moins séduisant en lui, écrit-il à propos d'Ingres, eut un effet déplorable dans la foule des imitateurs[252]. »

Dans le « sacrifice », ou l'« immolation », selon l'expression de Baudelaire, de l'imitation de la nature à celle du beau raphaëlique, la peinture d'Ingres enregistre une dégradation, une perte, en comparaison des œuvres du maître. En effet, il est impossible de ne pas constater chez Ingres « une lacune, une privation, un amoindrissement dans le jeu des

---

248 *Ibid.*, p. 227-228.
249 Diderot D., *Salon de 1859*, p. 312.
250 *Ibid.*, p. 311.
251 Baudelaire qualifie David d'« inflexible », ou encore, d'« astre froid », *passim*.
252 *Ibid.*, p. 230.

facultés spirituelles[253] ». L'imagination, explique Baudelaire, « qui soutenait ces grands maîtres, dévoyés dans leur gymnastique académique, l'imagination, cette reine des facultés[254], a disparu ». Ce défaut d'imagination, ou d'âme, c'est-à-dire de l'impulsion initiale de l'œuvre peinte, est à l'origine chez Ingres de l'absence de mouvement[255] et de vie, que nous avons évoquée plus haut. Chez Ingres tout comme, selon Baudelaire, chez Courbet, l'ouvrier l'emporte sur l'artiste : « M. Courbet, lui aussi, est un puissant ouvrier, une sauvage et patiente volonté. » De la même façon, la faculté qui anime l'œuvre d'Ingres n'est pas, comme le voudrait Baudelaire, l'imagination, mais bien plutôt la volonté. À propos de *Jeanne d'Arc* et de *L'Apothéose*, où Baudelaire relève « l'absence totale de sentiment », il écrit que « la faculté qui a fait de M. Ingres ce qu'il est, le puissant, l'indiscutable, l'incontrôlable dominateur, c'est la volonté, ou plutôt un immense abus de la volonté[256] ».

Parce qu'elle n'est l'œuvre que de la volonté, l'imitation de Raphaël marque chez Ingres une relative désaffection de son modèle : là où les œuvres du maître obéissaient à l'impulsion de l'imagination, l'imitation ne relève plus, selon Baudelaire, que d'un choix volontaire, de l'élection d'un goût qui n'est ni ordonné par l'âme du peintre, ni par celle de son époque, et qui dès lors semble inessentiel ou affecté. « L'amour et l'influence de l'Antiquité », écrit Baudelaire, « se sentent partout ; mais M. Ingres me paraît être à l'Antiquité ce que le bon ton, dans ses caprices transitoires, est aux bonnes manières naturelles qui viennent de la dignité et de la charité de l'individu[257] ». Le « respect de l'école[258] » supplante chez Ingres l'imagination, qui présidait à la création chez ses maîtres, et il n'arrive qu'à une manière apprêtée. Si son imitation échoue, c'est parce qu'elle reste trop extérieure, ou artificielle. En se concentrant sur la technique des maîtres, elle encourt le risque de devenir purement mécanique, voire « simiesque ».

En ce sens, l'imitation des œuvres des maîtres, qui instaure chez les peintres la

---

253 *Ibid.*, p. 225.
254 Cette idée, présente et formulée chez Baudelaire dès l'*Exposition universelle* de 1856, a été plus longuement développée dans le chapitre III du *Salon de 1859*.
255 « Plus d'imagination, partant plus de mouvement. », *ibid.*, p. 225.
256 *Ibid.*, p. 230.
257 *Ibid.*, p. 228.
258 *Ibid.*

domination du simple métier, peut déboucher sur la singerie. De même que le singe sait imiter les gestes extérieurs de l'humain, mais qu'il n'y a pas en lui d'âme pour les animer et leur donner une signification, de même tout imitateur de la tradition peut produire des œuvres approchantes de celles de ses maîtres, mais le principe, le mobile ou l'impulsion, ainsi que la force et la charge de signification qui en découlent, qui ont présidé à la création chez les maîtres, leur font défaut. Dans son *Esthétique*, Hegel critique la thèse de Winckelmann exposée plus haut. En voulant atteindre à l'idéal de l'Antique en imitant ses œuvres, on n'a, selon Hegel, réussi qu'à produire des œuvres fades, dépourvues de vie, de caractère et de profondeur, c'est-à-dire « vides de l'idéal[259] ». Kandinsky emploie le terme de « singerie » à propos des œuvres qui veulent imiter la tradition. Il juge, comme Baudelaire, que « toute œuvre d'art est l'enfant de son temps[260] ». C'est pourquoi « tenter de faire revivre des principes de l'art ancien ne peut, tout au plus, que conduire à la production d'œuvres mort-nées ». De même, l'effort d'appliquer leurs principes plastiques peut conduire à la création de « formes semblables aux formes grecques, mais pour toujours sans âme[261] ». De tels efforts ne mènent finalement qu'à la « singerie ».

B) La bonne imitation, entre convention et invention

Après l'évaluation des dangers de l'imitation des œuvres des maîtres, nous pouvons tenter de concevoir une imitation de la tradition, qui évite de tels écueils. À cette fin, nous choisissons d'étudier ici principalement les théories de l'imitation de l'antique chez les artistes de la Renaissance italienne. Nous avons vu que l'imitation de ces artistes, successeurs et relais de l'Antiquité, risquait de ne donner lieu, dans leurs reprises académiques des XVIIIe et XIXe siècles, qu'à des « œuvres mort-nées ». Pourtant, en pratiquant eux-mêmes l'imitation de l'antique, il semble que les maîtres de la Renaissance aient multiplié les mises en garde contre

---

259 Hegel G., *op. cit.*, L'idée du beau, chap. III, A, 2.
260 Kandinsky W., *Du spirituel dans l'art et dans la peinture en particulier*, trad. N. Debrand, Paris, Denoël, 1989, p. 51.
261 *Ibid.*

ce genre de péril, et jeté les bases d'une imitation plus fructueuse de la tradition.

> Oui, notre art est tout entier imitation : de la nature d'abord, et ensuite des meilleurs artistes. Il est impossible, seul, de parvenir à monter si haut. Mais fixer catégoriquement l'invention de l'art chez celui-ci, et non celui-là, est risqué et inutile, quand nous connaissons l'origine, la véritable racine[262].

Ces termes catégoriques sont ceux de Giorgio Vasari qui, vers 1550, caractérise ainsi la méthode et les sources de deux siècles d'innovation esthétique continuelle. D'une part, la source véritable de la peinture est, d'abord, la nature : c'est au visible que les artistes doivent soumettre leur imitation. Mais d'autre part, l'art n'a pu, de Giotto à Michel-Ange inclus, « monter si haut » qu'en s'appuyant sur l'imitation des « meilleurs artistes », c'est-à-dire de l'Antiquité. La source de l'art réussi est donc double. Mais on n'imite pas le monde visible comme on fait d'un produit de l'art. La recherche d'une représentation de la nature et l'étude des modèles antiques commandent deux genres d'imitation spécifiques, qu'il nous faut, avec les artistes et les écrivains de la Renaissance, distinguer, et dont nous tenterons de démêler les liens.

Rien, a priori, n'impose de conjuguer étroitement ces deux types d'imitation, comme se sont obstinés à le faire les artistes de la Renaissance. Dans une telle conjonction, apparemment fortuite, nous pouvons chercher le sens de ce renouveau esthétique. Comprendre la nécessité de ce lien étroit entre le réveil ou l'inlassable reprise d'une tradition et la création neuve, dans la soumission au visible, n'est pas d'une évidente simplicité. C'est en effet un paradoxe très périlleux de la nouvelle culture renaissante que de placer sa fière prétention à l'originalité sous le signe d'un retour au passé, et de vouloir accorder l'ambition individualiste de se distinguer avec l'étude imitative des normes d'une esthétique révolue.

Pour l'esthétique de la Renaissance, c'est à l'école des Anciens que l'on apprend le dessin vrai, les proportions justes et l'art vivant. La composition, également, s'apprend par la copie des œuvres conservées. Vitruve est relu et interprété, ses recherches sont poursuivies, il devient la source de procédés neufs de construction et d'ornementation. L'imitation des Anciens est à la fois une pédagogie et le critère de la réussite, quand elle donne naissance soit

---

262 Cité par É. Gilson, *op. cit.*

à des œuvres considérées comme suffisamment approchantes de leurs modèles, soit à des recherches plus avancées.

Une telle imitation est jugée devoir concilier la soumission et la création. L'enthousiasme de la génération d'Alberti pour les œuvres antiques n'a rien de fétichiste. Elle conserve à leur égard une grande liberté de critique et d'adaptation : elle n'hésite pas à opérer des modifications, ou à inventer des combinaisons neuves. Alberti lui-même, dans son *De Pictura*, considère que les Anciens sont les meilleurs modèles, mais que leur imitation doit laisser place à l'invention.

La fin ultime du travail de l'artiste est moins de produire de belles œuvres en imitant celles de l'Antiquité, que de posséder « d'excellents et divins arts et sciences[263] ». L'œuvre n'en est alors que l'épreuve, et le signe de l'habileté supérieure, de l'« *ingegno* » et de la « *virtu* » de l'artiste. Ce qu'il faut chercher, c'est donc, à l'image des Anciens, le savoir et l'intelligence technique, et une génération de « remarquables et merveilleuses intelligences ». Il s'agit d'atteindre à un niveau de civilisation supérieur se traduisant par un développement et une maîtrise des sciences et des arts, qui soient tels qu'ils puissent, comme cela s'est passé dans l'Antiquité, produire des œuvres belles qui en soient les témoins.

D'autre part, l'imitation dans cette perspective n'est pas le secret de la reproduction d'une grande œuvre, mais bien plutôt la méthode d'apprentissage de ces techniques et de cet art sublime. En effet, dans la mesure où le véritable idéal recherché est la virtuosité, l'imitation qui sert à l'acquérir doit être entendue moins comme une fonction d'inspiration, que comme une fonction d'exercice, formelle. En d'autres termes, l'intention des artistes de la Renaissance, lorsqu'ils s'adressent aux vestiges vénérés de l'Antique, est moins de se faire un style que d'acquérir la maîtrise de *leur* art. Cette imitation ne cherche pas à reproduire les formes ; elle

---

263 Alberti, dans la *Lettre-dédicace* à Filippo Brunelleschi de son traité de peinture : « J'avais coutume de m'étonner et de m'affliger tout ensemble de ce que tant d'excellents et divins arts et sciences, que les œuvres des Anciens et leurs chroniques montrent si féconds, en ce passé si glorieux, fussent de nos jours aussi abandonnés et quasi entièrement perdus : de peintres, sculpteurs, architectes, musiciens, géomètres, augures et de telles remarquables et merveilleuses intelligences, il ne s'en trouve aujourd'hui que de très rares, et bien peu qui méritent l'éloge. [...] Je t'avoue qu'en vérité, ces Anciens, ayant pareille abondance de modèles à imiter et desquels apprendre, avaient moins de peine à s'élever à la connaissance de ces arts supérieurs dont la pratique nous est aujourd'hui si ardue ; mais notre nom n'en doit être que plus grand, si nous, sans maîtres ni exemple d'aucune sorte, nous trouvons des arts et des sciences inouïs et inédits. » Cité dans *L'art de la peinture*, p. 137.

veut, par cette reproduction, comprendre le secret de leur création. Aussi l'imitation des Anciens est-elle orientée non pas sur l'objet, mais sur le créateur[264]. Après ce travail d'analyse vient une autre imitation, en apparence tout aussi fidèle, mais qui constitue tout ensemble la vérification expérimentale de cette liberté critique et la démonstration d'exactitude de la formule redécouverte ; alors, un certain écart stylistique peut même indiquer que la maîtrise supérieure est atteinte.

Ainsi conçue, l'imitation est un dialogue, où la tentative de reproduction interroge le mystère de l'œuvre techniquement achevée. En remontant aux conditions et aux principes de la création des œuvres, l'artiste s'écarte des dangers d'une imitation purement extérieure et de la dégénérescence de la peinture en simple métier. Cette idée se retrouve chez nombre d'auteurs postérieurs à la Renaissance. Nous avons vu Hegel stigmatiser l'imitation selon Winckelmann. Peut-être l'a-t-il peu lu, ou mal interprété, car Winckelmann conseille d'arriver à l'imitation des Anciens par la connaissance, l'admiration et l'imprégnation de leurs œuvres[265]. Il s'agit pour lui d'imiter l'esprit dans lequel ils travaillaient et créaient leur idéal de perfection, plutôt que de seulement copier leurs œuvres[266]. Et Kandinsky, pour qui, comme nous l'avons vu, la volonté de reproduire les formes des modèles antiques, ou de créer des formes semblables aux leurs, ne produisait que des œuvres sans âme, affirme à la suite de cette critique l'existence d'une « autre forme d'analogie apparente des formes[267] ». Cette analogie résulte non d'une imitation volontaire, mais d'une communauté de « tendances des formes », ou d'une « même ambiance spirituelle ». Ainsi, les analogies que découvre Kandinsky entre les formes de son mouvement artistique et celles des Primitifs traduisent sa « sympathie » à leur égard, ainsi que la « compréhension » qu'il a de l'esprit dans lequel ils créaient, ou de la fin qu'ils assignaient à leur art[268].

---

[264] « Il faut que le peintre regarde l'antique », dira Félibien, « comme un livre qu'on traduit dans une autre langue, dans laquelle il suffit de bien rapporter le sens et l'esprit, sans s'attacher seulement aux paroles. » Félibien, *L'Idée du peintre parfait,* chap. V, De l'antique. Cité dans *L'art de la peinture*, p. 246.
[265] Winckelmann J.J., *op. cit.*, p. 16.
[266] *Ibid.*, p. 17.
[267] Kandinsky W., *op. cit.*, p. 52-54.
[268] *Ibid.* Quelque libre ou subjective que soit ici son interprétation de l'art primitif, le fait important reste que, pour Kandinsky, leurs arts respectifs sont animés d'une fin commune, qui est la représentation de « l'Essentiel Intérieur », par « élimination de toutes les contingences extérieures ».

Revenons à la Renaissance. Nous l'avons vue concilier deux types d'imitation, soit celle des Anciens et celle, prioritaire, de la nature. Dans ce contexte, imiter les Anciens, ce peut donc être adopter leur propre manière d'imiter la nature. C'est pourquoi souvent, l'imitation de l'antique fut conçue comme le plus sûr détour pour arriver à une juste imitation de la nature[269]. Ce faisant, la Renaissance pratique une imitation libre et critique qui ne s'asservit à aucun modèle. L'Antiquité n'est pas pour elle un modèle, mais un exemple ; elle incarne, en ses arts et sciences, la réussite exemplaire d'une civilisation. Dans la *Critique de la faculté de juger*, Kant distingue entre ces notions d'exemple et de modèle. Les œuvres du génie, qui est en tout point opposé à l'esprit d'imitation[270], ne sauraient servir de modèle, c'est-à-dire être imitées par d'autres. Elles ne sont utiles à la postérité qu'au titre d'« héritage exemplaire », susceptible d'être assimilé, voire dépassé par les génies à venir.

Cette idée s'affirme chez les artistes de la Renaissance, que la réussite de l'art antique peut et doit être égalée et dépassée par ses successeurs[271]. Elle naît des relations ambivalentes de fidélité à la tradition et de son rejet simultané, de similitude et d'opposition. Cette attitude de rejet partiel envers l'imitation des Anciens tient dans le fait que, comme nous l'avons dit à maintes reprises, la Renaissance prône avant toute chose l'imitation de la réalité naturelle. Ainsi, Léonard stigmatise les peintres imitateurs, liant la décadence de la peinture à l'imitation d'œuvres antérieures plutôt qu'à celle de la nature. « Extrême folie, écrit-il, de ceux qui vous blâment d'apprendre de la nature, oubliant que leurs autorités sont elles-mêmes disciples de la nature. » Si l'on peut apprendre de l'imitation des Anciens, elle ne doit pas cependant prendre le pas sur la véritable source de l'art, qui reste l'imitation directe de la nature. L'imitation des maîtres ne peut être qu'un instrument d'initiation à la représentation de la nature, et doit lui rester subordonnée.

Cette attitude est très marquée tout au long du XVIᵉ siècle, où la Renaissance reste fidèle à l'impératif de la représentation directe de la nature. Exemple et guide pour la première

---

269 Winckelmann reprend cette idée, dans ses *Réflexions sur l'imitation des œuvres grecques...*, *op. cit.*, p. 26 : « Quand l'artiste se fonde sur ces bases et laisse la règle grecque de la beauté conduire sa main et ses sens, il est sur la voie qui le mène avec sûreté à l'imitation de la nature. »
270 L'imitation à laquelle Kant juge le génie opposé est celle des œuvres et non celle de la nature.
271 Nous avons vu en note que, pour Vasari, parce qu'elle n'est pas une époque aussi faste, la Renaissance a plus de mérite que l'Antiquité à constituer une « génération d'intelligences » et à produire de « divins arts et sciences ».

Renaissance, qui devait encore conquérir le dessin, le modelé, et l'art de la composition, l'antique n'est plus, pour la seconde Renaissance qui juge avoir conquis la virtuosité, qu'une perfection à égaler et surpasser. Les mises en garde contre l'imitation des Anciens se multiplient. Parce que la nature est infiniment plus riche que les œuvres des peintres, c'est elle exclusivement qu'il faut imiter. C'est un tort de se contenter d'être les petits-fils de la nature, en imitant les œuvres des maîtres, quand on peut en être les fils. Bellori reproche aux imitateurs de faire des œuvres qui ne sont pas les filles de la nature, mais ses bâtardes, et d'avoir enseveli en eux le génie en copiant les idées des autres.

Il s'agit, en imitant la nature au terme d'un détour formateur par l'Antique, d'en égaler les maîtres. Vasari raconte, à propos de la première œuvre importante du jeune Michel-Ange, un Cupidon endormi, que Pierre François de Médicis, la trouvant fort belle et parfaitement classique, dit à l'artiste qu'en la vieillissant et lui donnant une apparence ternie, il pourrait la faire passer pour un antique et la vendre un bon prix. L'affaire fut tentée, et la statue vendue au cardinal Saint George. Apprenant la supercherie, le cardinal scandalisé réclama son or et rendit la statue. Et Vasari d'ajouter : « Il fut incapable de reconnaître la valeur de l'œuvre, qui réside dans sa perfection, et ne comprit pas que les ouvrages modernes sont aussi bons que les antiques, si excellents que soient ces derniers, et qu'il y a beaucoup de vanité à s'attacher aux mots plus qu'aux faits » Michel-Ange n'égalait pas l'antique pour « faire antique », mais y recherchait son effet esthétique idéal.

Quand, à la fin du XVe siècle, l'art est en mesure non de mimer seulement ou d'évoquer partiellement l'antique, mais de le recréer, la substitution possible, loin d'être condamnée au nom d'une superstition de l'authentique ou de l'original, est jugée un triomphe de l'art des imitateurs sur celui de leurs modèles. À son aboutissement ultime, l'imitation des Anciens révèle donc son véritable sens : elle instaure un rapport d'émulation et même de rivalité vis-à-vis de l'antique : « Piètre disciple », écrit Léonard, « qui ne dépasse pas son maître. »

C) Une seule imitation, formatrice de soi

La Renaissance a trouvé sa propre voie en commençant par imiter l'antique. Cette imitation est essentiellement formatrice et elle a pour fin de permettre aux peintres de se trouver. C'est précisément par le recours à l'étude imitative des œuvres antiques que Ghiberti, Masaccio, Donatello ou Mantegna sont devenus eux-mêmes. L'imitation est cette libre confrontation qui amène les artistes tant à préciser leur propre position théorique qu'à caractériser leur style. Cela se retrouve en rhétorique dans la très juste expression d'Angelo Poliziano, « à l'école de Cicéron, on apprend non à être cicéronien, mais à être soi-même[272] ». Bien plus tard, les artistes vont, à cette fin, se former au Louvre comme copistes. Cézanne l'énonce au moment où il copie *Les Bergers d'Arcadie* et dessine plus librement d'après cette œuvre : « Je veux, dit-il, que la fréquentation d'un maître me rende à moi-même ; toutes les fois que je sors de chez Poussin, je sais mieux qui je suis[273] ». Et de Raphaël, Ingres dit qu'« en imitant sans cesse, il fut toujours lui-même ».

Il apparaît par là que l'imitation des maîtres n'est fructueuse que s'il se trouve chez l'imitateur un talent préalable, ou à l'état naissant. Ainsi, Delacroix écrit à propos de Raphaël que « la marque la plus sûre de son incomparable talent est l'adresse avec laquelle il sut imiter, et le parti prodigieux qu'il en tira ». Inversement, que la médiocrité s'inspire dans ses productions d'une fausse ou de la meilleure théorie, qu'elle prenne pour modèle un artiste nul ou sublime, elle ne produira que « du médiocre et du débile[274] ».

---

[272] Cité par le Louvre, lors de l'exposition *Copier-Créer*, 1993.
[273] *Ibid.*
[274] Hegel G., *op. cit.*, L'idée du beau, chap. III, A, 2.

TROISIÈME PARTIE

L'imitation ou la transmutation de l'objet en peinture

Au terme de notre première partie, il s'est révélé que la fin de l'imitation ne peut guère se concevoir comme la seule ressemblance extrême car, d'une part, cette ressemblance n'est jamais parfaite, la peinture ne nous donnant des objets que leurs apparences et, d'autre part, les peintres nient que le trompe-l'œil, qui est pourtant l'imitation poussée à son comble, soit le grand art, pour le ravaler souvent au rang de pur artifice. Par la suite, nous nous sommes heurtés au problème du désaccord des théories et pratiques de la peinture sur l'objet qu'elle doit représenter ; comme ces querelles intestines n'ont pas entravé le cours de la peinture, il semble que l'objet de l'imitation ne réside pas non plus dans le seul choix de l'objet à peindre. Nous pouvons donc à présent rechercher la fin de l'imitation dans les transformations qu'elle fait subir à son objet en nous en rendant les apparences, c'est-à-dire dans le fait même de l'imitation.

I L'art comme réformation de la nature

A) Réaliser une anthologie de la nature

Nous avons rencontré plus haut l'idée que l'art réalise une anthologie de la nature en abordant la question du beau naturel et plus particulièrement celle du beau de synthèse. L'antiquité et à sa suite les artistes de la Renaissance ont donné l'exemple à leurs successeurs, témoin la manière dont Zeuxis a représenté son Hélène. Ce beau de synthèse procède du choix et de la recomposition des belles parties de la nature qui s'y trouvent dispersées, trop rarement réunies en un même individu. Ingres donne des explications de la manière dont, selon lui, il convient de concevoir le beau de synthèse. Il ne s'agit pas pour lui de vouloir représenter par là quelque idéal, étranger à la nature et supérieur à elle. Il conseille bien plutôt, du moins dans certains de ses propos, de travailler dans une humble soumission à la nature :

> Il faut copier la nature, toujours, et apprendre à la bien voir. C'est pour cela qu'il est nécessaire d'étudier les antiques et les maîtres [...]. Croyez-vous, questionne-t-il, que je vous envoie au Louvre pour y trouver ce qu'on est convenu d'appeler le « beau idéal », quelque chose d'autre que ce qui est dans la nature ? [...] Vous apprendrez des antiques à voir la nature, parce qu'ils sont eux-mêmes la nature[275].

Et s'il préconise d'imiter Raphaël, c'est parce que Raphaël et le modèle vivant sont pour lui « synonymes » : « Et quel chemin Raphaël a-t-il pris ? Lui-même a été modeste, tout Raphaël qu'il était, a été soumis. Soyons donc humbles devant la nature. »

Le beau selon les maîtres est moins, au dire d'Ingres, une recomposition idéale, qu'il n'est issu de la nature elle-même. C'est pourquoi les recompositions de la nature, ou beautés de synthèse, ne peuvent prétendre à dépasser la nature : « La nature est telle qu'il n'y a rien au-dessus d'elle, quand elle est belle, et tous les efforts humains ne peuvent non seulement la surpasser, mais même seulement l'égaler[276]. » Parce que rien n'égale la belle nature, il faut lui rester soumis, ne pas tenter de la « corriger ». Ainsi, écrit Ingres, « les Anciens, eux, n'ont pas corrigé leurs modèles » ; il entend par là qu'ils « ne les ont pas dénaturés[277] ».

Comme nous l'avons vu plus haut en évoquant les idéalismes de la peinture, son objet

---

275 Cité dans *L'art de la Peinture*, Ingres, *Pensées*, p. 335.
276 *Ibid.*, p. 335.
277 *Ibid.*, p. 337.

peut être d'exprimer la vérité de la nature, ou plutôt de rendre la nature à sa vérité, en l'idéalisant ou en généralisant. L'art se donne pour tâche de réaliser les intentions de la nature, dont elle a manqué la perfection dans ses productions particulières. Cette idée revêt des traits différents selon les doctrines, les peintres ou les époques, mais elle reste aisément identifiable dans ses nombreuses récurrences. Nous l'avons déjà longuement analysée telle qu'elle apparaît chez Reynolds. Elle se trouve formulée un siècle plus tôt chez Félibien, dans le chapitre IV de son ouvrage intitulé *L'idée du Peintre parfait*. La nature doit, selon Félibien, être considérée de deux manières, « ou dans les objets particuliers, ou dans les objets en général, et en elle-même[278] ». Elle est ordinairement défectueuse dans les objets particuliers, « dans la forme desquels elle est [...] détournée par quelques accidents contre son intention, qui est toujours de faire un ouvrage parfait ». Mais si on la considère « en elle-même dans son intention et dans le général de ses productions », on la trouve toujours parfaite. Or pour Félibien, « c'est dans le général que les anciens sculpteurs ont puisé la perfection de leurs ouvrages », et établi les règles de l'art. Il en est de même des peintres. Mais Félibien omet de nous dire par quel sûr moyen ces Anciens ont acquis la certitude de ce qu'est en vérité ce général, c'est-à-dire la nature « en elle-même », comme elle doit ou voudrait être. De la séparation de ces deux manières de considérer la nature, il suit pour Félibien que, en comparaison des intentions de la nature en général, les productions de l'art sont inférieures, mais qu'en comparaison des productions particulières de la nature, les productions de l'art sont supérieures, elles les surpassent. La voie est ouverte, si l'on dénie toute intention surnaturelle à la nature, à une révision de cette comparaison entre l'art et la nature, en faveur du premier.

Cette idée, selon laquelle l'art doit extraire de la nature sa vérité, se trouve aussi chez Baudelaire. Elle prend chez lui plus explicitement le tour d'une lutte. « Le dessin, écrit-il, est une lutte entre la nature et l'artiste, où l'artiste triomphera d'autant plus facilement qu'il comprendra mieux les intentions de la nature. Il ne s'agit pas pour lui de copier, mais d'interpréter dans une langue plus simple et plus lumineuse[279]. » Cette volonté de conformité aux intentions présumées de la nature incite l'artiste à se montrer insoumis à l'égard de la simple nature, telle que ses sens la lui présentent. Cette insoumission n'est pas un écart

---
278 Voir *L'art de la peinture*, Félibien, L'idée du peintre parfait, p. 244-245.
279 Baudelaire C., *Curiosités esthétiques, op. cit.*, p. 150.

malheureux ou un trait d'indiscipline du peintre, mais elle traduit au contraire une exigence supérieure[280], sur laquelle nous insisterons plus loin. L'imitation de la nature fait place à une interprétation, qui veut donner naissance à des œuvres d'une qualité à la fois autre, et supérieure à celles de la simple nature, c'est-à-dire à des œuvres qui surpassent les productions de celle-ci. De même, la recomposition opérée dans le beau de synthèse mène à l'invention, à la création de formes nouvelles qui se veulent recréation et dépassement de la nature. Il semble donc que la nature n'est si passionnément étudiée que pour n'être finalement pas imitée, mais recréée ou surpassée.

B) Surmonter la nature

L'œuvre d'art recrée la nature, ou lui substitue un monde, dont la création certes l'interprète ou s'en inspire, mais qui veut être d'une perfection supérieure. Le minimum poétique grâce auquel toute production de l'art peut être dite supérieure à la nature dont elle est l'imitation consiste dans la durée et la fixité de l'apparence, captée au piège de l'art. L'art inclut comme en son essence cette visée d'éternité, qui tient au fait qu'il donne une existence durable à ce qui n'est que vie évanescente et fugitive[281]. Pour Hegel, en effet, la supériorité de l'art

> consiste en ceci que, si le produit naturel est un produit doué de vie, il est périssable, tandis qu'une œuvre d'art est une œuvre qui dure. La durée présente un intérêt supérieur. Les événements arrivent, mais aussitôt arrivés, ils s'évanouissent ; l'œuvre d'art leur confère de la durée, les représente dans leur vérité impérissable[282].

Si nous insistons tant sur l'atemporalité des productions de l'art en regard de celles de

---

280 Pour Baudelaire, le premier devoir du peintre est, en effet, de s'élever contre la nature et de protester contre elle.
281 Cette volonté de fixer l'éphémère s'attache autant, selon les peintres, à préserver l'image de la jeunesse, et sa beauté menacée par l'ombre du temps, qu'à immobiliser dans les paysages les instants de lumière les plus évanescents, comme l'exprime Turner en écrivant qu'il « ne faut jamais perdre un accident ». *L'art de la Peinture,* Turner, p. 456.
282 Hegel G., *op. cit.*, p. 22.

la nature, c'est parce que nous la jugeons significative de la position du monde de l'art vis-à-vis du monde naturel. Parce que la nature est corruptible et défectueuse, l'art se donne pour mission de la représenter corrigée, graciée, purifiée de toute laideur, absoute de ses communs défauts, bref, régénérée. Ainsi, nous avons vu plus haut que la tragédie grecque, avant qu'elle ne se transforme chez Euripide, représente « des hommes meilleurs que nous[283] », dont la figure se trouve par excellence, selon Nietzsche, en la personne d'Ulysse. Et chez Diderot, la peinture de paysage doit avoir « quelque chose de grand, de frappant et d'énorme ». Nous touchons ici au problème de ce que nous avions, en première partie, appelé avec René Démoris la « valeur ajoutée » qui distingue les productions de l'art de celles dont elles sont l'imitation. Elle prend la forme, chez Félibien, de ce qu'il nomme le « grand goût ». La peinture, selon Félibien, « ne s'accommode point des choses ordinaires », il n'y a pas de place dans les Beaux-Arts pour le médiocre. Il faut donc, écrit-il,

> dans la peinture quelque chose de grand, de piquant, d'extraordinaire, capable de plaire, de surprendre et d'élever, et c'est ce qu'on appelle le grand goût : c'est par lui que les choses communes deviennent belles, les belles, sublimes et merveilleuses[284].

Or vouloir représenter la nature sans ses faiblesses, que ce soit en conformité avec, selon les uns, ses « intentions » interprétées, revues ou corrigées par l'artiste, ou avec, selon les autres, le « grand goût », revient finalement à la vouloir conforme à l'attente de l'artiste. L'art peut n'être pas, comme le voulait Dürer, extrait de la nature[285], mais la nature peut être remaniée par l'art, non pas seulement au terme de la représentation, mais aussi préalablement à l'entreprise picturale. La manière de Poussin est en ce point exemplaire. Nous avons dit en introduction que la peinture est selon lui une imitation « de tout ce qui se voit dessous le soleil ». Pourtant, ce n'est pas la simple nature qu'en pratique il s'applique à imiter, mais, en guise de modèle naturel, une très libre composition plastique. Cette méthode de Poussin nous est relatée par Leblond de Latour, et confirmée par la description de Bellori :

---

283 Voir plus haut, Aristote, *Poétique*, *op. cit.*, 1454b 8 *sqq*.
284 *L'art de la Peinture*, Félibien, L'idée du Peintre parfait, chap. VI, p. 246.
285 Dürer : « Vraiment l'art réside dans la nature, qui peut l'en extraire le possède ». Cité dans *L'art de la Peinture*, p. 216.

> Lorsqu'il voulait faire ses compositions et qu'il en avait imaginé l'invention, il fallait d'abord une esquisse qui suffisait à la faire comprendre ; ensuite il formait des modèles de cire de tous les personnages dans leurs attitudes, en petites figurines d'une demi-palme, et s'en servait pour composer l'histoire ou la geste en relief, pour voir les effets naturels de la lumière ou de l'ombre des corps. Ensuite, il faisait d'autres modèles plus grands et les vêtait pour juger de l'arrangement des plis des draperies sur le nu, et à cet effet se servait de toile fine ou de toile de Cambrai mouillée[286].

Poussin, après avoir construit l'ordonnance de la scène qu'il veut représenter, dresse une boîte cubique fermée de tous côtés, hormis celui de face, par lequel l'artiste a vue sur la scène du petit théâtre ainsi conçu. Il choisit l'effet de la lumière sur l'ensemble de ses figurines en faisant des trous dans la boîte, fenêtres par lesquelles la lumière les vient frapper[287]. Ce qu'il copie, c'est donc la réalité plastique d'une scène imaginaire organisée par lui pour la justesse de la disposition des corps et des objets dans la lumière. Cette imitation est celle de l'effet réel de la lumière dans une scène organisée, voulue et fabriquée. Poussin représente bien plus par là son dessein qu'il n'imite la nature.

Monet procède d'une façon voisine. Il achète une maison au bord de la Seine et son terrain, qui deviendra le fameux Jardin de Giverny. Il commence, dès les premières années, à se promener alentours et à peindre de larges paysages. Progressivement, il restreint le cercle de ses promenades laborieuses autour de ce jardin qu'il organise. Il resserre en quelque sorte son modèle. Puis il achète le terrain en face de la voie ferrée, où il fait construire un petit étang. Il peint alors pendant de longues années des tableaux de ce jardin, se détournant des grands paysages, et de plus en plus, resserre le champ de son motif pour aboutir aux rives de l'étang, choisi et artificiel, qu'il ne quittera plus jusqu'à la fin de sa vie. Ainsi, il apparaît que Monet reconstruit son jardin, qui devient par là artificiel et conforme aux exigences de l'évolution de son art, avant et afin de le peindre. Que sont ces formes de l'art qui, alors

---

286 Leblond de Latour, cité dans *L'art de la peinture*, p. 236.
287 Leblond de Latour, *ibid.*, p. 237 : « Les choses étant préparées de la façon, il considérait la disposition du lieu où son tableau devait être mis. Si c'était dans une église, il regardait la quantité de fenêtres et remarquait celles qui donnaient plus de jour à l'endroit destiné pour le mettre, si le jour venait par devant, par le côté ou par le haut, s'il y venait de plusieurs côtés, ou lequel dominait davantage sur les autres. Et enfin il faisait une petite ouverture au devant de sa boîte, pour voir toute la face de son tableau à l'endroit de la distance ; et il pratiquait cette ouverture si sagement qu'elle ne causait aucun jour étranger, parce qu'il la fermait avec son œil, en regardant par là pour dessiner son tableau sur le papier dans toutes ces aptitudes, ce qu'il faisait sans oublier le moindre trait ni la moindre inconstance ; et l'ayant esquissé ensuite sur la toile, il y mettait la dernière main, après l'avoir bien peint et repeint. »

qu'elles prétendent n'imiter que la nature, la remodèlent d'abord, construisent un mixte de nature et d'artifice, pour ensuite seulement peindre ?

La même exigence d'une reconstruction de la nature se découvre aussi, à l'évidence, dans l'art des jardins. Cet art consiste à remodeler, de main d'homme, la nature, pour la rendre artificiellement d'apparence parfois plus vraie et plus parfaite qu'elle n'est naturellement. La main du paysagiste n'y doit pas paraître, et l'art y rester caché, au point souvent que cette nature œuvrée, artificiellement recomposée, paraisse plus naturelle que la simple nature.

Pour Edgar Poe, « ce n'est que dans la composition du paysage que la nature est susceptible d'ennoblissement[288] ». Or il est remarquable que, chez Edgar Poe, la déception que suscitent les paysages naturels provient précisément de l'expérience que nous avons, dans la peinture de paysage, des compositions artistiques. Il déplore qu'il n'y ait

> dans la nature, aucune combinaison décorative telle que le peintre de génie la pourrait produire. On ne trouve pas dans la réalité des paradis semblables à ceux qui éclatent sur les toiles de Claude Lorrain. Dans le plus enchanteur des paysages naturels, on trouve toujours un défaut ou un excès, mille excès et mille défauts. Quand même les parties constitutives pourraient défier, chacune individuellement, l'habileté d'un artiste consommé, l'arrangement des parties sera toujours susceptible de perfectionnement. Bref, il n'existe pas un lieu sur la surface de la terre naturelle, où l'œil d'un contemplateur attentif ne se sente choqué par quelques défauts dans ce qu'on appelle la composition d'un paysage[289].

L'originalité de ce texte d'Edgar Poe tient à ce qu'il inverse le rapport de force, évoqué plus haut, qui unit les productions de l'art et celles de la nature. L'art n'essaie plus ici d'égaler la nature : ce sont les productions naturelles qui, par endroit, peuvent « défier » les œuvres d'art. De plus, Edgar Poe parle de « composition » et de « combinaison décorative » à propos de la « terre naturelle », alors que la finalité décorative et l'action de composer le paysage nous semblent le propre des intentions artistiques. De ce que l'art veuille être une imitation de la nature, et si les productions naturelles nous semblent défectueuses en regard de

---

288 E. Poe, *Histoires grotesques et sérieuses*, « Le domaine d'Arnheim ». Cité par N. Grimaldi, dans *L'art ou la feinte passion*, *op. cit.*, p. 64. Nous reviendrons plus loin sur d'autres aspects de la même thèse avec notamment, chez Baudelaire, le traitement de la mode et du maquillage.
289 *Ibid.*

celles de l'art, il suit que l'imitation de la nature par l'art a pour résultat de la « dénaturer[290] », ou du moins de vaincre en elle la naturalité, de l'en délivrer. Ou bien, si l'on prolonge la thèse d'Edgar Poe, ce n'est pas la nature, que l'art imite, mais quelque « surnature » ; en raison de quoi, comme nous l'avons dit, l'art peut et doit être le modèle de la nature.

C) L'apologie du surnaturalisme

Cette idée, que l'art a moins pour fonction de représenter la nature que de nous donner à voir quelque surnature, se rencontre très explicitement et en mainte occurrence chez Baudelaire, dans ses *Curiosités esthétiques*. Il cite, pour expliquer l'œuvre d'Eugène Delacroix, la formule célèbre de Heine, que le poète et le peintre pourraient chacun reprendre à son compte : « En fait d'art, je suis surnaturaliste[291] ». Baudelaire loue chez Delacroix l'harmonie de la composition, alliée à la « splendeur des tons ». Il tente de décrire ces tableaux « pleins d'espace et de rêverie », mais devant cette peinture, sa plume achoppe, elle ne sait rendre compte de « tout le calme bienheureux qu'elle respire, et la profonde harmonie qui nage dans cette atmosphère[292] ». C'est également le calme que Baudelaire prise tant chez Véronèse, et la gaieté de sa couleur.

La même tendance à représenter quelque chose qui surpasse la nature peut se lire aussi, mais sous la forme d'un vêtement différent, chez David, Ingres, et tant d'autres peintres. Peu importent ici les critiques que nous avons vu Baudelaire formuler à l'adresse d'Ingres. Il est significatif qu'Ingres, par le détour de Raphaël et de l'antique, se refuse à faire de l'art le miroir de la commune nature, vulgaire et corrompue, pour lui préférer et substituer des formes épurées et leur idéale beauté. Ce sont les mêmes raisons, soit principalement l'exigence d'un art « surnaturaliste », qui fondent tout à la fois la recherche d'Ingres, son style, et la critique que nous en donne Baudelaire. Il est remarquable à cet égard, et révélateur de la fonction que

---

290 Nous avons rencontré plus haut ce mot, employé par Ingres.
291 Baudelaire C., *Curiosités esthétiques*, *op. cit.*, p. 118 : « En fait d'art je suis surnaturaliste. Je crois que l'artiste ne peut trouver dans la nature tous ses types, mais que les plus remarquables lui sont révélés dans son âme, comme la symbolique innée d'idées innées, et au même instant [...]. »
292 *Ibid.*, p. 125.

Baudelaire assigne à l'art, qu'il loue chez David cela même qu'il blâme chez Ingres.

La peinture sculpturale de David peut, selon Nicolas Grimaldi, être considérée comme une réponse que le peintre oppose

> aux galanteries mythologisantes de Boucher, aux soyeuses mignardises de Fragonard, [...] comme la constance s'oppose à l'inconstance, la fermeté à la mollesse, la volonté à la sensualité, l'héroïsme à la paresse, et ce monde régénéré qu'annonçaient les tribuns de la Convention à la nature corrompue que décrivaient Prévost, Laclos, Sade ou Crébillon[293].

Inversement, l'exubérante volupté des toiles de Boucher, que Diderot juge turpide et offensante, ne peut-elle pas être considérée comme une réponse que le peintre oppose à l'aridité de son siècle, au défaut de sensualité du monde commun ? Il nous semble que tant la couleur romantique de Delacroix, que les odalisques d'Ingres, tant les compositions des paysages de Claude Lorrain que les ruines intemporelles de Hubert Robert, et tant le classicisme héroïque de David que les sensuelles folies de Boucher, traduisent une secrète déception de ces artistes face à la commune nature. Nous pouvons lire chez les artistes les plus différents et dans ces différences mêmes, leurs réponses au sentiment d'inadéquation de la conscience de chacun, éprouvé face au monde dans lequel il leur est imposé de vivre. Selon cette hypothèse, les mondes que ces artistes, chacun selon son tempérament, nous donnent à voir, se présentent comme les images d'autant de « paradis[294] » artificiels, où l'homme aimerait à vivre.

II L'art comme déréalisation de la nature : la peinture hollandaise selon Hegel

---

[293] Grimaldi N., *op. cit.*, p. 61-62.
[294] Nous avons rencontré plus haut, dans le texte d'Edgar Poe, ce mot de « paradis » : il n'est, selon lui, rien dans la réalité qui égale les « paradis » de l'art, ceux qui « éclatent sur les toiles de Claude Lorrain ».

A) Nature et vocation de l'art selon Hegel

Que l'art ait pour fonction non d'imiter la nature, mais de manifester le surnaturel, Hegel en a fait le propos de son *Esthétique*. L'art n'a pas, pour Hegel, sa fin en lui-même, mais il est moyen d'expression et lieu de manifestation de l'esprit, en sa vie et vérité. « L'homme, écrit-il, s'est toujours servi de l'art comme d'un moyen de prendre conscience des idées et des intérêts les plus élevés de son esprit[295]. »

« L'art », dit Hegel, « crée des apparences et vit d'apparences[296]. » Mais il n'en faut pas hâtivement déduire que son existence est illusoire et vaine. L'apparence n'a pas chez Hegel le statut dégradé que nous lui avons vu conférer chez Platon. D'une part, en effet, l'apparence est nécessaire à l'essence : toute vérité, toute essence, pour ne pas rester abstraction pure, doit apparaître. L'apparence est chez Hegel un moment essentiel de l'essence. D'autre part, si l'art est apparence, il est « une apparence qui lui est propre ». Cette apparence peut, selon Hegel, « être considérée comme trompeuse, en comparaison du monde extérieur tel que nous le concevons de notre point de vue utilitaire, ou en comparaison de notre monde sensible et interne[297] ». Mais tout cela, tout ce que nous appelons « vérité », n'est, en regard des apparences de l'art, qu'un « ensemble d'illusions ». Car loin d'être de simples illusions, « les manifestations de l'art possèdent une réalité plus haute et une existence plus vraie », que la seule réalité courante. En effet, « dans son apparence même, l'art nous fait entrevoir quelque chose qui dépasse l'apparence : la pensée[298] ».

La plus haute destination de l'art lui est commune avec la religion et la philosophie, elle consiste en l'expression des intérêts et de la vérité de l'esprit. Aussi l'art est-il pour Hegel de part en part spirituel. L'intention d'imiter la nature, si rigoureusement que ce soit, est elle-même une intention d'ordre spirituel[299]. Et le contenu de l'art doit être de nature spirituelle.

---

295 Hegel G., *op. cit.*, t. I, p. 29. Et aussi : « L'art renseigne l'homme sur l'humain, éveille des sentiments endormis, nous met en présence des vrais intérêts de l'esprit », *ibid.*, p. 38.
296 *Ibid.*, p. 26.
297 *Ibid.*
298 *Ibid.*, p. 27. L'art est en ce sens supérieur au « monde sensible et direct, qui dissimule la pensée sous un amas d'impuretés ».
299 Hegel G., *Introduction à l'esthétique*, *op. cit.*, chapitre premier, deuxième section, 1 : L'imitation de la nature.

C'est d'ailleurs pourquoi Hegel stigmatise le pur naturalisme : « le contenu de l'art, écrit-il, ne doit pas être tout entier emprunté à la nature[300] ».

Si l'art n'a d'autre contenu que l'esprit en sa vérité, il nous faut à présent identifier ce qui, pour Hegel, constitue cette vérité. L'esprit, dit Hegel, ne se satisfait de rien de fini ; il appréhende « la finitude comme sa propre négation et atteint ainsi l'infini[301] ». L'esprit n'accède à sa vérité, qu'il identifie comme l'infini, ou l'absolu, qu'en s'opposant à sa propre finitude et la niant. Cette finitude réside dans son appartenance à la nature. Cette vérité, ou vie de l'esprit, consiste en l'extériorisation, dans le monde naturel, de l'intériorité, de l'infini et de l'absolu de l'esprit. Et l'art se donne pour tâche de donner de l'absolu une représentation sensible.

Mais de ce que l'art veuille donner du surnaturel des manifestations sensibles, il suit une insurmontable inadéquation. « Que l'art », dit Hegel, « soit obligé d'emprunter ses formes à la nature, c'est un fait impossible à contester[302]. » Il n'est, pour représenter le contenu tout spirituel de l'art, de recours qu'à des formes naturelles. Mais parce que l'absolu est spirituel et infini, rien de naturel et de fini ne peut en être la figuration adéquate. C'est pourquoi l'art n'est pas, et a fortiori en comparaison de la religion et de la philosophie, un mode d'expression privilégié de la vérité de l'esprit. « L'art », écrit Hegel, « se heurte à certaines limitations, il opère sur une matière sensible, de sorte qu'il ne peut avoir pour contenu qu'un certain degré spirituel de la vérité. L'idée a en effet une existence plus profonde qui ne se prête plus à l'expression sensible ». Il suit que « l'œuvre d'art est incapable de satisfaire notre besoin d'absolu ».

L'art, dit Hegel, prend pour objet le sensible[303]. Son objet n'est pas, comme dans la science, l'idée du sensible, mais le sensible tel qu'il existe pour l'esprit, c'est-à-dire le sensible

---

300 *Ibid.*
301 « L'esprit appréhende la finitude elle-même comme étant sa négation et atteint ainsi l'infini. Cette vérité de l'esprit n'est autre que l'esprit absolu... Pour autant que, dans son existence, l'esprit est en rapport avec la nature, provient de la nature, il est l'esprit fini. Il se produit alors une évolution à la faveur de laquelle l'esprit, qui ne faisait d'abord qu'exister, et d'une existence immédiate, prend conscience de son caractère fini comme de quelque chose de négatif, et de l'esprit absolu comme du seul vrai, de sorte que cet esprit fini devient lui-même absolu. », *ibid.*, p. 126.
302 *Ibid.*, p. 36.
303 « L'art », dit Hegel, « ne va pas au-delà du sensible qui lui est donné, il le prend pour objet, tel qu'il lui est donné. », *ibid.*

« à l'état d'idéalité », ou « sensible abstrait ». Hegel n'a de cesse de répéter que la matière sur laquelle s'exerce l'art est « le sensible spiritualisé, ou le spirituel sensibilisé[304] ». L'activité créatrice d'art, pour être spirituelle, n'en comporte pas moins « un côté sensible et direct ; elle n'a pas affaire à des idées abstraites, mais exige l'indivision du spirituel et du sensible[305] ». Au détour de son « passage par l'esprit », le sensible accède à sa vérité ; il se trouve « élevé par l'art à l'état d'apparence », et nous avons vu que les apparences de l'art ont pour Hegel cette qualité d'être plus vraies et d'une existence plus haute que la nature. Inversement, les contenus spirituels de l'art, pour se rendre conscients, doivent passer par la représentation sensible. C'est la fantaisie, qui « imprime à ces contenus des formes sensibles ». Mais ces contenus ne réalisent pas pleinement leur absoluité, car ils s'extériorisent dans ce qui leur est contraire. En effet, si pour l'art le sensible « représente non pas la matérialité immédiate et indépendante [...], mais l'idéalité », il n'en demeure pas moins que cette idéalité « ne se confond pas avec l'idéalité absolue de la pensée », laquelle est finalement manquée dans l'art. Parce que l'art « occupe le milieu entre le sensible pur et le pensée pure », ce qui exprime la vérité du sensible maintient, dans le même temps, la pensée dans une relative non-vérité. L'art reste donc inférieur à la pensée, il n'est qu'une représentation inadéquate de l'absolu : il est bien « l'expression de l'esprit absolu », mais seulement « sa première expression, sous forme sensible ». En effet, le Vrai ne s'offre, par l'art, à l'intuition, que « pour autant qu'il n'a pas accès au concept ».

En tant donc que les manifestations de l'absolu sont, dans l'art, rivées au sensible, sa fin ultime, sa « plus haute destination », se trouve manquée. Les moments de l'histoire de l'art sont ceux de cet échec. Ni l'art symbolique, que caractérise sa poursuite de l'infini[306], ni l'art classique, qui cherche à manifester l'idéal en donnant du divin des manifestations sensibles[307],

---

304 *Ibid.*, p. 63.
305 Hegel G., *Introduction à l'esthétique*, *op. cit.*, chap. II, première section, 3 : Intuition, Intelligence, Idée.
306 L'art symbolique, dans sa poursuite de l'idéal et son « effort pour exprimer l'infini », ne parvient au final qu'à reconnaître l'incapacité des formes naturelles à exprimer l'esprit. Voir N. Grimaldi, *op. cit.*, p. 74.
307 L'art classique, principalement la statuaire grecque, vise à donner de la pensée humaine et du divin des manifestations sensibles. La sculpture grecque, dit Hegel, rend « perceptibles les dieux en tant qu'individus concrets et vivants ». Certes l'art en faisant de l'invisible divin du visible concret, présent et palpable en ce monde, rend sensible pour les Grecs, à portée de vue, la « détermination la plus haute de

ni même l'art romantique, qui voudrait figurer « l'intériorité absolue »[308], ne parviennent à exprimer adéquatement le contenu de l'art.

B) La peinture hollandaise ou la phénoménalité du fini

Si la fin de l'art, même si finalement il la manque, est de manifester l'absolu, que peut penser Hegel de la peinture hollandaise, dont le but semble l'imitation si minutieuse de la nature qu'elle atteint parfois l'illusion ? Le souci de l'idéal, qui anime l'art, son devoir d'être expression de la pensée, est-il compatible avec cette perfection du réalisme ? Nous avons vu, en effet, Hegel condamner l'étroit naturalisme qui voudrait n'emprunter ses formes qu'à la nature, sans rien transformer en elles. Faut-il déduire, au vu de leurs natures mortes et de leurs peintures de genre, du choix de leurs sujets, empruntés à la vie la plus humble, quotidienne et banale, ou de leur parti pris de représenter « une nature intérieurement et extérieurement vulgaire[309] », que les intentions des Hollandais sont étrangères à l'absolu, ou insoucieuses de l'infini ? On pourrait, dit Hegel, « qualifier de prodigalité l'emploi de tant de moyens artistiques pour des sujets en apparence aussi minces, sinon futiles [...] ». Faut-il ne voir, dans

---

l'existence ». Mais en même temps que les dieux sont individués dans la particularité sensible d'un corps, ils déchoient, ancrés dans ces formes naturelles, de leur essence, qui précisément consiste dans leur indépendance à l'égard de toute naturalité et de toute finitude. Ainsi, l'art classique à son tour échoue à figurer l'absolu par des formes naturelles et finies. Tout au plus parvient-il à l'idéal, mais à l'idéal formel de l'art, et non à l'expression de l'idéal absolu de l'esprit.

308 L'art romantique, lançant sa recherche au-delà de l'idéal qu'avait voulu et cru atteindre la sculpture antique, prend résolument pour contenu « l'intériorité absolue », dont la forme correspondante est en art la « subjectivité individuelle ». Il ne cherche plus, par suite, à exprimer l'infini dans des formes empruntées à la nature, mais par la conscience qu'à l'homme de participer de l'infini, d'être en son esprit l'absolu, en s'opposant à la finitude de la nature. « Au tympan des cathédrales », écrit N. Grimaldi, « et dans la peinture des retables, à Sienne et à Assise, chez Quentin Metsys, chez Grünewald, et chez le maître d'Avignon, la représentation de la Passion du Christ et du martyre des apôtres exprimaient par le repentir, la douleur et la mort, que "l'esprit ne s'élève vers sa vérité" que par sa rupture avec la finitude de l'existence naturelle. » Mais parce qu'il est, lui aussi, obligé d'emprunter ses formes à la nature, fût-ce pour représenter ce à quoi vient se heurter le souci de l'infini qui habite la conscience humaine, l'art romantique ne peut manifester l'absolu qu'en creux, il ne rend sensible et d'autant plus douloureuse que son absence de la nature. La nature n'y est donc que le signe du défaut de spiritualité qui la caractérise. Ainsi, loin d'exprimer l'absolu et, ce faisant, de répondre au besoin que nous en avons, c'est bien plutôt ce manque, que l'art romantique rend sensible et exalte.

309 Hegel G., *op. cit.*, L'idée du beau, chap. III, A, 2 : Rapports entre l'idéal et la nature.

un tel redoublement de la commune nature, que la célébration d'une vaine gloire de l'artifice, alliée à une exaltation de ce qu'il y a dans l'existence naturelle de plus relatif et de plus trivial ? « On est en droit », dit Hegel, « de se demander si de telles œuvres méritent encore d'être tenues pour des œuvres d'art[310]. »

Pourtant, et contre toute attente, Hegel reconnaît que « cette forme d'art a [...] produit des œuvres admirables[311] ». En dépit des apparences, la peinture hollandaise ne représente rien moins qu'un retour à la nature. Par-delà la représentation de l'existence immédiate, en effet, il est une signification qui la dépasse et légitime.

Cette signification, Hegel se propose de la chercher dans le fait même, historique, de l'exception hollandaise. « Qu'est-ce qui a attiré les Hollandais vers ce genre, demande-t-il, quel contenu s'exprime dans ces tableautins qui exercent un attrait irrésistible, alors qu'ils mériteraient, semble-t-il, d'être écartés ou rejetés en tant qu'ils se bornent à reproduire la vulgarité même de la nature ?[312] » Il faut, pour répondre à cette question, « savoir ce qui intéresse les Hollandais » ; il faut, dit Hegel, « interroger leur histoire[313] ».

Cette histoire est celle d'un travail, d'un effort continuel de conquête du sol sur la mer. Rien en effet ne fut donné aux Hollandais. « La joie », dit Hegel, « que les Hollandais tiraient de la vie, même de ses manifestations les plus ordinaires et les plus insignifiantes, venait de ce qu'ils avaient dû conquérir par de très durs combats et des efforts acharnés ce que la nature offre à d'autres peuples sans combat et sans effort.[314] » Ils ont, dit aussi Hegel, « créé eux-mêmes la plus grande partie du sol sur lequel ils vivent[315] ». Ainsi, le sol même de la Hollande est bien le résultat d'un travail, un produit de l'esprit, conquis sur l'hostilité de la nature, bref, une négation de cette nature. Les peintures de paysages d'un Ruysdaël ou d'un Van Goyen représentent donc une nature vaincue et domestiquée. La même signification se retrouve dans la profusion du genre de la nature morte, qui souvent exhibe un luxe frappant. Ce que représentent Vermeer ou Metsu, ce sont, perles et miroirs, velours et soieries, les produits de la

---

310 Hegel G., *op. cit.*, t. II, p. 328.
311 *Ibid.*, p. 329.
312 Hegel G., *op. cit.*, L'idée du beau, chap. III, A, 2.
313 *Ibid.*
314 *Ibid.*
315 *Ibid.*

virtuosité des métiers et du raffinement des mœurs. Loin donc d'un étroit naturalisme ou d'une représentation de l'inerte nature, la peinture hollandaise prend pour objet de son imitation les conquêtes de l'esprit sur la nature : elle exprime finalement l'esprit, qui nie la nature brute.

L'histoire des Hollandais nous expose les raisons pour lesquelles ils s'attachaient à représenter des sujets qui nous paraissent les plus ténus et insignifiants. Il nous faut à présent tenter, avec Hegel, d'expliquer comment ces tableaux exercent sur nous, spectateurs, leur « attrait irrésistible ». Car assurément, ce n'est ni par leurs sujets, ni par les objets dont ils nous donnent la représentation, qu'ils nous fascinent. Ces sujets, dit Hegel, « dans la vie courante nous intéressent à peine[316] », tant ils sont banals. Ce qu'il nous revient maintenant d'envisager, c'est donc le problème que nous avons vu plus haut soulevé par Pascal, de la transmutation par la peinture de son objet. Quelle transformation opère-t-elle sur l'objet de la représentation, pour que nous en admirions l'imitation, alors que nous en méprisons l'original ?

Hegel montre la voie d'une réponse possible à ce problème. La peinture hollandaise s'inscrit dans l'alternative qu'il décrit comme constitutive de la peinture, comme l'un de ses termes, ou l'une de ses possibilités. La peinture occupe une place intermédiaire entre l'idéal universel et les particularités immédiates du réel[317]. Il s'ensuit deux variétés de peintures : celle, idéale, qui exprime ou voudrait exprimer l'universel, et l'autre, qui « exprime l'individuel dans la particularité qui lui est propre ». Dans la première, la plastique a d'abord une importance secondaire. L'exemple qu'en donne Hegel est Raphaël, chez qui « prédomine la conception ». Dans la seconde variété, la plastique est première. De cette seconde variété de peinture, le meilleur exemple se trouve, selon Hegel, dans la peinture hollandaise.

Avec la peinture hollandaise, poursuit-il, l'art va « jusqu'au point où le contenu devient indifférent », et « où la phénoménalisation artistique devient l'élément principal, celui sur lequel se concentre l'intérêt[318] ». Pour savoir ce qui dans la peinture hollandaise nous intéresse, il faut donc comprendre ce qu'entend Hegel par « phénoménalisation artistique ». Notons d'abord que cette association de l'indifférence du contenu et de la concentration de notre intérêt sur la « phénoménalisation artistique » n'a rien de fortuit. Plus le sujet est ténu,

---

316 Hegel G., *op. cit.*, t. II, p. 120.
317 *Ibid.*
318 *Ibid.*

moins il focalise notre attention. Plus le contenu est indifférent, plus notre intérêt s'en détourne, pour s'orienter non plus sur lui, mais sur sa phénoménalisation, c'est-à-dire sur le fait même que l'art nous en rende les apparences, et sur la manière dont il les rend. Ainsi, « la peinture ne saurait renoncer à ses sujets, dit Hegel, les seuls d'ailleurs qui soient faits pour être traités avec un art pareil et garder cette subtilité et cette délicatesse de l'apparence[319] ». La ténuité de ces sujets est donc utile, sinon nécessaire, à la phénoménalisation artistique.

C) La peinture hollandaise, ou « la sensualité de l'intelligible »

Si le contenu d'une œuvre est vulgaire, ce qui en elle intéresse est la manière, par laquelle ce contenu est représenté. Les objets nous charment, selon Hegel, parce que n'étant pas naturels, ils semblent faits aussi naturellement que s'ils l'étaient. Ce qui nous attire, c'est donc bien cette manifestation des objets, mais en tant qu'ils sont « tirés de l'intérieur », « en tant qu'œuvres de l'esprit qui fait subir au monde matériel, extérieur et sensible, une transformation en profondeur[320] ».

Cette transformation en profondeur n'est autre que le fait que l'art ne nous présente de la nature imitée que ses apparences, tirées de l'esprit. Il nous introduit dans un monde métaphysiquement tout autre que celui de l'immédiateté naturelle, un monde où l'apparence est toute la réalité. Il nous représente un monde tout semblable à la nature, qui produit sur nous la même impression[321], mais où rien cependant n'est plus naturel et corruptible. C'est donc, semble-t-il un monde spiritualisé, que l'art nous donne à voir, ou encore, le monde de l'intelligible. L'art de ce point de vue serait la sensualité de l'intelligible.

Dans le monde tout d'apparence que produit la peinture, tout n'est que couleur et surface. La peinture, dit Hegel, « est obligée de renoncer à la totalité spatiale[322] ». Mais ce n'est pas le signe d'une impuissance[323] de l'artiste, que de ne pouvoir reproduire que des

---

319 *Ibid.*
320 *Ibid.*, t. I, p. 199.
321 *Ibid.*
322 *Ibid.*
323 *Ibid.* : « Si l'homme se borne à représenter seulement la surface du sensible, des schémas, ce n'est

apparences. C'est au contraire un trait spécifique de la peinture, par lequel elle diffère de la sculpture. « La totalité réelle de l'espace serait », écrit Hegel, « une cause de trouble, car représentés dans cette totalité, les objets auraient une existence indépendante, alors que c'est à l'esprit, à son intuition, que la peinture s'adresse, en lui présentant des apparences d'objets pour qu'il les anime lui-même » Aussi n'est-ce pas, comme chez Platon, une faiblesse de la peinture, que de « désaffecter » les objets. Cette désaffectation est au contraire le résultat de leur « passage par l'esprit », et la condition de son animation des représentations de l'art. La satisfaction que procure la peinture n'a pas sa source dans l'existence réelle des objets, mais, dit Hegel, « l'intérêt qu'elle suscite est purement théorique : c'est l'intérêt pour le reflet extérieur de l'intériorité ».

L'art d'imitation ne consiste donc pas, dans la peinture hollandaise, à assujettir l'esprit à l'immédiateté de la nature, mais à subordonner la représentation sensible à l'esprit, comme à son principe. La fin de cet art, qui nous paraissait le plus naturaliste, est de donner des représentations des objets, mais « tirés de l'intérieur[324] », ou encore, de reproduire subjectivement l'extérieur[325]. La concentration de l'intérêt sur ce « subjectivement » explique pourquoi le contenu peut être indifférent, et légitime le fait que la nature vulgaire puisse faire son entrée dans l'art. Cette manière subjective dont l'art représente la nature extérieure peut être le parti pris de la plus grande fidélité au modèle naturel.

Plus les apparences de la nature que représente l'art sont fidèles, plus il se rapproche de sa fin, de sa plus haute destination. Tel est du moins le sens de ce que Hegel nomme « l'ironie » de la peinture hollandaise. Cette ironie est celle que manifeste l'esprit à l'égard de la nécessité naturelle. L'apparence créée par l'esprit est, par rapport à la réalité prosaïque existante, « un miracle d'idéalité, une sorte de raillerie et d'ironie, aux dépens du monde naturel extérieur[326] ». En témoigne l'aisance de la représentation picturale des métaux, de cela même qui oppose sa résistance au travail humain. Ce qui dans la nature n'est produit que

---

pas par impuissance. Il les crée tels pour qu'ils soient capables de se répercuter dans l'esprit. »
324 Hegel G., *ibid.*, t. I, p. 200.
325 *Ibid.* Dans la peinture hollandaise, dit Hegel, « l'objectif principal est de reproduire subjectivement l'extérieur, indépendamment de l'objet, au moyen des éléments sensibles que sont la couleur et la lumière ».
326 *Ibid.*

longuement et péniblement, l'art peut nous en donner l'apparence aux frais d'infiniment moindres efforts. De plus, comme nous l'avons précédemment évoqué, l'art soustrait aux corruptions du temps ce qui dans la nature était voué à une « existence périssable et évanescente[327] ». Ce que nous donne la représentation, explique Hegel, c'est une « extériorisation du trésor de l'intuition, sans avoir besoin des nombreuses conditions et des préparatifs auxquels est soumis le réel[328] ». Cet art nous « présente les objets eux-mêmes, mais tirés de l'intérieur ».

Hegel précise que ce qui, dans « cette idéalité formelle » de la peinture hollandaise, nous intéresse surtout, « ce n'est pas le contenu même, mais la satisfaction que procure son extériorisation[329] ». Si la représentation doit être naturelle, « ce n'est pas le naturel comme tel », mais « l'acte par lequel se trouvent réduites à néant et la matérialité sensible et les conditions extérieures[330] », qui constitue le poétique et l'idéal. Les objets nous charment parce que, n'étant pas naturels, « ils sont faits aussi naturellement[331] ». Et l'image nous fascine, parce qu'elle paraît plus consistante que son modèle, et l'apparence plus vraie et plus riche que la réalité.

Il apparaît au terme de cette analyse de la peinture hollandaise selon Hegel que l'objet de l'art ne réside ni dans l'objet représenté, ni dans l'œuvre en tant qu'objet, ni même dans les moyens utilisés, mais dans l'utilisation de ces moyens pour marquer la subordination de la nature à l'art. La virtuosité des artistes ne célèbre rien d'autre que l'art lui-même. Dans la peinture hollandaise, dit Hegel, « ce sont les moyens de représentation qui deviennent fin en soi », et « l'habileté subjective qui devient l'objet même des œuvres d'art[332] ».

Une telle virtuosité des moyens artistiques cependant n'est pas gratuite, elle est elle-même, pour l'esprit, moyen de nier la naturalité, et de s'élever au-dessus d'elle. Ainsi cet art, en apparence si réaliste et en vérité très ironique, manifeste le pouvoir qu'a le sujet d'effacer l'objet, et avec lui le monde naturel, le pouvoir qu'a l'esprit de s'affirmer en niant les

---

327 Hegel G., *op.cit.*, t. I, L'idée du beau, chap. III, A, 2.
328 *Ibid.*
329 *Ibid.*
330 *Ibid.*
331 *Ibid.*
332 Hegel G., *op. cit.*, t. 2, p. 331.

contraintes de la matérialité, à l'image des mendiants peints par Murillo, qui respirent l'insouciance, la santé et la joie de vivre, et incarnent selon Hegel la « liberté interne[333] ». L'art hollandais exprime donc, au final, la déréalisation du monde par l'esprit. Son véritable objet est bien, selon Hegel, l'esprit comme négativité, le retranchement du sujet par rapport à la nature. Ce n'est autre, selon la définition qu'en donne Hegel, qu'une acception de la liberté.

III L'art comme manifestation de l'humaine liberté… ou l'irréductibilité de l'esprit à la naturalité

Il semble au terme de l'analyse de la peinture hollandaise selon Hegel que l'art d'apparence le plus réaliste ait moins pour fin de reproduire le visible que d'affirmer et manifester la primauté de l'esprit, sa liberté au regard de la nature. Nous pouvons nous poser la question de savoir si cette thèse de Hegel constitue dans l'analyse de l'art une exception, ou s'il est possible d'en trouver des échos dans la tradition de la pensée sur l'art.

Hegel fonde son analyse de l'art sur la finalité, ou la vocation qu'il lui assigne. On peut reprocher à la critique d'art comme l'une de ses limites ou faiblesses – mais peut-être est-il de son essence de ne commenter que ce qu'elle voit – d'avoir longtemps privilégié l'analyse du « quoi » et du « comment » de l'art, en croyant pouvoir faire abstraction de son « pourquoi ». Elle s'attache en effet à la réalité que prend pour point de départ la peinture, soit l'objet imité, à la réalité issue de l'acte pictural, soit le tableau, et plus encore à leurs rapports. Elle privilégie également l'analyse du « comment » de l'art, c'est-à-dire des moyens et des techniques de la représentation. Mais elle néglige la fin de l'art et ce qui se trouve à son principe : elle laisse de côté son « pourquoi », c'est-à-dire ce qui motive l'intention de représenter, ou ce à quoi il vise en reproduisant le visible. Elle ne se pose pas la question de

---

[333] Hegel G., *op. cit.*, t. I, L'idée du beau, chap. III, A, 2 : « Cette insouciance à l'égard du monde extérieur et cette liberté interne sur laquelle l'extérieur n'a pas de prise forment le concept de l'idéal. »

savoir pourquoi il y a de la peinture, plutôt que rien. Dans l'épineux problème de la représentation, la critique d'art, ce faisant, reste, comme par ailleurs de nombreux artistes, les yeux rivés sur la route, à en noter tous les accidents, sans soupçonner d'où elle part et où elle mène.

Baudelaire formule à propos de Courbet une remarque qui va dans ce sens : « Courbet dit qu'il ne peint que ce qu'il voit, mais il omet de dire pourquoi il peint ce qu'il voit[334] ». Nous avons vu Hegel poser le même problème, et en esquisser une réponse. Dans tout art, à l'inclusion de l'art le plus réaliste, il ne faut pas perdre de vue, dit Hegel, que « l'intention même d'imiter la nature est une intention d'ordre spirituel ». La volonté de reproduire le visible est bien l'instrument de quelque chose qui la dépasse : la fin de l'imitation n'est pas la seule présence matérielle de l'objet-tableau, mais à travers elle, c'est une fonction extra-artistique de l'art, qui demande à se réaliser.

Les méditations indiennes ou chinoises sur la nature de l'art ont tôt placé en avant de lui cette fonction. Dans son *Traité de la peinture,* Sie Ho énonce les Six Principes de l'Esprit, auxquels ressortit l'art de peindre : le premier de ces principes est la « Renaissance de l'Esprit » ; « la conformité et la ressemblance avec les objets » n'arrivent qu'en troisième position, elles ne sont présentées que comme les moyens de la « Renaissance de l'Esprit ». De la même façon, les six canons de la peinture hindoue mettent l'accent sur les pouvoirs évocateurs et de suggestion de l'art, et sur la vie de l'esprit qu'ils expriment. Nous pouvons émettre l'hypothèse que cet aspect de l'art a été couvert, à l'instar de Platon et chez ses successeurs, par l'interprétation réductrice qu'il a donnée de la peinture comme imitation du monde visible, et qui a été retenue par la postérité. Nous pourrons donc tenter d'exhausser au premier plan ce qui, dans la tradition occidentale de la pensée sur l'art, avait été relégué au second.

L'art, en ce qu'il affirme la primauté de l'esprit, se scinde en deux moments théoriques, tels du moins qu'ils apparaissent chez Hegel. D'une part, il consiste en l'extériorisation de l'esprit : il doit rendre sensible ce qui est intellectuel, incorporer ce qui est esprit, délivrer dans l'extériorité de l'apparence ce qui est enfermé dans notre désir. D'autre

---

334 Baudelaire C., *Curiosités esthétiques*, op. cit., p. 823.

part, il confirme l'opposition entre l'esprit et l'extériorité brute de la nature : nous avons vu que cette opposition est à la fois le moteur de l'art, et ce qui fait obstacle à la pleine réalisation de sa fin. Ces deux moments sont chez Hegel conjoints et indissociables. En effet, alors que les choses de la nature se contentent d'être, l'homme est aussi « pour lui-même ». Il chasse devant lui ce qu'il est, il se contemple et se représente lui-même. Par l'œuvre d'art, dit Hegel, l'homme « qui en est l'auteur cherche à exprimer la conscience qu'il a de lui-même[335] ». Or cette conscience se manifeste dans la distance que pose l'homme entre lui et la nature : elle naît du fait que l'homme « ne se reconnaît pas dans sa seule apparence naturelle ». De là suit, dans l'art, le rapport d'opposition que nous avons énoncé plus haut : « l'homme », dit Hegel, « ne veut pas rester tel que la nature l'a fait[336] ».

Il semble donc que les arts qui prennent pour objet le corps humain, et ceux qui opèrent sur la nature, obéissent au même principe et aient la même finalité. Leur fin commune est le dépassement par l'homme du donné naturel auquel il refuse de se soumettre, que ce soit le sien propre, c'est-à-dire son appartenance à la nature, le fait que son esprit soit d'extraction naturelle et incarné dans un corps, ou bien celui dans lequel il lui est donné de vivre, le domaine plus vaste de la nature. Cette protestation contre la naturalité peut revêtir des formes diverses, dont nous avons vu un exemple dans la peinture hollandaise, selon les âges de la peinture et le degré de mysticité dont l'investissent les peintres. Ce lien de l'art à la nature peut être domination, rivalité, biffure, travestissement ou substitution.

A) « Nous rendre comme maîtres et possesseurs de la nature »

Que l'art soit pour l'homme la marque de sa domination sur la nature, cela s'exprime dans les procédés de quadrillage et d'inventaire des formes, de calcul des proportions et comme nous l'avons dit plus haut, dans l'art de la perspective. Telle qu'elle est développée à la Renaissance, la perspective fait que la peinture approche d'une science exacte ; elle construit un espace ordonné selon les règles de la perception, un monde maîtrisé et dominé. Tous ces

---

335 Hegel G., *op. cit.*, Introduction, chap. II, première section, 1.
336 *Ibid.*

procédés ont pour résultat de réduire la nature à être pour nous intelligible, elle devient un champ d'investigation pour l'esprit. C'est bien à la fois comme une science, et comme un cas particulier de la technique, que Léonard de Vinci considère l'art de peindre[337]. En tant que tel, il vise à connaître mieux et à s'assujettir la nature.

L'ambition de l'artiste ne se limite pas à comprendre la nature en ses apparences, mais ses prétentions s'étendent à pénétrer le secret de leur fabrication. L'homme, dit Hegel, éprouve du plaisir à refaire une seconde fois, avec les moyens qui lui sont propres, ce que fait la nature. Il s'éprouve lui-même en se donnant le défi d'égaler les apparences par une habileté tout humaine. Alors qu'en 1761, l'artiste n'était pour Diderot que le disciple humble et fidèle de la nature, il illustre dans le *Salon de 1763* cette toute puissance de l'artiste : C'est Vernet, dit-il,

> qui sait rassembler les orages, ouvrir les cataractes du ciel, et inonder la terre. C'est lui qui sait aussi, quand il lui plaît, dissiper la tempête, et rendre le calme à la mer et la sérénité aux cieux. Alors toute la nature sortant du chaos, s'éclaire d'une manière enchanteresse, et reprend tous ses charmes. […] C'est lui qui ose, sans crainte, placer le soleil ou la lune dans le firmament. Il a volé à la nature son secret : tout ce qu'elle produit, il peut le reproduire[338].

L'artiste devient l'émule et le rival de la nature. Il fait la lumière et dissipe le chaos : s'accordant tous les pouvoirs, il ose se rendre semblable à Dieu. Il cède à la tentation démiurgique inhérente à l'art.

B) La tentation pygmalienne

Cette tentation d'égaler le dieu créateur est le péché d'orgueil des peintres, qu'énoncent les artistes et dénoncent les théologiens. Le peintre se définit comme celui qui

---

337 Léonard de Vinci, cité dans *L'art de la peinture*, p. 113 : « Si tu dédaignes la peinture, seule imitatrice des œuvres visibles, tu dédaignes assurément une subtile invention ; sa spéculation philosophique et ingénieuse prend pour thème toutes les sortes de formes, apparences, scènes, végétaux, animaux, herbes et fleurs, baignés de lumière et d'ombre. En vérité, la peinture est une science et l'authentique fille de la nature, étant son rejeton ». C'est la « saisie » de la nature par l'homme, qui caractérise l'idée de Léonard sur la peinture.
338 Diderot D., *Salon de 1763, op. cit.*, p. 226.

détient le pouvoir, comme il apparaît dans ces propos de Léonard :

> Si le peintre veut voir des beautés capables de lui inspirer de l'amour, il a la faculté de les créer ; et s'il veut voir des choses monstrueuses qui font peur, ou bouffonnes pour faire rire, ou pour inspirer la pitié, il en est le maître et le dieu ; et s'il veut créer des paysages, des déserts, des lieux ombragés et frais pendant l'été, et des lieux chauds pendant l'hiver, il ne tient qu'à lui de les représenter. S'il veut des vallées, ou s'il veut découvrir de vastes étendues à partir des sommets des montagnes, il en a le pouvoir [...][339].

Le peintre, doué de tout pouvoir, règne en maître sur ce qu'il peut créer, il est à son art à l'image de ce qu'est Dieu à la nature[340].

Cette parenté de l'artiste et de Dieu se retrouve dans les nombreux recoupements de vocabulaire de la création artistique et de la théologie, qui s'influencent réciproquement. L'artiste confirmé, qui a le pouvoir de produire selon ses conceptions et volontés des objets à leur image, est couramment comparé au dieu créateur, en qui c'est une seule et même chose de concevoir, vouloir et créer. Inversement, la théologie recourt spontanément au langage de l'art[341], et le dieu créateur apparaît comme le plus grand Artiste, ou comme l'Artisan de toutes choses. La seule extension du mot « créer » de l'activité divine à celle de l'artiste suffit à illustrer cette parenté et à en préciser la nature : l'artiste n'est pas apparenté au divin en tant qu'il imite ses œuvres, mais en ce qu'il l'imite œuvrant, et crée des objets sensibles d'un genre nouveau.

Pour Léonard, c'est rendre hommage au dieu créateur, que de s'attacher à reproduire son œuvre. Les pouvoirs du peintre peuvent donc ne manifester rien de séditieux. Pourtant, Léonard dit aussi que le peintre « lutte et rivalise avec la nature[342] ». S'il faut refaire ou parfaire la Création, la corriger et embellir, ou même simplement lui ajouter des objets nouveaux, conçus d'esprit et réalisés de main d'homme, ce ne peut être que parce que la Création, à laquelle l'homme n'a aucune part, est jugée insatisfaisante. Devant cette critique, le plus souvent implicite, de l'œuvre de Dieu, nombre de peintres rappellent à la discipline, affirmant que l'œuvre divine incarne la perfection, et que nulle œuvre d'homme ne doit

---

339 Cité par Gombrich, *op. cit.*, p. 129.
340 Selon Dürer, les artistes considéraient leur talent formé à l'image de Dieu.
341 *Genèse*, I 4.
342 *Cf. L'art de la peinture*, p. 180.

prétendre rivaliser avec elle, ni même l'égaler.

C'est parce qu'elle est jugée séditieuse, ou irrespectueuse du divin, qu'un interdit théologique pèse sur l'imitation. En effet, l'interdit formulé dans l'Ancien Testament contre les « images taillées » peut être attribué non seulement à la crainte de l'idolâtrie, mais également à une crainte plus universellement répandue, celle d'empiéter sur les prérogatives du Créateur. Dans certaines résidences juives de Pologne cependant, les statuettes sont admises, mais à condition qu'elles ne soient pas tout à fait complètes, s'il leur manque un doigt, par exemple, ou si elles restent sans visage. L'Église orthodoxe a fini par admettre les représentations d'images sacrées, faisant une distinction entre la sculpture en ronde bosse, qui est écartée parce que trop proche du réel, et les icônes peintes. Mais même aux images peintes, des limitations peuvent être imposées. À Byzance et en Éthiopie, on ne verra jamais les personnages maléfiques, tel par exemple Judas, représentés les yeux tournés vers l'extérieur, par crainte que la puissance maléfique du regard ne puisse nuire au spectateur. C'est donc en vertu d'une croyance en une présence dans l'image, que ces interdits sont formulés. Ils traduisent la crainte du pouvoir pygmalien de l'art.

On peut donc placer à l'origine de l'art, comme un doublet du mythe de Narcisse, le mythe de Pygmalion. La tradition instaurée par Platon a mis l'accent sur le premier, au détriment du second. Le mythe de Pygmalion apparaît pourtant comme incontournable si l'on veut rendre compte du halo de mystère et de magie dont s'entoure la pratique picturale en ce qu'elle ne se soumet plus à l'imitation du visible, mais vise, rivalisant avec le pouvoir créateur, à créer un monde autre et sien, ou une réalité dont le manque se fait sentir dans la nature donnée. Le mythe de Pygmalion, tel que le transmet Ovide, dit l'histoire d'un sculpteur qui modèle la forme d'une femme, telle qu'il a pu la rêver, et s'éprend de la statue ainsi façonnée. Il implore Vénus de lui donner une épouse qui réponde trait pour trait à ce modèle, et la déesse métamorphose le marbre froid en corps vivant. Le mythe de Pygmalion exhibe une fonction primordiale et effrayante de l'art qui est aussi sa plus grande promesse de bonheur. Cette promesse, ou la déception qu'elle suscite lorsqu'elle n'est pas tenue, se retrouve en de multiples avatars dans l'histoire de l'art, en sculpture, mais aussi en peinture, ne serait-ce qu'à l'état de tentation résiduelle.

Il est une interprétation de l'art égyptien qui l'investit de pouvoir magique. Panofsky et Gombrich s'accordent à la mentionner. Elle donne une raison du caractère schématique ou conceptuel des images égyptiennes. Il doit être attribué à la *fonction* que ces images devaient exercer, plutôt qu'à une hypothétique mentalité égyptienne ou à une primitive faiblesse de leur art qui résulterait d'une insuffisante élaboration de leurs techniques de représentation. L'artiste égyptien est mû par l'aspiration profonde d'exercer pleinement le pouvoir créateur de l'art. Mais cet idéal de la puissance créatrice ne peut se dégager sans être durement soumis à l'épreuve des réalités que le rêve ne peut pas plier. Et l'artiste égyptien est bien conscient que, dans ce monde, il ne peut être créateur d'êtres qui vivent. C'est pourquoi il s'attache à créer une réalité qui est celle d'un autre monde, du monde de l'au-delà. Le Grand Sphinx est moins conçu comme la représentation d'une divinité que comme l'incarnation d'un gardien vigilant de l'au-delà, parfaitement capable de s'acquitter de cette fonction. De la même façon, la statue funéraire égyptienne n'est pas un portrait du défunt, mais l'incarnation de la réalité magique de l'esprit Ka.

On trouve un écho de cette fonction de l'image égyptienne dans l'art grec primitif, avec le κολοσσος, que Jean-Pierre Vernant et Ernst Hans Gombrich analysent également en recourant à la fonction qui lui est assignée. Le « colossos » est une statue funéraire dont la fonction est de tenir la place du défunt. Il est le substitut, dans le monde des vivants, du cadavre absent. Eschyle et Euripide nous rendent compte, dans leurs tragédies, de cette pratique. Tandis qu'Alceste est sur le point de mourir, son mari Admète, accablé, parle du monument qu'il fera élever pour soulager sa douleur :

> Et sculpté par les mains habiles
> Des artisans, sur le lit, ton corps
> Sera étendu ; et je me jetterai sur lui pour l'embrasser,
> Le serrer dans mes bras en prononçant ton nom,
> Comme si c'était là mon épouse chérie,
> Que j'étreins, sans l'étreindre : Oh ! sans doute,
> Illusoire plaisir ; et pourtant le fardeau sur mon âme
> En paraîtrait moins lourd [343]...

---

343 Cité par Gombrich, *op. cit.*, p. 167.

Admète recherche l'illusion, il cherche, par le moyen du monument funéraire, à s'entretenir, dans la veille, dans un état qui tient du rêve. D'une manière plus générale, la statue funéraire grecque vise à traduire par son double matériel, c'est-à-dire par une forme visible, une puissance invisible de l'au-delà. Le colossos a donc le caractère du signe religieux : il veut établir, avec la puissance immatérielle ou sacrée à laquelle il renvoie, une communication, il veut insérer sa présence dans l'univers humain. Mais cet effet toujours est manqué : tout au plus le colossos peut-il être évocateur ou suggestif, en aucun cas il n'aura un effet de présence suffisant. S'il veut être le signe d'une présence surnaturelle, elle ne se reconnaît pas dans l'apparence sensible et finie où elle doit s'incarner. S'il veut être le substitut d'un vivant disparu, il lui manque la morbidesse, le mouvement et la vie. Eschyle insiste sur l'insuffisance du leurre, quand pour Ménélas les effigies d'Hélène ne font qu'exacerber le sentiment de son manque et de sa douleur.

Même quand la peinture se laïcise et ne se veut plus l'instance du sacré, cette puissance magique de l'art subsiste à l'état résiduel de tentation. L'espoir pygmalien, qui habite toute création d'art, se retrouve par exemple chez Lucien Freud, un peintre contemporain dont Gombrich nous rapporte le propos : « Jamais on ne peut éprouver, au cours de la création d'une œuvre d'art, un sentiment de parfait bonheur. L'acte de création en porte la promesse que l'on sent disparaître à mesure que le travail avance. Car le peintre prend alors conscience qu'il ne peint pas autre chose qu'un tableau. Auparavant, il avait presque espéré que cette image allait prendre vie[344]. »

« Pas autre chose qu'un tableau », dit Lucien Freud. Le même leitmotiv se retrouve tout au long de l'histoire de l'art occidental. Vasari nous conte que Donatello, travaillant à son Zuccone, le regarde soudain, et s'adresse au marbre avec un affreux juron : « Mais parle, parle... *favella, favella, che ti venga el cacasangue* ![345] » Léonard n'est pas exempt de la même déception. Nous l'avons vu accorder à l'artiste tout pouvoir, au gré de sa volonté. Et certes, il est en mesure de subjuguer les hommes jusqu'à les rendre amoureux d'un portrait, qui n'est pas même celui d'une femme réelle : c'est bien là un témoignage du pouvoir magique de l'art. Pourtant, plus que quiconque, Léonard savait que le désir de l'artiste trouve ses limites

---

344 *Ibid.*, p. 129.
345 *Ibid.*

inexorables dans la contrainte inerte de son moyen d'expression. Dans sa désillusion de n'avoir su créer qu'images, il rejoint le propos de Lucien Freud. « Les peintres, dit-il, tombent souvent dans le désespoir... quand ils s'aperçoivent que leurs peintures manquent du galbe et de la vie des objets aperçus dans un miroir[346]. »

Le peintre, malgré toute son imagination et tout son savoir technique, ne produit que peinture, et une peinture est toujours trop plate. La création picturale est donc toujours décevante, et c'est pourquoi peut-être Léonard cherchait toujours à retarder le moment fatal de l'achèvement d'un tableau. À la fin de sa vie, Léonard nous est décrit par ses contemporains comme passionné de mathématiques, et fort impatienté par le pinceau. Les mathématiques peuvent aider à la création véritable. Il cherche à construire une « machine volante », retient la postérité, mais plus vraisemblablement un « oiseau qui vole ». Le peintre, dans son désir de créer des êtres complets et doués de vie, laisse la place à l'ingénieur. La peinture est bien vanité, n'étant constructrice que de rêves.

Si, dans cette hypothèse biographique sur Léonard, la peinture semble confiner à l'échec en ne satisfaisant pas la tentation pygmalienne de l'artiste, nombre de peintres cependant ne lui tiennent pas grief de ne pas savoir créer d'êtres qui véritablement vivent, ou un oiseau qui vole. Beaucoup se satisfont ordinairement des apparences qu'elle nous présente. Ils se contentent de placer, en face de la nature et s'opposant à elle, ou d'insérer en son cœur comme supplément, ces apparences de l'art. « C'est la cruelle réalité des objets que je fuis, dit Eugène Delacroix, quand je me réfugie dans le monde de l'art. » L'art présente, au cœur du réel, une perspective de fuite, ou de voyage. Il est besoin, pour mieux vivre, d'un monde autre que la réalité donnée, d'un monde d'humaine facture qui serait à l'image des désirs humains. La passion colorée du romantisme de Delacroix s'oppose à la passion inerte des objets, et à la tiède grisaille du quotidien.

Dans *La Naissance de la tragédie*, Nietzsche affirme cette fonction de l'art bien plus radicalement que Delacroix. L'art, dit-il, « sauve et guérit »[347]. Il en va ici explicitement de la vie même, et non de son seul agrément. « L'art, explique-t-il, est seul capable de plier ce

---

346 Voir *L'art de la peinture*, Léonard de Vinci, p. 141.
347 Nietzsche F., *op. cit.*, chap. VII, p. 70.

dégoût pour l'horreur et l'absurdité de l'existence à se transformer en représentations capables de rendre la vie possible[348]. » C'est le dégoût de l'existence qui pour Nietzsche est le moteur de l'art, que celui-ci en soit l'exutoire, ou au contraire qu'il lui fasse atteindre à une maîtrise supérieure, et l'élève jusqu'à le rendre vivable. « Dans le sublime », dit Nietzsche, « l'art dompte et maîtrise l'horreur et l'absurdité de la vie[349]. » Le dégoût a besoin, pour pouvoir être supporté, de passer par la médiation de l'art où il s'exprime ; objet de l'art, et d'un travail sur lui-même, ils peut s'ordonner, se régler et maîtriser ; l'horreur et l'absurdité peuvent revêtir les apparences du sublime, et se libérer par là de leur nocivité. Quant au comique, il « permet au dégoût de l'absurde de se décharger[350] ». Cela explique que le grotesque et le laid puissent avoir leur place dans l'art. Comme ils font leur entrée dans l'art, l'existence naturelle s'en trouve lestée : ils appartiennent dorénavant au monde des apparences de l'art.

La Naissance de la tragédie insiste sur la fonction vitale de l'art. Elle dit la nécessité de l'écran des apparences et du rêve apolliniens entre l'homme et la nature. Sans cet écran, la réalité est mortifère. L'art pour Nietzsche n'est donc « pas seulement une imitation de la réalité naturelle », mais un « supplément métaphysique de cette réalité, placé à côté d'elle afin de la surmonter[351] ».

C) La négation de la nature et la substitution du monde de l'art : l'exemple des arts du corps

La protestation contre le donné naturel, que Hegel place au principe de l'art, porte tant sur la nature extérieure au sujet que sur la naturalité en l'homme. Parce qu'il ne se reconnaît pas dans son apparence naturelle, l'homme s'essaye à être l'auteur de sa propre apparence, c'est-à-dire de lui-même. Comme nous l'avons vu transformer, réformer ou nier la

---

348 *Ibid.*
349 *Ibid.*
350 *Ibid.*
351 Nietzsche F., *ibid.*, chap. XXIV, p. 152.

nature, en en reconstruisant les apparences, il nie, transforme et réforme son propre corps, substituant à son apparence naturelle celle qu'il a élue et conçue.

Les arts qui prennent pour objet le corps humain sont la danse, la mode, le maquillage et l'art de la parure, l'usage des masques, les pratiques du tatouage et de la scarification. Mais avant d'en étudier le sens, il convient de remarquer que c'est un fait éminemment courant que de s'attacher à maîtriser son corps, à en soigner et modifier l'apparence. C'est un fait exigé par la seule vie en société, et qui manifeste la civilité. La politesse, dit Alain, est « art de vivre[352] ». Elle « domine tous les arts dont le corps humain est la matière[353] ». Si vivre est un art, il faut offrir en société quelque apparence qui tienne de la maîtrise, de la rigueur et de la composition. Dans le deuxième livre de son *Système des Beaux-Arts*, Alain présente les divers arts du corps, qu'il analyse comme autant de variations de cette même exigence.

La politesse consiste à n'exprimer, tant dans son apparence physique que dans son propos, que ce qu'il convient d'exprimer[354]. Il faut pour s'exprimer bien n'exprimer pas tout, et l'expression vraie est élective. Il faut pour bien parler de la discipline et de la mesure, régler son intonation et son débit[355]. Comme « l'artiste chante et ne crie point », comme « le poète parle au lieu de soupirer et de gémir[356] », ce n'est pas dans la liberté animale que s'exprime la nature humaine, et « si l'on veut dire ce que l'on pense, il ne faut pas dire tout ce qui vient[357] », et comme cela vient. La qualité de l'expression commande tant sa manière que son contenu. Ainsi, dit Alain, « l'échange des peines fait une mauvaise société[358] ». Il convient de montrer un esprit détaché des passions, anodines ou indiscrètes, et de retenir ses mouvements d'humeur.

La timidité est une passion, naturelle, et fille de la peur. Alain l'associe au désordre du corps, et à l'informe des passions[359]. Il faut pour se mettre en avant et oser s'exprimer, de

---

352 Alain, *op. cit.*, p. 72.
353 *Ibid.*, p. 71.
354 *Ibid.*, p. 72.
355 *Ibid.*, p. 81-82.
356 *Ibid.*, p. 69.
357 *Ibid.*, p. 69 et 72.
358 *Ibid.*, p. 70.
359 *Ibid.*, p. 53 et 74.

gestes ou de mots, la surmonter et vaincre, lui substituer le courage, qui n'est pas passif et naturel, mais résulte d'un effort sur soi et d'une maîtrise[360]. L'assurance, ou l'aisance, est un effet de la volonté qui supprime les effets extérieurs de cette passion qu'est la timidité[361]. La pudeur est chez Alain à l'inverse de la timidité. Entre toutes choses, dit Alain, c'est elle qui conduit à l'expression[362]. Car le mouvement libre exprime trop, et sans choisir, tandis que la pudeur lui impose la retenue, elle l'informe.

La pudeur est une forme de la politesse. Elle se traduit par le calme du visage et du corps[363]. L'homme, pour arriver à toute la beauté qui lui est possible, doit paraître au repos. Il doit se garder des sourires niais, des tics et des plis du visage qui n'expriment rien de durable et enlaidissent[364]. Sans ces plis marqués par les passions, un visage tranquille se montre plus vrai. Il n'y a pas de mensonge dans la politesse, « car ce que je montre par impolitesse, dit Alain, ce n'est point moi, c'est un animal inquiet, tremblant et brutal. [...] l'homme poli ne cache rien qui vaille, et qu'il m'épargne de déchiffrer sur son visage[365]. » La politesse exige que l'on cache ses moindres passions, car elles n'expriment rien que de naturel et de désordonné, rien d'humain et de composé. C'est indisposer son interlocuteur, que de se trouver embarrassé de timidité. Et « c'est presque indiscret », dit Alain, « que de se montrer pâle et rouge selon les digestions[366] ».

Tous les arts qui prennent le corps pour objet ne visent rien de moins qu'à « dissimuler et affaiblir les mouvements de la physionomie[367] ». À l'échelle collective, le cérémonial, dit Alain, ordonne « la foule humaine selon de strictes cérémonies, en vue de discipliner les passions », et pareillement des danses guerrières[368], bretonnes et autres, qui imposent au nombre l'ordre et la rigueur du rythme, et disciplinent le désordre naturel des sentiments. À échelle individuelle, le costume « change les attitudes et les mouvements,

---

360 *Ibid.*, p. 53.
361 *Ibid.*, p. 74.
362 *Ibid.*, p. 69.
363 *Ibid.*, p. 73.
364 *Ibid.*
365 *Ibid.*, p. 73-74.
366 *Ibid.*, p. 70.
367 *Ibid.*, p. 65.
368 *Ibid.*, p. 51-53.

toujours réglant et modérant[369] » et oblige ainsi à les retenir. C'est pourquoi Alain peut dire que « le costume porte l'homme[370] ». L'exemple convaincant qu'il en donne est celui du militaire : « les costumes de tradition visent à le redresser, ce qui exclut la peur et la fuite[371] ». Agissant sur l'apparence extérieure d'un individu, le costume en remodèle l'intérieur, en lui imposant sa gouverne. Revêtant les apparences du courage et de la force, le militaire est contraint d'obéir à ces apparences et de coïncider avec elles, et la maîtrise extérieure de l'apparence se mue en une maîtrise intérieure du comportement.

La mode aussi est manière de politesse : « Elle vise toujours », dit Alain, « à diminuer aux yeux les disgrâces et les offenses de l'âge[372] ». Et comme il n'est point poli d'avouer que l'on remarque l'âge ou les disgrâces, il n'est pas poli non plus de les trop montrer. « Une jeune fille », dit Alain, « qui met de la poudre avec mesure est polie à l'égard d'une sœur aînée, et sa jeune sœur lui rendra la politesse. Au temps où les hommes se paraient, la perruque était une politesse de tous à l'égard de ceux qui ne pouvaient se passer de perruque[373]. » La mode tend à effacer les différences et nous préserve, selon Alain, d'avancer quelque caractère trop marqué. La mode dont parle Alain n'est donc pas manière de se distinguer, mais « assurance de ne pas accrocher l'attention[374] ». Elle sert la politesse en imposant au corps décence et retenue.

L'art de la parure également vise à dissimuler les disgrâces naturelles d'un visage. De scintillants bijoux détournent le regard de « certaines petites rides à l'attache de l'oreille, au cou, au poignet, qui révèlent trop l'âge ; et la peau se trouve veloutée par ce voisinage et se contraste[375] ». Une voilette fait visiblement écran, et masque les flétrissures de l'âge. De même donc que, si l'on veut dire ce qu'on pense, il ne faut pas dire tout ce qui vient, de même, si l'on veut paraître soi, « il faut réduire d'abord les apparences et les composer... selon la coutume et l'équilibre ; après quoi ce n'est pas un singe, mais un homme qui s'avance[376] ». L'image

---

369 *Ibid.*, p. 62
370 *Ibid.*, p. 63.
371 *Ibid.*
372 *Ibid.*, p. 66.
373 *Ibid.*, p. 66-67.
374 *Ibid.*, p. 67.
375 *Ibid.*, p. 70.
376 *Ibid.*, p. 71.

naturelle de la femme, poursuit Alain, lui est plus étrangère que celle qu'elle se compose, parce qu'elle est « moins forte, moins assise, moins soutenue[377] ». Il faut donc qu'une femme soit parée, pour que l'on puisse en saisir les vrais signes. Que l'homme ne veuille pas rester tel que la nature l'a fait, et qu'il se reconnaisse plus dans les apparences qu'artificiellement il se crée que dans celles que la nature lui a imposées, c'est ce qui ressort de l'analyse de la parure selon Alain.

Baudelaire rejoint Alain sur ce point, quand dans les *Curiosités esthétiques*, il fait l'éloge de la mode et du maquillage. Ce qui est artificiel relève pour lui du surnaturel, ou du moins s'y destine. Le crime, dit-il, est « originellement naturel », tandis que « la vertu au contraire est artificielle, surnaturelle[378] ». Le mal « se fait sans effort, naturellement, par fatalité », notre pente naturelle nous porte à lui ; le bien au contraire est « toujours le produit d'un art[379] ». La nature, pour faire son entrée dans l'ordre du beau, doit d'abord être rédimée par la raison[380].

Si c'est un « devoir » de l'artiste, de protester contre la nature et de lutter contre elle, et de faire signe vers le surnaturel, c'est aussi « une sorte de devoir », qu'accomplit la femme « en s'appliquant à paraître magique et surnaturelle » : « il faut qu'elle étonne, qu'elle charme ; idole, elle doit se dorer pour être adorée[381] ». La femme ne se pare et ne se maquille pas, comme chez Alain, par souci de passer inaperçue, mais pour devenir objet d'idolâtrie, pour répondre à la demande de surnaturel que lui imposent les hommes. « Elle doit donc, poursuit Baudelaire, emprunter à tous les arts les moyens de s'élever au-dessus de la nature pour mieux subjuguer les cœurs et frapper les esprits[382]. » Ici, comme plus haut dans l'art des jardins, c'est l'art explicitement qui devient le modèle de la nature, en fonction duquel elle doit être corrigée. La nature ici se calque sur l'art. Et comme une femme convenablement habillée, selon Alain, « ressemble déjà à un portrait », une femme convenablement maquillée, chez

---

377 *Ibid.*
378 Baudelaire C., *Curiosités esthétiques*, *op. cit.*, p. 491.
379 *Ibid.*
380 *Ibid.*
381 *Ibid.*, p. 492.
382 *Ibid.*

Baudelaire, ressemble à une statue, dont elle imite la perfection.

Le maquillage, explique-t-il, veut

> faire disparaître du teint toutes les taches que la nature y a outrageusement semées, et créer une unité abstraite dans le grain et la couleur de la peau, unité qui rapproche immédiatement l'être humain de la statue, c'est-à-dire d'un être divin et supérieur. Quant au noir artificiel qui cerne l'œil et au rouge qui marque la partie supérieure de la joue, bien que l'usage en soit tiré du même principe, du besoin de surpasser la nature, le résultat est fait pour satisfaire un besoin tout opposé. Le rouge et le noir représentent la vie, une vie surnaturelle et excessive[383].

Pour Baudelaire, à l'inverse de ce que disait Alain, « la peinture du visage ne doit pas être employée dans le but vulgaire, inavouable, d'imiter la belle nature, et de rivaliser avec la jeunesse[384]. Qui oserait assigner à l'art la fonction stérile d'imiter la nature ? » Le maquillage n'a donc pas à se cacher, à éviter de se laisser deviner : il peut s'étaler.

L'art ici ne doit plus se cacher, mais il peut s'exhiber comme tel. La tricherie du maquillage n'est point mensongère, elle fait montre de sa finalité, qui est de « surpasser la nature » : Baudelaire parle de « déformation sublime de la nature », ou de « réformation de la nature ». Quand on assignait à l'art la fonction de n'imiter fidèlement que la nature, il devait « rester caché ». Quand on lui assigne la fonction de réformer ou surpasser la nature, de la biffer ou de la travestir, comme il apparaît dans le maquillage, il doit au contraire se mettre en avant.

La substitution, dans les arts du corps, du monde produit par l'art à celui de la nature, traduit l'insurrection de l'âme contre l'inertie, la passivité foncière de l'existence naturelle. Elle exprime ce fait premier, que nous ne consentons pas à l'indigence de notre naturalité. Cette hypothèse est accréditée par Baudelaire. La parure, explique-t-il, est « un des signes de la noblesse primitive de l'âme humaine ». Le sauvage et l'enfant comprennent « la haute spiritualité de la toilette » :

> Le sauvage et le baby, dit-il, témoignent, par leur aspiration naïve vers le brillant, vers les plumages bariolés, les étoffes chatoyantes, vers la majesté superlative des formes artificielles, de leur dégoût pour le réel, et prouvent ainsi, à leur insu, l'immatérialité de

---
383 *Ibid.*
384 Pour Baudelaire, en effet, l'artifice n'embellit pas la laideur, mais il ne peut servir que la beauté.

leur âme[385].

Notons qu'ici, le « dégoût » est, comme chez Nietzsche, un moteur de l'art.

En tant donc que je recrée l'apparence de mon corps, je me l'approprie et le soustrais à la nature. Le corps est cela même qui m'enracine dans la nature et me rive à une identité naturelle que je n'ai pas choisie, mais qui est le fruit des circonstances, des hasards et de la nécessité. Mais quand je recompose mon corps et le rends artificiel, je travestis cela même qui constitue ma naturalité. Les arts du corps expriment donc cette scission, en l'homme, de son appartenance à la nature et de la certitude qu'il a d'être autre que seulement naturel, d'être esprit, de la naturalité et de la spiritualité, de l'ordre de la nécessité et de celui de la liberté. Recréer sa propre apparence, c'est témoigner de ce que l'âme peut faire sécession par rapport à la nature où le corps nous maintient, et prouver par là son immatérialité, son indépendance à l'égard de la nature.

L'usage des masques dans les tribus primitives, au même titre que le Festival de Venise, et que tout bal masqué, comme celui dont Flaubert, dans *L'Éducation sentimentale*, nous donne une description étourdissante[386], témoigne du désir de l'homme d'être autre que ce que la nature l'a fait. Quand je porte un masque de mon choix ou de ma conception, je substitue à ce que la nature m'a fait l'apparence de ce que je juge être véritablement, ou de ce que je voudrais être. Pour être qui je veux, je m'en donne l'apparence, et comme nous avons vu l'uniforme redresser le militaire et le rendre courageux, je puis être, pour la durée qu'il me plaît, ce que je parais, en mimant intérieurement l'apparence que je me suis donnée, et me conformant à elle. Si je suis laide ou miséreuse, je puis être, au bal masqué, Vénus ou reine d'une nuit. Je puis, en un instant troquer mon visage d'emprunt contre un autre, et être un nouveau personnage, ou aussi bien assumer à nouveau mon apparence naturelle, me rendre à elle et sortir du jeu. Je puis, si je ne suis qu'homme, revêtir par exemple un masque religieux et, tant que je le porte, répudier ma personnalité courante, pour m'investir d'une fonction confinant au surnaturel.

Les arts du corps, et tout particulièrement ces instruments du rêve, ou de la liberté,

---

385 Baudelaire C., *op. cit.*, p. 491.
386 Flaubert G., *L'Éducation sentimentale*, Paris, Garnier-Flammarion, 1985, deuxième partie, chap. I.

que sont les masques, me permettent donc de m'échapper, de fuir mon identité naturelle et de me réfugier dans celle que je me donne dans l'art. Ils peuvent m'extraire, pour un moment, de la triviale banalité que je suis, en tant qu'être naturel, au profit d'un être supérieur, magique ou surnaturel. Ils peuvent tout aussi bien me soustraire à ce à quoi je juge ne pas me réduire, qui constitue ma naturalité, et me rendre à ce que je me juge être véritablement, soit un esprit libre de nier l'emprise de la nature.

L'usage des masques, et sa signification, tiennent dans ce jeu entre la réalité que les masques simulent et celle qu'ils dissimulent. Peut-être avons-nous là une indication susceptible de nous dévoiler le lieu de l'art, et sa signification véritable. Ce lieu pourrait être l'espace de jeu, l'écart entre la réalité où l'œuvre d'art est produite et celle qu'elle produit, ou bien, entre la réalité naturelle, que nous fuyons, et celle de l'art, où nous nous réfugions. Mais peut-être est-ce là une conclusion anticipée.

Quoi qu'il en soit, l'art ressortit finalement bien au jeu. Car lorsque nous revêtons un masque, nous jouons le personnage qui correspond à ces apparences, nous nous conformons, intérieurement aussi, à ce que nous nous faisons paraître. Et comme, quand nous nous rendons au théâtre, nous laissons l'illusion comique nous prendre, de la même façon, nous jouons à percevoir un tableau comme la réalité même, comme une ouverture sur un monde autre. C'est ce jeu, qui feint d'abolir un instant la réalité naturelle pour ne donner à considérer de réalité que celle de l'art, qui permet à Eugène Delacroix de dire qu'il fuit « la cruelle réalité des objets », en trouvant refuge dans le monde de l'art.

QUATRIÈME PARTIE
L'imitation contrariée

Nous avions commencé par définir la fin de la peinture comme l'imitation de la nature. Or il semble que l'objet de l'imitation ne réside ni dans la perfection de la ressemblance, ni dans le choix de ce qui doit être imité. Nous sommes parvenus au point où l'objet de la peinture nous paraît consister dans le fait même ou l'acte d'imiter, en tant qu'il est le moyen d'une fin qui le dépasse et exprime des intérêts supérieurs. Dans le vocable de l'imitation, nous trouvons déjà cette scission dans les usages originels qu'en fixent Platon et Aristote. Alors que Platon construit la notion d'imitation sur le rapport de ressemblance et le processus de renvoi, qui unissent l'œuvre d'art à l'objet imité, Aristote entend davantage l'imitation comme l'action même d'imiter, comme une πραξις qui suscite en nous un plaisir. De ce point de vue, le rapport de l'imitation à l'objet imité semble secondaire, chez Aristote, en comparaison de l'acte même d'imiter.

Jusqu'à présent, nous avons restreint le champ de notre propos aux arts de tradition imitative, à la peinture dite « d'imitation ». Nous n'avons pas pris en compte la récente évolution de l'art. Cela signifie-t-il que l'imitation n'y a point part ? Pour en juger, nous pouvons soumettre la conception traditionnelle de l'imitation, comme reproduction fidèle de la nature, à l'épreuve du devenir de l'art, à l'inclusion de l'art moderne et de la crise des valeurs figuratives. Il convient d'abord de faire une reprise systématique des données de la thèse classique de l'imitation, et d'en déjouer les présupposés, pour comprendre ce qui, en elle, a motivé ce que nous sommes tentés de nommer hâtivement la « révolution de l'art moderne ».

Il s'agit, ce faisant, de déterminer si cette conception classique de l'imitation ne correspond qu'à une pratique datée et révolue, née de l'Antiquité grecque et théorisée par elle. Ou bien, consiste-t-elle en une interprétation réductrice ou spécieuse, que les Grecs auraient eu le tort de donner de leur art, et la postérité de retenir, et qui aurait induit en erreur de longs siècles de pratique et de théorie de la peinture ? Ou enfin, cette conception étroite de l'imitation n'est-elle pas un cas particulier d'une imitation plus vaste, dans laquelle s'intégrerait l'art moderne, cas particulier auquel le seul tort de la tradition serait d'avoir accordé une attention exclusive ?

I Démantèlement de la thèse classique de l'imitation

A) L'impossible neutralité de l'imitation

Dans la perspective d'une reproduction fidèle de la nature, idéalement ressemblante, nous avons vu que l'art doit rester caché : l'imitation doit être, autant qu'il lui est possible, transparente et neutre. Or cette neutralité semble compromise, et il est reconnu que l'art est impuissant à obtenir une reproduction rigoureusement fidèle de la nature. Si son but était de produire des images qui soient comme un décalque des choses, la peinture serait tenue en échec par la photographie, tout comme une sculpture de main d'homme ne saurait rivaliser d'exactitude avec un bon moulage industriel.

Au XIXe siècle, l'apparition de la photographie a fait craindre pour l'avenir de la peinture. « C'est la mort de la peinture », dit Horace Vernet. Et, en effet, la photographie devient, selon Baudelaire, « le refuge de tous les peintres manqués[387] », c'est-à-dire de ceux qui ne visent qu'à la ressemblance et sont impuissants à l'atteindre. Significativement, dans

---

387 Baudelaire C., *Curiosités esthétiques*, *op. cit.*, p. 318.

L'Éducation sentimentale, Pellerin finit par devenir photographe[388]. Mais les faits nous disent que la photographie n'a pas supplanté l'art de peindre ; tout au plus son apparition a-t-elle signifié à la peinture qu'elle n'avait plus à être l'exacte copie des choses, puisque désormais une technique plus fiable et rigoureuse pouvait assumer cette fonction. L'apparition et les progrès de la photographie ont peut-être incité la peinture à prendre un nouveau souffle, en lui volant son règne sur la représentation fidèle de la nature, et l'engageant à chercher ailleurs sa spécificité.

Mais que voulons-nous dire au juste, quand nous déclarons qu'une vue photographique ressemble elle-même au paysage qu'elle représente ? Son aspect dépend de l'objectif utilisé, de l'exposition, et aussi, pour une bonne part, de l'appréciation du photographe, dans sa pièce obscure, au moment du développement : il choisit, s'il travaille sur du noir et blanc, parmi la gamme limitée de gris qui lui est offerte, ses gradations de tons et ses contrastes ; il peut choisir aussi jusqu'à l'intensité de ses couleurs, ou leur dominante. La photographie elle-même n'est pas une pure reproduction du négatif. Sa neutralité n'était donc qu'hypothétique, et c'est parce qu'elle n'est pas neutre qu'elle peut, plus qu'une technique de reproduction du visible, devenir un art : elle peut traduire le parti pris du photographe et donner naissance, dès le XIXe siècle, au romantisme de Nadar ou au pictorialisme de Steichen et de Demachy.

Le peintre lui non plus ne peut pas reproduire ce qu'il voit : tout comme le photographe, il ne peut que le transcrire dans les termes qui correspondent à son moyen d'expression. De cette transcription naît un écart infranchissable entre le résultat de l'imitation et son modèle, un espace de jeu dans lequel la liberté créatrice de l'artiste, parfois à son insu, peut prendre place. Par exemple, selon qu'un artiste travaille au crayon fin ou au pinceau, il sera porté à traduire ce qu'il voit en termes de lignes ou de masses colorées.

Gombrich rapporte sous forme d'anecdote un souvenir autobiographique de Ludwig Richter. Un groupe de jeunes artistes allemands, aux environs des années 1820, se

---

388 Flaubert G., *L'Éducation sentimentale*, *op. cit.*, troisième partie, chap. VII : « Pellerin, après avoir donné dans le fouriérisme, l'homéopathie, les tables tournantes, l'art gothique et la peinture humanitaire, était devenu photographe [...] ».

rendit pour le peindre au site de Tivoli, à Rome. Au moment de s'installer, ils virent arriver sur les lieux un groupe de jeunes artistes français, « munis d'un encombrant bagage, porteurs d'énormes quantités de peinture dont ils se mettaient à barbouiller leurs toiles à l'aide de larges pinceaux grossiers[389] ». Agacés par cette recherche présomptueuse de l'effet, les Allemands décidèrent de procéder de façon inverse. Ils choisirent des crayons à pointe dure, finement taillés, afin de reproduire le motif d'une façon minutieuse et ferme, en relevant les moindres détails. « Chacun tentait », écrit Richter, « de rendre le motif de la façon la plus objective. » Toutefois, la comparaison de leurs dessins respectifs montre de grandes différences. « Chacun d'eux avait fait subir à l'atmosphère, à la couleur, aux contours mêmes du motif, une impondérable transformation. » Richter poursuit ensuite son propos, en indiquant que ces différentes versions étaient un reflet des dispositions d'esprit particulières à ses amis ; et que le peintre mélancolique, par exemple, avait aplani la vive fermeté des contours et avivé les tons bleutés. Il donne par là une illustration de la fameuse définition de Zola, pour qui une œuvre d'art est « un morceau de nature vu par un tempérament[390] ».

Ainsi, l'absence de neutralité de l'imitation ne tient pas seulement aux moyens dont dispose l'artiste pour transposer ce qu'il voit : elle est aussi le fait de la vision elle-même. Comme le démontre Gombrich, la même réalité est perçue différemment selon les époques ; elle diffère également chez les contemporains d'un même spectacle ; enfin, la perception de la même réalité diffère aussi selon les moments, chez une même personne. Cela nous renvoie au propos de Baudelaire cité plus haut. Il demande aux « doctrinaires » de l'imitation impartiale s'ils sont sûrs de bien connaître la nature extérieure, et de son existence[391]. La nature nous est donnée à connaître dans la perception. Or il semble qu'il n'y a, chez l'homme, de perception sans imagination, et que l'objet ne peut être observé indépendamment de tout ce qui affecte la conscience de l'observateur. Si donc toute imitation s'écarte de son modèle objectif, cela ne résulte pas de quelque vice ou faiblesse de l'art de peindre, ou de la seule limitation de ses moyens. Car quel observateur idéal pourrait prétendre avoir jamais perçu la nature telle qu'elle est en soi, et dont toute imitation s'écarte ?

---

389 Gombrich E.H., *op. cit.*, p. 89.
390 *Ibid.*
391 Baudelaire C., *Curiosités esthétiques, op. cit.*, p. 320.

Puisque l'objectivité est impossible, il est tentant de rompre avec elle. La subjectivité fait, à grand bruit, son entrée dans l'art, et consacre l'apparition de l'individualisme en peinture. Malraux expose qu'en réponse à ce défaut d'objectivité de la peinture, la solution est de se tourner vers l'individu : « Il n'y a qu'un sujet en peinture, qui est le peintre lui-même[392]. » Il suit une relecture de l'histoire de l'art : « Tandis que les classiques étaient eux-mêmes à leur insu, les peintres modernes cherchent d'abord à être originaux[393] ». Dans une telle perspective, ce que nous montre la peinture, c'est l'annexion du monde par l'individu, c'est l'univers des peintres. La peinture devient un miroir déformant qui exhibe la personnalité de l'artiste, dont la subjectivité fait subir au monde une « déformation cohérente[394] ».

Meyer Schapiro expose que c'est par échec, « sa fervente tentative de se retrouver entièrement à travers la représentation des objets étant sans espoir », que Van Gogh est « le dernier grand peintre de la réalité et le précurseur d'un art anti-objectif[395] ». Et, en effet, Van Gogh dit vouloir « se retremper dans la réalité », se cantonner aux choses « réelles » ou « possibles », et retrouver dans les objets « sains et fortifiants » un tuteur solide qui le garde de l'égarement du rêve[396]. Van Gogh sent « la terreur » de s'« écarter du possible », et son art veut être « le paratonnerre contre (sa) maladie ». Meyer Schapiro décrit *Le Champ de blé aux corbeaux* comme l'œuvre où Van Gogh précisément perd toute maîtrise de soi, et cède à l'emprise de la psychose. Les centres du tableau sont « disloqués[397] », et la terre semble ici, selon Meyer Schapiro, « résister au contrôle de la perspective », qu'il décrit comme une « structure de la plus grande importance chez Van Gogh », par laquelle il « veut saisir le vaste monde[398] ». L'art, en ce cas précis, traduit l'impuissance de l'artiste à se retrouver et à maîtriser sa relation au monde. Mais ce n'est pas, selon Meyer Schapiro, son mal d'être ou sa folie que l'artiste croit exprimer. Car dans ce qui nous semble un « immense tableau de tourment, de

---

392 Cité par Merleau-Ponty, *La prose du monde, op. cit.*, p. 76 *sqq*.
393 *Ibid.*
394 *Ibid.*, p. 85.
395 Schapiro M., *op. cit.*, Un tableau de Van Gogh, p. 339.
396 Pour Van Gogh, en effet, dit M. Schapiro, « les rêves sont à éviter, car ils conduisant à la folie », *ibid.*, p. 340.
397 *Ibid.*, p. 333.
398 *Ibid.*, p. 332.

tristesse et de solitude[399] », Van Gogh dit représenter ce qu'il voit « de sain et de fortifiant dans la campagne[400] ». « Il ne savait donc pas », conclut Meyer Schapiro, « ce qu'il faisait[401] ».

Meyer Schapiro s'inspire d'un texte[402] de Karl Jaspers sur les artistes schizophrènes. Karl Jaspers expose sur l'œuvre de Van Gogh un point de vue plus radical encore. Il voit dans l'œuvre de Van Gogh la seule manifestation de l'emprise de la schizophrénie. Or la « part de la folie » ne nous semble pas aussi aisément déterminable, car d'un bout à l'autre la correspondance de Van Gogh témoigne d'une vraie sagesse, d'un jugement solide, et en outre d'une faculté d'auto-analyse extraordinairement équilibrée et lucide tant vis-à-vis des péripéties de son existence et de sa maladie, que pas après pas, de l'évolution de sa démarche picturale. Et bien qu'il ait traversé des crises de démence, nous savons qu'il n'a pas peint sous l'emprise du délire, et aucun de ses tableaux ne suggère de vision hallucinatoire. L'œuvre, surtout dans l'accélération prodigieuse des dernières années, s'est construite plutôt comme une cure, comme un provisoire rétablissement de santé après des épisodes délirants. Chaque fois que Van Gogh se ressaisit au sortir d'un tel épisode, il commence par peindre un autoportrait[403], par lequel il assume ce passé, rentre en possession de lui-même et de son art. De même dans *Le Jardin de la maison de santé à Arles*, peint en avril 1889, tout reflète le calme : les lignes d'une régularité presque géométrique du jardin et du bâtiment, avec une perspective classique dans l'espacement des colonnes et des arches, les personnes tranquillement occupées à regarder ou à bavarder, le bassin avec ses poissons rouges...

Faut-il admettre que l'augmentation du dynamisme du trait, le caractère convulsif, enfiévré des paysages dans la période de Saint-Rémy et d'Auvers, aussi bien que, dans l'ensemble, l'épaississement des touches, leur caractère agité, soient dus simplement à l'aggravation de la maladie ? C'est l'interprétation que défend Karl Jaspers. La fragilité de cette interprétation vient de ce qu'elle projette un jugement de valeur formulé du point de vue d'une

---

399 *Ibid.*, p. 335.
400 Van Gogh, cité par M. Schapiro, *ibid.*
401 *Ibid.*
402 M. Schapiro cite Karl Jaspers, à la page 337 de son ouvrage. Pour ce qui suit, nous nous référons à l'ouvrage de Karl Jaspers, *Strindberg et Van Gogh*, trad. H. Naef, Paris, Éd. de Minuit, 1953.
403 Sortant par exemple de l'épisode d'Arles, il peint l'Autoportrait à l'oreille bandée, *L'homme à la pipe*.

bonne santé moyenne, normale, sur le développement de l'œuvre : Jaspers soutient que le progrès de la schizophrénie s'accompagne chez Van Gogh d'une perte progressive de maîtrise et de puissance de synthèse. Il croit à un « appauvrissement » des capacités de l'artiste en 1889-1890. « Des impulsions violentes et élémentaires, écrit-il, qui ne sont plus riches de valeur créatrice, n'ont plus qu'un effet de monotonie. La terre, les montagnes, ne sont plus faites que d'une masse envahissante, d'un magma... On voit des quantités de traits, sans vie différenciée, un chaos de lignes sans autre caractère que celui de l'agitation[404]. » Toute construction, dit-il, disparaît. Il ne reste plus qu'un « barbouillage sans forme[405] ». Peut-on attribuer ce jugement à *La route au cyprès*, ou à *L'Église d'Auvers*, peints en 1890 ? Que l'interprétation de Jaspers soit douteuse, son intérêt pour nous n'en réside pas moins dans le fait qu'elle est très représentative d'une lecture en ce cas précis psychiatrique, mais plus généralement biographisante, de la pratique picturale[406].

Il est douteux que l'artiste, dans la « déformation cohérente » qu'il fait subir au monde, représente l'objet comme il se le représente. Car comme le remarque Malraux, « les peintres de Byzance ne voyaient pas les passants dans le style des icônes, et Braque ne voit pas les compotiers en morceaux[407] ». Les peintres nous représentent le monde comme il ne nous a jamais été donné de le voir, comme ils veulent nous le représenter. Mais si la peinture ne nous présente que l'univers des peintres, nous sommes tentés de la lire comme une autobiographie déguisée, et de considérer l'œuvre afin de connaître l'homme, sa sensibilité... La peinture de ce point de vue ne serait pour nous qu'un détour ou un pis-aller, substitut de la fréquentation de l'artiste, ou complément de sa connaissance biographique. Notons que dans une telle perspective, l'objet de la peinture lui resterait extérieur, et nous n'éprouverions pour elle qu'un intérêt médiat, c'est-à-dire, comme nous l'avons vu chez Kant, un intérêt pour sa

---

404 Jaspers K., *op. cit.*, p. 248.
405 *Ibid.*, p. 249.
406 Quelque réductrice que nous paraisse cette interprétation de Jaspers, le refus d'admettre toute espèce de maladie mentale, comme le fait Artaud dans *Le Suicidé de la société,* nous semble également conduire à une impasse.
407 On ne saurait dire, en effet, que Le Gréco ne peignait ses figures allongées que parce qu'il avait un problème de vue. Et si Cézanne peint, comme nous le verrons plus loin, par taches, il est douteux cependant que la seule raison en soit le défaut optique dont il avait coutume de se plaindre. *Cf.*, sur ce point, É. Gilson, *op. cit.*, p. 157.

cause. La psychologie et la biographie des artistes nous semblent insuffisantes à rendre raison de cette « déformation cohérente » qu'ils font subir au monde, et nous verrons qu'il faut, suivant les indications de Malraux, l'envisager selon la notion de « style », que nous aurons à éclaircir.

B) Peinture, langage et vérité

Dans notre première partie, nous avons opéré un étroit rapprochement entre la peinture et le langage. Mais si le parallélisme semble ici un principe légitime, il ne doit pas cependant confiner à l'assimilation, et risquer de manquer les spécificités respectives de la peinture et du langage, comme ce par quoi précisément ils diffèrent. Si donc ce rapprochement reste en certains points pertinent, il nous faudra cependant en marquer les limites.

Maintien du rapprochement

L'imitation stricte, entendue en son sens le plus étroit, nous avait conduits à mettre la peinture et le langage dans la balance d'une comparaison. Mais au sein même de cette comparaison apparaissent des perspectives de fuite, dans lesquelles l'imitation connaît plus de liberté que nous lui en avions accordé.

Jusqu'à présent, dans le cadre de cette comparaison, nous avions cherché à définir l'art de peindre dans le rapport qu'il entretient à son modèle, au lieu de l'analyser comme instance de représentation. Nous avions admis, sans discuter, que le signifié dût déterminer la forme du signifiant, au lieu de nous demander quelle signification le système de signes permet d'exprimer : nous ne nous intéressions qu'à ce que le langage raconte, comme si le langage allait de soi. Or nous venons de constater qu'une imitation neutre, ou littérale, de la nature, est compromise par le moyen d'expression dont use l'artiste. L'analyse de ce moyen d'expression peut nous donner les raisons de cette impossible neutralité de l'imitation. Et nous pourrons nous demander si, en contrepartie, il n'offre pas d'autres possibilité que la rigoureuse imitation de la nature.

Comme nous l'avons précédemment évoqué, l'impossibilité d'une imitation neutre remonte au processus de la perception. Le peintre n'imite la nature qu'autant qu'il la perçoit. Or, comme il apparaît dans les analyses de Kant, ce que nous ne concevons pas, nous ne le percevons pas. C'est en quoi précisément la perception diffère de la sensation brute. Je reçois et je sens un chaos d'ondes sonores, mais je perçois et entends le bruit de la mer, identifié comme tel. De la même façon, devant un chaos d'ondes visuelles, je ne vois rien, tant que je ne sais pas ce que je vois. « En effet, je ne vois pas du jaune, du vert, du gris, du clair et du foncé, du brillant et du mat : je vois une table[408]. » La perception consiste donc, en termes kantiens, dans la subsomption du divers sensible sous un concept. Percevoir, c'est donc reconnaître la forme d'un concept dans le divers de la sensation. Les formes de la perception sont en nous, et la nature ne nous est donnée à connaître qu'autant qu'elle vient les remplir[409].

Comme le concept en nous précède la récognition de l'objet, l'idée que nous avons de la nature doit précéder la perception que nous en avons. Cela rend raison de la diversité des manières dont la nature a été représentée selon les époques : « Chaque style s'efforce », écrit Riegl, « à une reproduction fidèle de la nature, mais chacun a sa propre conception de la nature[410] ». Les changements de style, tels que Vasari les a décrits, ne résultent pas seulement d'un progrès de l'habileté technique, mais bien plutôt de façons différentes de voir le monde[411].

En vertu du processus de la perception, l'art est donc de nature conceptuelle. Pour représenter, il faut d'abord voir, et pour voir, il faut d'abord savoir[412]. Cela permet d'expliquer l'aspect schématique et simplifié des figures de l'art égyptien, par exemple, mais aussi des formes types présentées dans les ouvrages de Dürer, et jusque dans les manuels contemporains de cours de dessin. L'art se montre ici, selon la formule de Gombrich, comme « schématisation de concepts ». Par là se trouve justifiée la tendance spontanément idéogrammatique des arts figuratifs : un dessin est, plutôt qu'une imitation de la nature, un

---

408 Grimaldi N., *L'art ou la feinte passion*, *op. cit.*, p. 100.
409 Kant E., *Critique de la raison pure* : « Une intuition sans concept est aveugle, un concept sans intuition est vide. »
410 Cité par Gombrich, *op. cit.*, p. 40.
411 Voir, sur ce point, Gombrich, *op. cit.*, p. 33 *sqq*.
412 Voir A. Lhote, *Traité du paysage et de la figure*, Paris, Grasset, 1958, p. 103 : « Les naïfs qui traitent les peintres intelligents d'abstracteurs et qui se piquent de peindre ce qu'ils voient sont par surcroît des sots, puisque pour voir il faut d'abord savoir ».

idéogramme au sens étymologique de « portrait d'idée ».

Il n'y a pas, selon Gombrich, de vision neutre, ou désintéressée. Nous envisageons toujours les choses selon un certain angle, et le plus couramment, du point de vue de notre utilité. Une vision sans but est impossible, et le but de l'artiste est de peindre. C'est pourquoi l'artiste a tendance à voir ce qu'il peint plutôt qu'à peindre ce qu'il voit : il voit par préférence les motifs que son art gagne à reproduire. Nous trouvons formulée cette idée chez Nietzsche :

> Toute la nature d'un trait fidèle ? — Mais par quel artifice
> Soumet-on la nature aux contraintes de l'art ?
> Ses fragments, dont le moindre est déjà l'infini !
> Ainsi, il ne peindra que ce qu'il aime en elle.
> Qu'aimera-t-il ? Il aimera ce qu'il sait peindre[413].

En matière de représentation, le pouvoir apparaît donc comme la condition du vouloir, tout comme le savoir est la condition du voir. Ce sont donc les possibilités que son art offre à l'artiste, qui décident de la manière et de l'objet de sa représentation.

De ce que l'artiste a tendance à voir ce qu'il peint plutôt qu'à peindre ce qu'il voit, Gombrich donne nombre d'illustrations. L'écrivain et peintre chinois Chiang Yee a peint une vue du lac que Derwentwater, en Angleterre, dans laquelle il est intéressant de remarquer « l'adaptation du vocabulaire traditionnel de l'art chinois aux méthodes différentes et inhabituelles de reproduction topographique de la tradition occidentale[414] ». Chiang Yee « veut nous donner [...] l'occasion de voir des paysages anglais avec le regard d'un Chinois ». Et c'est pour cette raison que Gombrich juge instructif de comparer ce paysage avec une représentation « pittoresque », caractéristique de la période romantique de la peinture anglaise. Très manifestement, conclut-il, « une certaine rigueur du vocabulaire de la tradition chinoise joue ici le rôle d'une sorte d'écran sélectif, ne laissant passer que les traits caractéristiques qui se retrouvent dans les schémas de la tradition ». Gombrich nous renseigne également sur le fait que les artistes s'attachent surtout à représenter des sujets qui conviennent à leur style et à leur formation. Claude Lorrain, maître paysagiste, n'a peint que des portraits médiocres ; et Franz Hals a centré son intérêt sur le portrait. « L'habileté », écrit Gombrich, « plus que la

---
413 Cité par Gombrich, *op. cit.*, p. 116.
414 *Ibid.*

volonté, n'est-elle pas à l'origine de ces préférences ?[415] »

Il semble donc que ce soit le système de la représentation qui détermine l'idée que l'on peut exprimer de la nature, ou la sémiologie de la représentation qui détermine ce qui peut être représenté. Quand l'art veut être une imitation de la nature, ce n'est pas la nature qu'en fait il imite, mais les signes et les formes par lesquelles on la représente. La distinction antique entre l'image comme signe naturel, et le mot comme signe conventionnel[416], se trouve donc ici invalidée : la convention entre pour une grande part dans la représentation picturale, et le « vocabulaire de l'art » est enseigné à l'artiste par l'histoire de la peinture. Il apparaît donc que l'art est de nature conventionnelle. Comme l'écrit Gombrich, « toute représentation est fondée sur des conventions ».

Mais ces conventions, que sont-elles ? On peut parler de « grammaire picturale », ou de « vocabulaire de l'art », autrement que par vague métaphore. L'inventaire des méthodes d'enseignement nous montre un certain nombre de formes types, ou de schémas, qu'il faut d'abord apprendre, avant de se confronter au modèle naturel. Une fois ces formes conventionnelles acquises et maîtrisées, auxquelles l'aspect du modèle naturel se ramène dans ses grandes lignes, il convient de les modifier, de nuance en précision, jusqu'au point où ce par quoi le modèle naturel différait du schéma type s'y trouve représenté. Rubens, pour portraiturer son propre fils, reste influencé par les représentations schématiques des proportions qu'il a apprises dans sa jeunesse.

Dans le *Traité des proportions* et le *Livre du peintre*, Dürer, en ramenant l'infinie variété du sensible à des formes types et à leurs variantes possibles, elles-mêmes calculées, n'a rien fait d'autre que de codifier le langage de l'art. Tous les inventaires de formes et manuels d'apprentissages du dessin se présentent comme autant d'abécédaires et de grammaires de l'art. Et au XVIIIe siècle, les peintres sont tant acquis à la pratique des formules toutes faites, que Jean-Jacques Rousseau, quand il recommande dans *L'Émile* de simplement copier la nature pour apprendre à peindre, paraît révolutionnaire. Aux XIXe et XXe siècles, de telles

---

415 *Ibid.*, p. 118.
416 Cette distinction se retrouve dans *La Logique de Port-Royal*. L'image y est présentée comme signe naturel, dont le paradigme est l'image réfléchie dans le miroir. Parce qu'il ressemble lui-même à la chose qu'il représente, le signe-image paraît un moyen de représentation plus sûr et plus fiable que le mot, qui est grevé de convention et d'arbitraire, et susceptible d'équivoques multiples.

méthodes d'apprentissage se poursuivent. Un peintre aussi génial et indépendant que Van Gogh consacre des années à la copie de planches anatomiques et à la méthode Bargue, avant d'imiter la nature, scrupuleusement. « On ne rencontre nulle part », écrit Gombrich, « de naturalisme simple et neutre. L'artiste, tout aussi bien que le peintre, a besoin d'un "vocabulaire" avant de se risquer à "copier" la nature[417]. »

Ce vocabulaire de l'art ne peut s'apprendre que par la tradition, et comme nous l'avons vu, par l'imitation des maîtres. Les plus grands d'entre eux ont commencé par imiter leurs maîtres et, pour beaucoup, n'ont jamais cessé d'imiter. Et Cézanne, qui préconise une totale « soumission devant l'objet[418] » et veut peindre le paysage, « l'homme absent », se forme lui-même par l'imitation des maîtres du Louvre, qui est pour lui « le livre où l'on apprend à lire ». Ainsi, parce qu'il est de nature conventionnelle, l'art naît de l'art, et alors même qu'il prétend ne se soumettre qu'au visible, l'art n'imite que l'art. Dès lors que la nature n'est plus l'objet de l'imitation de l'art, il semble vain de dénoncer son inaptitude foncière à l'imiter en toute rigueur.

Si le peintre voit la nature telle qu'il sait ou souhaite la représenter, cela signifie qu'il voit la nature en fonction de l'art. Selon Gombrich, les peintres voient dans la nature les tableaux qu'ils peuvent en tirer. Or à l'origine d'un tableau que l'on découvre dans la nature, il ne peut y avoir qu'un autre tableau. La nature n'aurait jamais pour nous de « pittoresque » si nous n'avions pas contracté l'habitude, par la fréquentation d'œuvres d'art, de la regarder comme peinture. Si Constable voyait dans les paysages de la campagne anglaise des Gainsborough, avant lui, qu'avait donc pu y voir ce dernier ? Très vraisemblablement, Gainsborough voyait dans les plaines de l'East Anglia des tableaux des maîtres hollandais qu'il avait étudiés et copiés avec grand soin[419]. Et d'où les Hollandais tiraient-ils leur propre vocabulaire ? Ce problème d'une régression sans fin est posé à l'historien de l'art. Quoi qu'il en soit, nous pouvons retenir, à l'appui de Wölfflin, que tous les tableaux doivent beaucoup plus à l'étude d'autres tableaux qu'à l'observation directe.

Les conventions artistiques créent des habitudes chez le public comme chez les

---

417 Gombrich E.H., *op. cit.*, p. 118.
418 Cité par N. Grimaldi, *op. cit.*, p. 122.
419 Gombrich E.H., *op. cit.*, p. 394.

peintres, et c'est selon la convention qu'une œuvre d'art est jugée. Pour un public habitué, par exemple, au *Portrait de Sonia* de Latour, le style du *Portrait de madame Michel Lévy*, de Manet, pouvait paraître choquant. Et à l'apparition de l'impressionnisme, le premier choc passé, le public s'y habitue, et apprend à l'interpréter. Devenus familiers de ce langage, ceux qui sortent à travers champs et bois, ceux qui, de leur fenêtre, regardent les boulevards parisiens, découvrent avec un vif plaisir qu'après tout, ils peuvent fort bien voir le monde visible sous l'aspect d'un éclaboussement de peinture lumineuse. Des transpositions s'effectuent : les Impressionnistes leur ont appris à découvrir dans le visible des possibilités inattendues.

Nous voyons là une illustration supplémentaire de ce que « la nature imite l'art ». Cette idée, d'abord énoncée comme une boutade, devient un lieu commun. Comme le dit Oscar Wilde, Londres n'avait pas le brouillard que l'on sait, avant qu'il ne soit peint par Whistler. Il n'est donc de pittoresque que par ce que l'art nous apprend à voir autrement.

On entrevoit ici que cela même qui condamne l'art à l'échec, s'il doit donner de la nature une imitation rigoureusement fidèle, lui offre en revanche de plus vastes ressources. En effet, si le champ du dicible, qui ne coïncide pas avec celui de la nature, est configuré par la structure du langage, il n'est pas statique, il peut être enrichi et modulé au cours du temps. Il en va de même de ce qui peut être représenté et de la peinture comme instance de représentation. Si le paramètre de l'art est sa ressemblance avec la nature extérieure, qui ne change guère, son seul progrès possible va dans le sens du perfectionnement technique de l'imitation. Mais si l'art, comme le langage, est de nature conventionnelle, il inclut la possibilité d'une évolution, au gré parfois d'initiatives arbitraires, d'abord individuelles puis assimilées par la convention.

La nature ne fournit à l'art qu'un répertoire de formes : elle est, selon la formule d'Eugène Delacroix rapportée par Baudelaire, le « dictionnaire de l'art[420] ». Personne, dit Baudelaire, n'a jamais « considéré le dictionnaire comme une composition au sens poétique du mot ». Une poignée de mots n'a jamais constitué un texte, et en recopiant le dictionnaire, on n'a jamais produit un poème. Il ne faut donc pas prendre le « dictionnaire » pour l'art lui-

---

420 Baudelaire C., *Curiosités esthétiques*, *op. cit.*, p. 326.

même. Certains artistes cependant, par défaut d'imagination, « copient le dictionnaire ». D'où, selon Baudelaire, le « vice de la banalité ». Ceux qui ont de l'imagination, au contraire, « cherchent dans leur dictionnaire les éléments qui s'accordent à leur conception ; encore, en les ajustant, avec un certain art, leur donnent-ils une physionomie toute nouvelle[421] ».

Les formes empruntées à la nature sont retravaillées, assimilées par la tradition, elles constituent la convention, la langue commune entendue de tous. L'artiste, pour se faire entendre, doit se placer dans la langue commune, à l'intérieur de laquelle il va spécifier son propre langage. Il lui est nécessaire d'entrer d'abord dans le système des signes communs, pour sécréter ensuite une signification neuve. Après quoi seulement, il peut détourner les signes de leur sens ordinaire, leur donner une « physionomie toute nouvelle », et entraîner le lecteur ou le spectateur vers un sens neuf. Merleau-Ponty écrit :

> Je sais, avant de lire Stendhal, ce que c'est qu'un coquin et je peux donc comprendre ce qu'il veut dire quand il écrit que le fiscal Rossi est un coquin. Mais quand le fiscal Rossi commence à vivre, c'est le coquin qui est un fiscal Rossi. J'entre dans la morale de Stendhal par les mots dont tout le monde se sert, mais ces mots ont subi entre ses mains une torsion secrète[422].

Il existe, au sein même du système de signes conventionnel, la possibilité d'un détournement de sens, d'une appropriation des signes à leur auteur et à ce précisément qu'il veut exprimer, la possibilité de l'éclosion d'un style personnel.

Le style personnel émane déjà de la perception, il impose aux choses une « commune déviation[423] », et Husserl le définit comme notre rapport original au monde, comme une manière typique d'habiter le monde et de le traiter. Que la perception déjà stylise et impose aux choses une commune déviation, cela se retrouve dans la « déformation cohérente » dont parlait Malraux, quand « un certain déséquilibre ou équilibre péremptoire de couleurs et de lignes bouleverse celui qui découvre que la porte entr'ouverte là est celle d'un autre

---

421 *Ibid.*
422 Merleau-Ponty M., *La prose du monde, op. cit.*, p. 19.
423 *Ibid.*, p. 83. « La perception déjà stylise : elle affecte tous les éléments d'un corps ou d'une conduite d'une certaine commune déviation par rapport à quelque norme familière que je possède par devers moi ».

monde[424] ». On peut faire de la peinture en regardant le monde, parce que le style qui définira le peintre pour les autres, il lui semble le trouver dans les choses mêmes. Le style, pour Malraux, n'est donc pas seulement un moyen de la représentation, mais c'est bien plutôt la représentation du monde qui est l'un des moyens du style[425].

La création de nouveautés au sein de la convention, c'est-à-dire dans la langue commune, est souvent théorisée comme le propre du poète, ou du génie. Aristote déjà disait qu'aux poètes, les écarts et les transgressions du langage sont permis[426]. Si ces transgressions sont de grand intérêt, ou si elles ont une valeur générale, elles seront reprises par la postérité, et entreront dans le langage commun. Et de fait, les métaphores les plus novatrices et surprenantes deviennent souvent des lieux communs. Ce que dit Aristote à propos du langage articulé se retrouve formulé chez Matisse à propos de la peinture : il se donne la tâche de « trouver des signes nouveaux qui entreront à leur tour dans le langage commun ». Il revient au génie de créer de nouveaux signes, des formes et des notations picturales nouvelles, parce qu'il excède ceux qu'il a appris auprès de la tradition : sa vision du monde ne parvient pas à se contenir dans le vocabulaire et la grammaire de la tradition, qui constituent une norme. En créant des signes nouveaux, il crée une signification neuve, et une manière nouvelle de voir le monde, autrement.

Si le rôle du génie est de créer des formes et des significations neuves, il peut consister aussi à rendre leur éclat aux formes de la tradition, ternies par un usage excessif. Il peut rendre à leur pureté les formes et les couleurs, comme la poésie peut, selon Mallarmé, « donner un son plus pur aux mots de la tribu[427] ». Les formes devenues banales, par la force d'un usage trop courant, et les significations trop investies d'habitude, que nous finissons par ne plus entendre, l'art peut se donner la tâche de les faire renaître à leur éclat initial. Ainsi, toujours dans le cadre d'un rapprochement de la peinture et du langage, il est tentant de se demander s'il est en peinture quelque chose qui corresponde à la poésie, que celle-ci soit une province du langage, ou qu'elle en exhibe la quintessence. Devant l'ampleur et la difficulté de

---

424 *Ibid.*, p. 89.
425 Merleau-Ponty M., *La prose du monde, op. cit.*, p. 83.
426 Aristote, *Poétique, op. cit.*, chap. 21 et 25.
427 Mallarmé S., *Le Tombeau d'Edgar Poe, Œuvres*, Paris, Bordas, 1992.

ce projet, nous ne formulerons ici que quelques hypothèses.

Si la nature n'est, comme l'écrit Delacroix, que le « dictionnaire de l'art », il lui emprunte bien ses formes et ses couleurs, comme la poésie emprunte ses mots à la banalité de la prose, mais pour les recomposer selon un ordre autre, résolument neuf. « La peinture, dit Merleau-Ponty, réordonne le monde prosaïque et fait un holocauste d'objets, comme la poésie fait brûler le langage ordinaire[428]. » L'ordre nouveau, selon lequel l'art réordonne les matériaux que lui fournit la nature, est libre de rompre l'inhérence qui rive telle couleur à telle forme, et condamne telle forme à n'être que le contour d'un objet correspondant. Il produit des associations parfois inattendues, parfois comme contenues en puissance dans les choses, mais occultées par l'approche prosaïque que nous en avons. L'opération expressive de la peinture et celle de la poésie semblent, de ce point de vue, assez similaires. Le regard s'approprie des correspondances indiquées par les objets, sourdement. Il peut les désinvestir, les délivrer de leur support ordinaire, afin de leur « chercher un corps plus agile[429] » et de les « interpréter dans une langue plus simple et plus lumineuse[430] ». Cela peut conduire à des associations de couleurs et de formes qui n'ont pas de justification référentielle, et n'ont d'autre raison que leurs affinités, comme souvent en poésie les affinités phonétiques des mots décident de leur association.

La poésie prend pour sujet le langage, en ses ressources les plus inattendues et ses multiples possibilités de virtuosité, étouffées dans la prose ordinaire, parce qu'elles lui sont inutiles. La répétition fréquente d'un mot en poésie, note Kandinsky, en abstrait le sens référentiel, pour en exhiber la pure musicalité[431]. Dans la poésie, les sonorités, la musicalité des mots et leur présence matérielle viennent au premier plan. Notons que Platon reprochait précisément au mot de n'être pas un vecteur parfait et transparent du sens, par ce qu'il est doué d'une présence propre, matérielle, dont le tort est de se mettre en avant, de faire écran, et d'enrayer le processus de renvoi. Ce qui pour Platon était un vice, ou une faiblesse du langage[432], est promu dans la poésie et constitue l'une de ces principales ressources. Comme la

---
428 Merleau-Ponty M., *La prose du monde, op. cit.*, « Le langage indirect ».
429 *Ibid.*, p. 66.
430 Baudelaire C., *Curiosités esthétiques, op. cit.*, p. 150.
431 Kandinsky W., *op. cit.*, p. 82-83.
432 « Le privilège créateur du poète », écrit Mallarmé, est de savoir tirer parti de « l'imperfection de son

poésie exhibe la musicalité ou la matérialité des mots, la peinture peut mettre en avant la présence matérielle de la pâte colorée.

Nous avons dit plus haut que le signe, en même temps qu'il représente et renvoie à son référent, se présente représentant. Dans la peinture comme dans la poésie, l'accent est mis sur cette présence du signe, autant ou plus que sur sa fonction de représentation et de renvoi. Ce qui dans le langage ordinaire n'est qu'un moyen de la signification, est promu dans la poésie au rang de fin, comme ce qui, dans la perspective d'une imitation rigoureuse de la nature, devait s'effacer et n'était qu'un moyen de la représentation, devient fin et passe au premier plan. Ainsi, il semble qu'au sein même d'un étroit rapprochement de la peinture et du langage, sont ouvertes des perspectives créatrices, qui excèdent la seule imitation stricte de la nature.

L'impossible assimilation de la peinture à un langage

Nous avons vu plus haut l'assimilation de la peinture au langage fonder l'idée d'une vérité picturale, calquée sur le modèle de la vérité linguistique. Or, jusqu'ici, nous avons négligé une différence fondamentale, qui est que le vocabulaire de la peinture est d'images, non de mots. Pour mettre en déroute cette assimilation de la peinture et du langage, nous pouvons donc ici revenir sur le statut de la vérité en peinture.

Le modèle de la vérité linguistique se construit sur l'accord du signifiant au signifié, et le modèle de la vérité picturale correspondant, sur le rapport du représentant au représenté, qui doit être de ressemblance. Et, en effet, si nous attendons de la peinture une information ou un enseignement, elle a bien, au même titre que le langage, une capacité à dire le vrai et le faux. Un portrait de César nous renseigne sur ce à quoi ressemblait César. Si la légende est fausse, et si ce portrait est en fait celui de quelque autre, nous sommes induits en erreur quant à l'aspect de César. La peinture est donc bien vecteur de vérité ou de fausseté, quand elle

---

instrument ». Parce que les mots sont équivoques, modulables quant à leur sens en fonction de chacun, et du contexte dans lequel il les place, parce que la langue n'est pas ce « langage des choses », dont rêvait La Bruyère, ou cette langue universelle, qu'imaginait Leibniz, et parce qu'il n'est de « grammaire pure », comme l'eût souhaité Husserl, le langage est condamné à l'échec si l'on cherche pour toute chose l'expression adéquate. C'est « l'imperfection » du langage qui nourrit la liberté créatrice du poète. Et si le « signe image » n'est pas naturel, mais lui-même empreint de convention, il laisse à chaque artiste la possibilité de le remanier et moduler à sa guise.

déclare que « César était ainsi ».

Les logiciens nous disent que le vrai ou le faux ne sont applicables qu'à des déclarations. La peinture ne peut donc être dite vraie ou fausse qu'autant qu'elle peut être ramenée à une déclaration, c'est-à-dire en tant qu'elle véhicule une signification qui est de l'ordre du langage. Si l'on dénie qu'une peinture soit une déclaration, elle ne saurait donc plus être ni vraie ni fausse, pas plus qu'une déclaration ne saurait être bleue ou verte.

Si la peinture ne renvoie plus, comme le langage à son référent, à un modèle extérieur, peut-on encore parler de vérité ? En d'autres termes, existe-t-il une vérité en peinture, indépendante du paradigme de l'imitation ? Si cela est possible, il peut s'agir d'un usage par extension du mot vérité, ou bien d'une vérité proprement picturale, différente de celle que l'on rencontre dans le langage. Face à une œuvre d'art figurative, deux attitudes sont possibles, et il semble que ce soit en deux sens distincts, que l'image représente. Devant le tableau intitulé *Madame Cézanne aux cheveux dénoués*, par exemple, nous disons qu'il « représente » l'épouse de l'artiste, mais nous disons qu'il représente aussi, et surtout, une femme grave et belle, au visage légèrement penché, à la chevelure défaite, et au regard bouleversant. Convenons que dans le premier cas, la personne représentée *par* le tableau est madame Cézanne, et que, dans le second, la femme aux cheveux dénoués est le personnage représenté *sur* la toile de Cézanne. Dans le premier cas, la valeur de vérité de l'image est relative à sa ressemblance au modèle extérieur. Dans le second cas, le contenu de l'image ne se distingue pas de l'image elle-même. L'image alors ne renvoie pas à autre chose qu'elle-même, qui lui serait extérieur : son contenu n'est nulle part ailleurs que sur la toile, et non plus dans quelque espace intérieur de la représentation. Esthétiquement parlant, l'autonomie du second niveau de la représentation vis-à-vis du premier, particulièrement évidente dans le cas des œuvres « d'imagination » ou lorsque le modèle dont s'est inspiré l'artiste n'est pas connu de nous, peut d'autant moins être mise en doute que c'est elle, à nos yeux, qui constitue l'œuvre d'art comme œuvre d'art. Toute une tradition esthétique moderne n'a cessé d'insister sur cette autonomie absolue du contenu interne de la représentation, pour en conclure au « dépassement » de la nature par l'art et à la « transcendance » radicale de l'imaginaire pictural. Quoi qu'il en soit, la relation de l'image au « représenté sur » mérite-t-elle, autant que sa relation au modèle, d'être regardée comme sa référence ?

Dans cette perspective, le « représenté sur » n'est pas quelque chose à quoi l'image se rapporte, il est là tout entier devant moi, pour ainsi dire à plat, il est présenté à mon regard davantage qu'il ne m'est représenté. Mais comment l'image parvient-elle à « représenter », comme on dit, le personnage, le paysage ou la scène qu'elle nous donne à voir, sinon bien sûr par la ressemblance de quelques éléments au moins avec les éléments d'une réalité dont elle recompose, transpose, interprète ou simule l'apparence ? L'hypothèse que nous pouvons ici avancer est que cette relation de ressemblance au réel, d'imitation, est la seule sorte de référence qui puisse être attribuée à l'image elle-même.

À la différence de la jeune femme bien réelle qui lui a probablement servi de modèle, la femme au gant vert de Tamara de Lempicka n'existe pas pour nous indépendamment de la représentation que le peintre a laissée d'elle. Le tableau de Lempicka ne pouvait donc manquer de la représenter telle qu'elle est, c'est-à-dire telle que nous la voyons. Mais avec la perspective du faux, celle du vrai s'évanouit. On mesure ainsi toute la distance qui sépare la relation de l'image au « représenté sur », de la référence calquée sur le modèle linguistique, intimement liée pour sa part au concept de vérité.

Si de surcroît l'image est un médium inadéquat à l'expression du vrai et du faux, parce qu'insuffisamment analytique, tout ici nous mène à la perspective d'un divorce total de l'art et de la vérité. Nous sommes pourtant frappés de l'insistance avec laquelle les nouveaux maîtres de l'art occidental n'ont cessé de se réclamer, à l'instar de Cézanne dans une formule célèbre, d'un « devoir de vérité » en peinture. Si donc nous sommes portés à refuser à l'image la vérité propositionnelle, il ne nous est pas pour autant interdit d'user du terme de « vérité », pour rendre compte de la justesse ou de la fidélité au réel de la représentation artistique, tout comme de la « profondeur » des aperçus qu'elle nous offre sur le monde, ou encore, de la contribution irremplaçable qu'elle apporte à notre expérience. Lorsque nous disons d'un portrait qu'il est « criant de vérité », nous voulons dire simplement qu'il est saisissant de ressemblance ou qu'il est, en l'absence d'un modèle, d'une grande vraisemblance. Et l'image artistique peut aussi être dite vraie, en ce qu'elle nous apprend à voir le monde sous certains de ses aspects qui nous demeuraient cachés jusqu'alors, sous des aspects qui sont proprement picturaux et ne sauraient se réduire à n'être qu'un reflet des choses. Dans cette forme de « vérité » toute picturale, l'emploi du mot « vérité » reste dérivé, analogique, et de toute façon, non littéral.

Si nous voulons pousser jusqu'à son terme cette idée d'une autonomie de la peinture vis-à-vis de toute référence extérieure, et du même coup vis-à-vis de la vérité entendue au sens linguistique, une voie nous est indiquée par Henri Focillon, dans son ouvrage intitulé *Vie des formes*. Il s'attache à distinguer la notion de forme, de celle « d'image, qui implique la représentation d'un objet » et, surtout, de celle de « signe ». Tandis que le signe signifie, la forme se signifie[433]. En tant que telle, la forme ne signifie rien d'autre qu'elle-même : elle n'est pas vide, elle a un sens, mais qui « est tout d'elle ». Une forme en tant que forme est autonome, en comparaison de la même forme prise en tant que signe, qui renvoie à une référence extérieure.

Dans une peinture figurative, la même forme est tout à la fois signe, investie d'une signification autre qu'elle-même, qui s'exprime par la ressemblance, et forme, n'ayant d'autres contenu et signification qu'elle-même et ne renvoyant pas à ce à quoi elle réfère, prise en tant que signe. Plus concrètement, on peut dire qu'une forme, en ce qu'elle dessine le contour d'un objet, et nous permet d'en identifier l'image, a alors valeur et fonction de signe, en même temps qu'elle n'a valeur que de forme, prise indépendamment du fait qu'elle cerne ce contour. Dans toute peinture figurative, où nous pouvons dissocier la forme comme forme plastique de la même forme en tant que signe, nous avons tendance à ne la voir que dans sa fonction de signe, et non pour elle-même.

Maurice Denis, dans la fameuse apostrophe qu'il adresse aux Nabis, leur conseille de « se rappeler qu'un tableau – avant d'être un cheval de bataille, une femme nue ou une quelconque anecdote – est essentiellement une surface plane recouverte de lignes et de couleurs, en un certain ordre assemblées ». Les assemblages de lignes et de couleurs constituent avant tout des formes, même si l'on peut ensuite leur attribuer valeur de signe, et

---

433 Focillon H., *Vie des formes*, Paris, PUF, 1990, p. 4.

voir en eux des images. Gombrich montre l'impossibilité psychologique d'une perception simultanée du tableau en tant qu'il représente et en tant que surface plane recouverte des lignes et de couleurs : il est, selon lui, impossible de voir représenté sur un tableau un cheval de bataille, et de percevoir en même temps le tableau comme surface colorée[434].

Parce que toute forme « a une valeur personnelle et particulière, qu'il ne faut pas confondre avec les attributs qu'on lui impose[435] », la forme plastique, libérée de la fonction qu'elle peut avoir comme signe, devient l'objet privilégié des peintres. Ce qui guide la main de Klee quand il fait œuvre, c'est la « forme en formation », ou la « forme en voie d'elle-même ». Le tableau est le lieu du libre accomplissement de la forme, qui n'obéit qu'à ses propres lois. Klee veut par exemple « laisser rêver une ligne », ou lui laisser la liberté d'« aller ligne[436] ». Il ne s'agit donc ni de recopier les formes déjà donnée de la nature, ni de réaliser des formes préconçues dans l'esprit de l'artiste. Dans les deux cas, dit Alain, « c'est industrie[437] ». Quand une « idée génératrice » préside au commencement de l'entreprise picturale, elle se trouve souvent « redressée[438] » par l'œuvre, transformée par le devenir de l'œuvre elle-même, que seule commande la forme. Delacroix lui-même, que l'on peut qualifier d'« idéaliste », en convient, lorsqu'il note dans son *Journal* que « tantôt une idée commande la forme qui lui convient, tantôt la forme, la consonance seule, détermine tout[439] ». L'idée, selon Alain, ne doit pas précéder l'œuvre, mais elle vient à l'artiste au fur et à mesure que son œuvre prend forme[440]. Ou bien, l'idée ne lui vient qu'ensuite. C'est pourquoi l'artiste est le spectateur de son œuvre en train de naître. Il ne sait pas d'avance ce qu'elle sera. « C'est là », dit Alain, « le propre de l'artiste : il faut que le génie ait la grâce de la nature et s'étonne lui-même[441]. »

La forme plastique devient l'objet de la recherche des peintres, et leur impose, comme

---

434 Gombrich E.H., *op. cit.*, p. 349.
435 Focillon H., *op. cit.*, p. 5.
436 Henri Michaux, à propos de Paul Klee, cité par Merleau-Ponty dans *L'œil et l'esprit*, *op. cit.*, p. 74.
437 Alain, *op. cit.*, p. 38 : « Il reste maintenant à dire en quoi l'artiste diffère de l'artisan. Toutes les fois que l'idée précède et règle l'exécution, c'est industrie. […] La représentation d'une idée dans une chose est une œuvre mécanique seulement ».
438 *Ibid.*
439 Cité dans *L'art de la peinture*, p. 382.
440 Alain, *op. cit.*, p. 38.
441 Alain, *op. cit.*, p. 38.

le note Focillon, sa gouverne. « Mais dès qu'elle paraît, la forme peut être lue de diverses façons[442]. » Le spectateur a tendance à la « lire », c'est-à-dire à la ramener à une fonction de signe. Il recherche dans une forme une ressemblance avec quelque forme connue de lui, pour la réduire, par la force d'une libre interprétation, à la même forme ayant valeur de signe. Kandinsky dénonce chez le spectateur cette tendance à ne pas laisser les formes plastiques reposer en leur pureté. Cela traduit chez le spectateur une capacité naturelle à rechercher l'imitation[443], la même que nous manifestons quand nous identifions dans les nuages des formes d'animaux ou de visages, et Léonard cultivait ce plaisir, quand il laissait son imagination découvrir, dans les lignes aléatoires, les couleurs et les aspérités des murs de sa chambre, les formes d'objets connus.

Que la forme puisse être lue comme signe, c'est la marque d'une impureté plastique qui lui est propre. Mondrian privilégie dans son œuvre les formes plastiques pures, c'est-à-dire celles qui sont étrangères à l'ordre de la nature, comme la ligne droite, ou l'angle droit. Il vise ainsi à écarter toute possibilité d'interpréter la forme comme autre chose qu'elle-même, et à contraindre le spectateur à accepter cette figuration plane qui ne renvoie à rien d'extérieur, de naturel et d'objectal. Par souci de pureté plastique, il n'utilise donc pas de forme équivoque.

Peindre n'est pas affirmer

En utilisant des formes qui ne sont en aucune manière susceptibles d'être lues comme des signes, Mondrian rend ce fait manifeste, que nous devons finalement renoncer à traiter la peinture comme un langage. Mais il reste à montrer que la peinture, alors même qu'elle s'attache à l'exactitude la plus fidèle dans la représentation, peut n'être pas considérée comme une manière de langage. C'est la tâche que se donne Michel Foucault dans son ouvrage sur Magritte, intitulé *Ceci n'est pas une pipe*. Il expose comment Magritte s'attache à rompre le lien de la ressemblance et de l'affirmation, que nous avons évoqué quand, en considérant la peinture comme un langage, nous avons été conduits à parler de l'« assertion représentative » et du « discours de la peinture ».

---

442 Focillon H., *op. cit.*, p. 5.
443 Aristote, *Poétique*, *op. cit.*, chap. IV.

Michel Foucault nous donne son interprétation de la nature et de la genèse de ce lien. Il distingue deux principes, qui « ont régné sur la peinture occidentale depuis le XVe siècle jusqu'au XXe siècle[444] ». Le premier pose la séparation entre la représentation plastique, qui implique la ressemblance, et la référence linguistique, qui l'exclut. « On fait voir par la ressemblance, dit-il, on parle à travers la différence. » Ces deux systèmes ne peuvent s'entrecroiser, ni se fondre. Il faut donc qu'il y ait, d'une façon ou d'une autre, subordination :

> ou bien le texte est réglé par l'image (comme dans ces tableaux où sont représentés un livre, une inscription, une lettre, le nom d'un personnage) ; ou bien l'image est réglée par le texte (comme dans les livres où le dessin vient achever, comme s'il suivait seulement un chemin plus court, ce que les mots sont chargés de représenter)[445].

Cette subordination est rarement stable, car il arrive souvent au texte du livre de n'être que le commentaire de l'image, et le parcours successif, par les mots, de ses formes simultanées ; et il arrive au tableau d'être dominé par un texte dont il effectue, plastiquement, toutes les significations. Le fait essentiel demeure cette hiérarchie, ou cette subordination, même si parfois elle « se prolonge, se multiplie et s'inverse ».

Le second principe, qui selon Foucault a longtemps régi la peinture, pose l'équivalence entre le fait de la ressemblance et l'affirmation d'un lien représentatif. « Qu'une figure ressemble à une chose (ou à quelque autre figure), et cela suffit pour que se glisse dans le jeu de la peinture un énoncé évident, banal, mille fois répété et pourtant presque toujours silencieux (il est comme un murmure infini, obsédant, qui entoure le silence des figures, l'investit, s'en empare, le fait sortir de lui-même, et le reverse finalement dans le domaine des choses qu'on peut nommer) : « Ce que vous voyez, c'est cela »[446].

« L'essentiel », dit Michel Foucault, « c'est qu'on ne peut dissocier ressemblance et affirmation. » La première rupture de ce principe, peut selon lui se placer sous le signe de Kandinsky, en ce qu'il procède à « un double effacement simultané de la ressemblance et du lien représentatif par l'affirmation insistante de ses lignes et de ses couleurs [...][447] ». Et il

---

444 Foucault M., *Ceci n'est pas une pipe*, *op. cit.*, p. 39.
445 *Ibid.*, p. 39-40.
446 *Ibid.*, p. 42-43.
447 *Ibid.*

donne pour étayer son propos une suite d'exemples de toiles de Kandinsky de plus en plus abstraites. Mais il nous semble que ce principe, qui lie la ressemblance et l'affirmation, n'est pas « rompu » chez Kandinsky, car en même temps que s'affirment ses couleurs et ses lignes comme formes plastiques, elles s'émancipent graduellement de leur fonction de signe, leur objet est alors moins la représentation que la présentation d'elles-mêmes, et s'amoindrit simultanément la ressemblance à quelque objet extérieur, jusqu'à souvent disparaître. Si donc l'affirmation et la ressemblance ne sont pas liées chez Kandinsky, c'est parce que la ressemblance, nous semble-t-il, tend elle-même à disparaître, et avec elle l'assertion représentative.

Si nous voulons voir rompre ce lien de la ressemblance et de l'affirmation, nous devons privilégier l'étude de peintres dont nous jugeons les toiles ressemblantes, ou au moins figuratives. Quand nous trouvons chez Matisse, dans un tableau comme la *Nature morte aux aubergines*, peint aussi le motif du cadre d'un tableau, cela peut vouloir insister sur le fait que « ceci n'est qu'une image ». Et quand nous voyons, comme cela se produit souvent dans la peinture hollandaise, la scène représentée se réfléchir dans un miroir, ou le reflet du peintre lui-même en train de peindre la scène, cela peut être interprété comme un rappel, au sein même de la représentation, de ce qu'il ne s'agit là que d'images.

Magritte procède, pour rompre le lien de la ressemblance et de l'affirmation, d'une manière qui lui est propre. Sa peinture semble, plus que toute autre, attachée à l'exactitude de la ressemblance. Pourtant, selon Michel Foucault, nous sommes chez Magritte au plus loin du trompe-l'œil. « Celui-ci, écrit-il, veut faire passer la plus lourde charge d'affirmation par la ruse d'une ressemblance qui convainc. » Voici, selon Foucault, le discours que tient le trompe-l'œil : « Ce que vous voyez là, ce n'est pas, sur la surface d'un mur, un assemblage de lignes et de couleurs ; c'est une profondeur, un ciel, des nuages qui ont tiré le rideau de votre toit, une vraie colonne autour de laquelle vous pourrez tourner, un escalier qui prolonge les marches où vous vous trouvez engagé (et déjà vous faites un pas vers lui, malgré vous), une balustrade de pierre par-dessus laquelle voici que se penchent pour vous voir les visages des courtisans et des dames [...][448] ».

---

448 *Ibid.*, p. 60.

La manière dont Magritte dissocie la ressemblance de l'affirmation consiste d'abord à inquiéter le rapport du tableau et de son titre, ou bien du texte et de l'image, à l'intérieur d'une même peinture. Le premier exemple analysé par Foucault est l'œuvre où Magritte représente une pipe, sous laquelle figure l'énoncé suivant : « Ceci n'est pas une pipe ». Si le référent du texte est la pipe représentée, cet énoncé est forcément vrai, parce qu'il est bien évident que l'œuvre représentant une pipe n'est pas elle-même une pipe. À travers cette évidence, Magritte rompt une habitude de langage, ou un raccourci de la pensée, qui est qu'à la question « qu'est-ce que ce dessin ? », spontanément nous répondons : « c'est une fleur, c'est une pipe ».

En conjuguant l'image d'une pipe et l'énoncé « Ceci n'est pas une pipe », Magritte nous incite à nous interroger sur le rapport qu'ils entretiennent. Nous sommes d'abord tentés d'y voir le jeu d'une contradiction. Mais à la réflexion, il ne saurait y avoir ici de contradiction, car il n'est de contradiction qu'entre deux énoncés, et nous convenons que l'image d'une pipe ne constitue pas l'énoncé « ceci est une pipe ». Alors que traditionnellement, la légende d'un tableau nous nomme ce qu'il représente, Magritte ici lui fait dire qu'il n'est pas ce qu'il représente, puisqu'il n'en est que la représentation. En confrontant l'image et un énoncé qui en apparence la nie, Magritte rappelle que ce n'est pas une même chose que montrer et nommer, figurer et dire, reproduire et articuler, imiter et signifier.

La peinture de Magritte est, selon Foucault, « plus que toute autre attachée à séparer, soigneusement, cruellement, l'élément graphique et l'élément plastique[449] » : s'il leur arrive d'être superposés à l'intérieur du tableau lui-même comme le sont une légende et son image, c'est, dit-il, à la condition que l'énoncé conteste l'identité manifeste de la figure, et le nom qu'on est prêt à lui donner ». Ce qui ressemble exactement à un œuf s'appelle *l'acacia*, à une chaussure *la lune*, à un chapeau melon *la neige*, à une bougie *le plafond*. L'extériorité du graphisme et de la plastique est symbolisée par le non-rapport, ou en tout cas par le rapport très complexe, entre le tableau et son titre. « Les titres », dit Magritte, « sont choisis de telle façon qu'ils empêchent de situer mes tableaux dans une région familière que l'automatisme de la pensée ne manquerait pas de susciter afin de se soustraire à l'inquiétude[450]. » Ainsi, Magritte nomme ses tableaux pour tenir en respect la dénomination elle-même, et comme pour contrer

---
449 *Ibid.*, p. 45.
450 Cité par M. Foucault, *ibid.*, p. 47-48.

la tentation, chez le spectateur, d'une dénomination facile, en fonction de ce à quoi il juge que le tableau ressemble, ou de ce qu'il le juge désigner.

C) L'abolition du sujet

Dans notre deuxième partie, nous avons vu diverses théories de la peinture s'égarer dans des controverses sans fin, sur ce qu'elle doit représenter. Toutes, cependant, s'accordent à juger majeure l'importance du sujet de la peinture : longtemps, l'idée a prévalu chez la critique d'art que la qualité d'une peinture dépend pour une grande part de celle de son sujet. Et l'on comprend que la critique d'art ait tant attaché ses descriptions et ses commentaires aux sujets de la peinture, car en tant qu'elle a un sujet, la peinture discourt et raconte, et il s'en peut donner un équivalent langagier. La peinture, en tant qu'elle a un sujet, relève donc de la littérature. Or nous venons de convenir que la peinture ne saurait être considérée comme un langage. Il nous faut donc envisager à nouveau, à l'aide de cette donnée nouvelle, le problème du « sujet » de la peinture.

Si l'on ne s'accorde pas sur ce que doit représenter la peinture, peut-être est-ce parce que ce problème est mal posé. En effet, la question de savoir si la peinture nécessairement doit représenter précède logiquement celle de savoir ce qu'elle doit représenter. Et Delacroix, quand il formule ce que Gilson nomme sa « découverte révolutionnaire[451] », mais que nous jugeons de longue date obscurément pressentie[452] et mise en pratique par ses contemporains réalistes, fait voler en éclats toute la tradition de pensée qui centrait son intérêt sur le sujet de la peinture. « La beauté de la peinture », dit Delacroix, « ne tient pas à ce qu'elle représente[453]. »

Cette assertion de Delacroix nourrit une double lecture. Dans son sens faible,

---
451 Gilson É., *op. cit.*, p. 272.
452 Au XVIIe siècle déjà, Madame de Sévigné pouvait écrire que « ceux qui n'aiment pas beaucoup la peinture elle-même attachent une grande importance aux sujets des tableaux ».
453 Cité par É. Gilson, *ibid.*

probablement celui qu'entendait Delacroix, elle peut se formuler comme suit : « la beauté de la peinture ne tient pas *au sujet* qu'elle représente ». Cela signifie qu'une peinture peut avoir un sujet pauvre, banal et de peu d'éclat, et être belle cependant, en vertu, donc, d'autre chose que son sujet. Dans son sens fort, cette assertion de Delacroix peut se formuler comme suit : « la beauté de la peinture ne tient pas *au fait* qu'elle représente ». Selon cette seconde lecture, la beauté d'une peinture, même si elle représente, ne tient pas au fait qu'elle représente. Une peinture peut ne rien représenter, et être peinture tout de même, belle de surcroît.

S'il n'est pas nécessaire qu'une peinture ait un sujet, il n'en devient alors que plus nécessaire qu'elle ait autre chose. Cette autre chose, qui confère à une peinture sa beauté, nous la trouvons évoquée dans le *Journal* de Delacroix : « Qui dit art dit poésie. Il n'y a pas d'art sans un but poétique. Le plaisir que cause un tableau est un plaisir tout différent d'un ouvrage littéraire[454]. Il y a un genre d'émotion qui est tout particulier à la peinture ; rien dans l'autre n'en donne une idée. Il y a une impression qui résulte de tel arrangement de couleurs, de lumières, d'ombres, etc. C'est ce qu'on appellerait la musique du tableau. Avant même de savoir ce que le tableau représente, vous entrez dans une cathédrale, et vous vous trouvez placé à une distance trop grande du tableau pour savoir ce qu'il représente, et souvent vous êtes pris par cet accord magique ; les lignes seules ont parfois ce pouvoir par leur accord grandiose[455]. »

Delacroix dit ici que ce que le tableau représente relève de la littérature. Ce ne peut donc être par là qu'il agit sur nous, en tant que tableau. Ce qui est proprement pictural, et ne trouve d'équivalent langagier, ce sont « la musique du tableau » et cet « accord magique » qui ne résulte que de l'arrangement des lignes et des couleurs. C'est cela même qui tient en échec la plume des meilleurs critiques, et particulièrement des plus littéraires, comme Diderot ou Baudelaire, qui disent souvent leur impuissance à rendre compte de la beauté d'une peinture, parce qu'elle échappe à l'ordre du langage.

Baudelaire a repris cette idée de Delacroix, et a fait une doctrine de ce que le peintre

---

454 Si Delacroix parle ici de poésie, il s'agit ici d'une poésie proprement picturale, non de poésie au sens littéraire du mot. Cet extrait du *Journal* de Delacroix est d'ailleurs tout entier consacré à établir « la vraie supériorité de la peinture sur l'autre art », c'est-à-dire sur l'art littéraire.
455 Cité par É. Gilson, *op. cit.*, p. 273.

n'avait dit que « comme en passant[456] », dans la discrétion de son *Journal*, et dont il n'avait pas tiré toutes les conséquences :

> Un tableau de Delacroix, placé à une trop grande distance pour que vous puissiez juger de l'agrément des contours ou de la qualité plus ou moins dramatique du sujet, vous pénètre déjà d'une volupté surnaturelle. Il vous semble qu'une atmosphère magique a marché vers vous et vous enveloppe... Et l'analyse du sujet, quand vous vous approchez, n'enlèvera rien et n'ajoutera rien à ce plaisir primitif, dont la source est ailleurs et loin de toute pensée concrète[457].

Pour juger des qualités proprement picturales d'un tableau – et non des qualités qui relèvent de la littérature et ne viennent que secondement, dans le sillage de l'expérience esthétique – il faut se fonder sur l'effet qu'il produit à une distance où nous n'en saisissons pas le sujet. Cela rend raison de l'anecdote fameuse de Courbet, rapportée par Cézanne. Courbet peignait un jour un tas de fagots trop éloigné pour qu'il l'identifiât du premier coup d'œil ; aussi se contenta-t-il d'en représenter l'apparence optique, en posant son ton, sans savoir exactement ce qu'il peignait. Il demanda ce qu'il représentait là, laissant à un camarade le soin d'aller reconnaître sur place la nature de l'objet figuré. On lui répondit qu'il s'agissait de fagots.

Nous avons ici sans doute le meilleur exemple de l'inintelligibilité de ses sujets, que Delacroix reprochait à Courbet. Dans cette anecdote se trouve en germe tout le principe de la destruction de l'objet, dans la perception même de Courbet. Ce qu'il a choisi de peindre ne lui est pas intelligible, il a pris pour matière de son tableau un sentir vierge de récognition. En n'éprouvant pas le besoin d'identifier le contenu de ce qu'il représentait, il a libéré la figuration de la réalité extérieure et de l'organisation même à partir des apparences sensibles. Inconsciemment peut-être, Courbet a choisi la réalité de la peinture contre celle de la nature. Et commencent alors à se distendre des liens patients que des siècles avaient noués entre les tableaux et les sujets, entre la peinture et la nature.

Un pas décisif est dans cette voie franchi par Manet, selon Georges Bataille. Malraux, Picon et Venturi s'accordent également pour voir en Manet l'homme de la rupture. On peut distinguer deux manières de voir l'œuvre de Manet. Pour ses contemporains, comme il ressort

---

456 Gilson É., *ibid.*
457 Baudelaire C., *Curiosités esthétiques*, chap. XIV, 2 : « L'œuvre et la vie d'Eugène Delacroix ».

du scandale suscité par l'*Olympia* et *Le Déjeuner sur l'herbe*, Manet est un peintre de sujets vulgaires, résolument provocateurs et choquants. Il est aussi perçu comme un peintre de sujets peu intelligibles, voir incompréhensibles, par défaut d'idée et de signification, comme en témoigne l'accueil que reçurent *Le Balcon* et *Le Déjeuner dans l'atelier*. À partir de Zola, mais surtout chez la critique d'art du XXe siècle, Manet est jugé l'instigateur d'une nouvelle manière de peindre.

Pour son dédain apparent des sujets, et pour sa technique plate, contrastée, très colorée et simple, Manet est perçu comme le libérateur de la peinture. Les analyses de Malraux et de Zola vont, comme celles de Bataille, dans ce sens. « Ce que Manet apporte, non de supérieur, mais d'irréductiblement différent », écrit Malraux, « c'est le vert du balcon, la tache rose du peignoir d'Olympia... C'était la tradition ramenée au plaisir de peindre[458]. » Et le détail de l'*Olympia*, jugé comme nous l'avons vu vil et honteux par les contemporains de Manet, traduit selon Zola des exigences purement plastiques. « Il vous fallait des taches claires et lumineuses, dit Zola, et vous avez mis le bouquet ; il vous fallait des taches noires, et vous avez placé dans un coin une négresse et un chat[459]. »

Selon Bataille, Manet procède dans ses peintures à la « destruction du sujet ». Il inaugure le « refus de toute valeur étrangère à la peinture ». Et le sujet, parce qu'il véhicule une signification qui est de l'ordre du langage, est une valeur étrangère à la peinture. De *L'Exécution de Maximilien*, Malraux écrit que « c'est le *Trois Mai* de Goya, moins ce que ce tableau signifie[460] ». « La peinture de Manet, si elle raconte », dit Bataille, « raconte dans l'indifférence de ce qu'elle raconte[461]. » Dans *L'exécution de Maximilien*, Manet conserve l'apparence d'un sujet, mais en supprime la signification. *Le bal masqué à l'Opéra* présente « un autre naufrage du sujet[462] », également réussi : le sujet n'est plus qu'une foule informe, et les formes sont indémêlables. La foule représentée « tombe dans l'indifférence », et nous la voyons réduite à n'être qu'un prétexte de la peinture.

« Ce qui compte dans un tableau de Manet », écrit Bataille, « ce n'est pas le sujet. Ce

---

458 Cité dans *Manet*, de G. Bataille, *op. cit.*, Introduction.
459 *Ibid.*
460 Cité par G. Bataille, *ibid.*
461 *Ibid.*, p. 48.
462 *Ibid.*, p. 98.

qui compte, c'est la vibration de la lumière ». Sans doute évoque-t-il ici les tendances annonciatrices de l'impressionnisme, que l'on trouve dans les dernières toiles de Manet. En procédant à la destruction du sujet, Manet libère la peinture des entraves de la tradition. Jusqu'alors au service de la représentation, la peinture deviendrait, avec Manet, à elle-même son propre objet et sa propre fin.

Quoiqu'il peigne dans l'indifférence de ses sujets, qu'il en brouille la signification, ou qu'il les module et maltraite au gré d'exigences plastiques supérieures, Manet cependant ne supprime pas jusqu'à la représentation. Et ses tableaux ont bien un titre qui en désigne le contenu, si absurde ou insignifiant qu'il soit. Le XXe siècle poursuit la destruction du sujet en peinture, jusqu'à parfois bannir, en même temps que la narration picturale, la représentation elle-même. De l'anecdote de Courbet dont nous avons rendu compte, nous pouvons rapprocher une découverte de Kandinsky, qui put être décisive de son évolution vers l'abstraction. Un jour, Kandinsky fut saisi par la beauté de l'un de ses tableaux, représentant un paysage de Murnau, mais vu à l'envers, et non identifié comme représentatif. La voie lui est montrée, d'une peinture dont les formes ne renvoient plus à rien qui leur soit extérieur, et ne représentent rien, ne présentant qu'elles-mêmes. Le sujet de la peinture peut alors explicitement devenir la peinture elle-même. Le titre d'un tableau en désigne traditionnellement le sujet, il indique ce que le tableau représente. Chez Kandinsky, pour la première fois, les tableaux s'intitulent « Improvisation », « Composition », ou bien « Forme rouge », « Triangles », et « Violet orange ».

II L'imitation à l'épreuve de l'abstraction

Si ce qu'il y a de proprement pictural dans la peinture ne réside pas dans le fait qu'elle représente, n'est-on pas tenté de la purifier de ce corps étranger ? Si l'essence de la peinture ne consiste pas dans la représentation, pourquoi, dès lors, continuer à représenter ? Si c'est une impureté plastique de la forme, que de pouvoir être lue comme signe, ne doit-on pas bannir de la peinture les formes naturelles, et choisir contre elles des formes aux vertus purement plastiques ?

Le passage au crible des divers moments constitutifs de la thèse classique de l'imitation nous semble conduire droit aux portes de l'abstraction, qui est, à première vue, un phénomène irréductible à la mimèsis. Et, en effet, l'abstraction apparaît bien comme de l'essence de la peinture, plutôt que comme l'une de ses possibilités, si l'on considère que la peinture, parce qu'elle est surface plane et exclut la troisième dimension de l'espace, est elle-même une première forme d'abstraction. L'apparence d'une troisième dimension en peinture n'est obtenue que par simulation, et nous avons vu plus haut que la peinture ne produit des apparences d'objets que par le moyen des ruses diverses du trompe-l'œil. Dans cette perspective, l'imitation des objets serait bien plus le propre de la sculpture, que le fait de la peinture.

Si la tentation est vive, dans l'abstraction, d'exclure une fois pour toutes l'imitation de la peinture, en consacre-t-elle nécessairement la disparition ? Ou bien cantonne-t-elle l'imitation à ce que l'on peut nommer, avec Gilson, l'art de « l'imagerie », distinct en tout point de l'art de peindre, et relevant de la littérature ? Ou enfin, entre l'art traditionnellement imitatif et l'abstraction telle qu'elle se développe au XXe siècle, ne doit-on voir que rupture et exclusion ? Ne peut-on pas penser cette transition de l'un à l'autre sur le mode de la continuité ?

A) L'imitation, progressivement évincée de la peinture

Même si ce que l'on appelle conventionnellement l'abstraction en peinture n'est pas la seule voie de cet art, d'où l'imitation de la nature disparaît, nous prenons ici le parti d'en privilégier l'analyse, car c'est d'elle que toute référence à la nature nous semble le plus écartée. Nous trouvons formulé chez Delacroix le principe de l'évolution de l'art, qui a conduit à l'abstraction. La beauté d'une peinture, comme nous l'avons vu, tient dans « l'accord magique » des lignes et des couleurs, dans la « musique du tableau ». Et le « premier principe » de l'art est, selon Delacroix, « celui de la nécessité des sacrifices ». La perfection technique et celle de la ressemblance doivent parfois être sacrifiées aux exigences purement plastiques du tableau, qui sont premières. C'est d'ailleurs pourquoi Delacroix définit le réalisme comme « l'antipode de l'art » : le réalisme, par fidélité à la nature, ne sacrifie rien de la ressemblance, et ce qui est indispensable à l'exactitude de la représentation peut être nuisible à la peinture. La ressemblance est donc secondaire par rapport à la plastique, et l'on doit supprimer tout ce qui ne contribue pas à produire « l'accord magique » du tableau. Delacroix était sans soupçonner combien la peinture allait après lui s'engager sur la voie des sacrifices.

L'art allait désormais s'orienter vers un genre d'abstraction qui diffère de l'abstraction conceptuelle que voulait pratiquer Reynolds, par exemple, en réduisant la variété des individus à la généralité de l'espèce, ou de celle qui voulait représenter les Idées universelles plutôt que les particularités du divers sensible. Il s'agit ici d'une abstraction voulue et pratiquée par le peintre, de tout ce qui ne sert pas la « musique » du tableau et peut l'empêcher de naître. Notons, pour fixer ici le vocabulaire, que nous qualifions ici une peinture d'abstraite dans la mesure où la fin qu'elle poursuit est plastique plutôt que représentative, ou imitative.

La plupart des grands styles de peinture qui se sont succédé depuis Delacroix ont probablement contribué au mouvement d'ensemble dont l'art dit abstrait est l'aboutissement. Selon Gilson, une première étape irait de Delacroix aux Fauves. Gauguin le premier a, dans sa période tahitienne, presque complètement dissocié les objets de leurs couleurs. Les premiers Derain, les anciens Matisse, et plus généralement, tous ceux que nous nommons aujourd'hui les Fauves, jugent que pour abstraire complètement les couleurs de l'objet, il ne suffit pas de les rendre indépendantes, mais il faut les lui rendre contraires. « En attribuant aux objets des couleurs impossibles et pour ainsi dire absurdes », écrit Gilson, ils espèrent « contraindre les spectateurs à chercher le sens d'un tableau ailleurs que dans sa fidélité à l'objet. » Après cinq siècles d'un art en apparence voué à la seule imitation de la nature, le spectateur pense qu'on se moque de lui en s'employant à systématiquement contredire ce qu'il suffirait peut-être de ne pas systématiquement accepter.

Cézanne, pour qui la vraie voie du peintre reste « l'étude concrète de la nature », introduit cependant une nouvelle rupture, en traitant la forme naturelle comme une invitation à la forme plastique. Il faut, selon lui, « pénétrer ce qu'on a devant soi et persévérer à s'exprimer le plus logiquement possible ». La stylisation géométrique est la logique du langage choisie par Cézanne d'après nature, tout comme avant lui par Poussin, dont il se réclame le disciple. Il abstrait des objets leurs formes, c'est-à-dire ce qui pour nous est l'expression visible de leur nature même, et ramène le divers des formes naturelles à un petit nombre de formes géométriques : il veut « traiter la nature par le cylindre, la sphère, le cône, le tout mis en perspective ». Ces formes géométriques sont les formes plastiques par excellence, elles concentrent dans la perception visuelle le maximum d'intelligibilité. Les lignes et les volumes de ses compositions se justifient par le sens plastique de chaque œuvre, non par aucun désir de fidélité aux seules apparences visuelles.

L'exemple de Cézanne invite à des attitudes plus tranchées, car si lui-même a déformé les objets pour purifier plastiquement leurs formes, il n'a jamais complètement séparé les formes peintes des formes naturelles qui restent leur base et leur tuteur. Le nom même de « cubisme » marque clairement le moment où la forme géométrico-plastique devient à la fois l'objet et le sens du tableau. Avec le cubisme, selon Gilson, « les peintres ont mis en évidence la possibilité soit de décomposer la forme naturelle en ses éléments plastiques pour les redistribuer selon un schème créé par l'artiste, soit de déformer, comme l'on dit, les êtres naturels pour les métamorphoser en êtres plastiques obéissant à leurs propres lois ».

Les Demoiselles d'Avignon de Picasso nous semble marquer un moment significatif de la nouvelle vision artistique, qui fait éclater l'espace de la perception ordinaire pour affirmer des formes géométriques à souhait, et comme réfractées par ce qu'il subsisterait de bris de verre ou de miroitements fragmentaires, une fois brisée la vitre du « bordel d'Avignon[463] ». Ce tableau symbolise l'instant du pavé dans la vitrine, comme figé en une brisure définitive. Ces odalisques brisées veulent rompre sans retour avec toute tradition imitative. C'est donc, nous semble-t-il, avec cette vitre d'étalage de la rue d'Avignon, tout un espace pictural, auquel nous étions accoutumés, qui vole en éclats. Si l'art ici supporte toujours la comparaison avec un miroir, il n'est plus un miroir déformant, mais bien plutôt un

---

463 *Le bordel d'Avignon* est le titre donné par Picasso aux esquisses qui ont précédé la conception terminale des *Demoiselles d'Avignon*, esquisses qui nous présentent un espace plus classiquement ordonné, moins « déconstruit », et mettent moins nos habitudes perceptives en déroute.

miroir brisé, à partir duquel les formes peuvent être recomposées dans un espace neuf.

Si le public contemporain du cubisme, peu averti, n'y a d'abord vu qu'une « déformation » gratuite ou provocatrice de l'ordinaire de la perception, c'est parce qu'il considérait les guitares ou les têtes de femmes de Picasso en tant que formes naturelles ; et de ce point de vue, elles sont bel et bien déformées. Mais si on les considère en tant qu'éléments plastiques, selon la distinction que nous avons formulée plus haut, ces traits et ces couleurs sont au contraire formateurs de l'œuvre dans ce qu'elle a de purement plastique, ou pictural. Il y a donc déformation naturelle parce qu'il y a formation plastique.

Le cubisme, par sa volonté, irritante aux yeux de tant de spectateurs, de dominer et d'asservir à ses fins picturales les formes de la nature, continue de libérer la peinture du souci de l'imitation. Et Cézanne, qui partait des formes naturelles pour en abstraire les formes géométrico-plastiques, est « dépassé » par Juan Gris, qui part des formes plastiques pures pour ensuite seulement les individuer en objets concrets[464]. La technique picturale de Juan Gris est une méthode de déduction de l'objet à partir de sa forme, comme il l'explique lui-même :

> Je dis qu'elle est déductive parce que les rapports picturaux entre les formes colorées me suggèrent certains rapports particuliers entre éléments d'une réalité imaginative. La mathématique picturale me mène à la physique représentative. La qualité ou la dimension d'une forme ou d'une couleur me suggère la dénomination ou l'adjectif d'un objet. C'est ainsi que je ne connais jamais d'avance l'aspect d'un objet donné. Si je particularise les rapports picturaux jusqu'à la représentation d'objets, c'est pour éviter que le spectateur d'un tableau le fasse de lui-même et que cet ensemble de formes colorées ne lui suggère une réalité non prévue par moi[465].

L'art, chez Picasso et Juan Gris, garde encore un lien avec la représentation. Tant que la forme naturelle demeure visible sous son traitement plastique, il est inévitable que des interférences se produisent et qu'il en résulte une impureté plastique. Juan Gris a bien été tenté

---

464 Juan Gris, *Notes sur ma peinture*, cité par D. H. Kahnweiler, dans *Juan Gris : sa vie, son œuvre, ses écrits*, trad. D. Cooper, Paris, Gallimard, 1946, p. 277 : « Je veux arriver à former des individus spéciaux en partant du type général... Cézanne d'une bouteille fait un cylindre, moi, je pars du cylindre pour créer un individu d'un type spécial ; d'un cylindre, je fais une bouteille, une certaine bouteille. Cézanne va vers l'architecture, moi, j'en pars ; c'est pourquoi je compose avec des abstractions (couleurs) et j'arrange quand ces couleurs sont devenues des objets. »
465 *Ibid.*, p. 278.

d'abolir jusqu'à la représentation d'objets, mais il s'en garde, pour écarter toute reconnaissance, de la part du spectateur, d'une réalité non prévue de lui. Mais pourquoi prévoir une réalité quelconque, que ce soit celle du spectateur ou celle du peintre ? Dès lors que tout le sens des formes tient à leur place dans une structure plastique, il n'y a plus de raison pour maintenir ce dernier lien avec l'ancien art, imitateur de la nature. Après avoir fait le sacrifice de ce que l'on peut, avec Gilson, nommer « l'imagerie » superflue, puis celui des couleurs, et enfin celui des formes naturelles, il restait encore à pousser plus avant l'expérience de l'abstraction, et à sacrifier jusqu'à l'image et au souvenir même du monde de la nature.

L'œuvre de Piet Mondrian s'attache à mettre en pratique, jusqu'à la rendre exemplaire, la dissociation que nous avons énoncée plus haut, de la forme prise en tant que forme pure, plastique, et n'ayant de contenu que formel, et de la même forme prise en tant que signe. Toute l'ascèse de ce peintre vise à réduire les moyens d'expression de l'art à l'élément plastique seul, présenté dans son entière nudité. De là des tableaux sans autres titres que *Peinture I*, *Peinture II*, où le seul élément plastique admis est la ligne droite, et la seule figure, l'angle droit.

Mondrian exclut la courbe, car elle est plastiquement impure, elle appartient en propre à l'ordre de la vie. Il est impossible qu'apparaisse un segment de courbe sans que l'imagination du spectateur en fasse le signe de quelque réalité naturelle, lointainement évoquée : une colline, une tête, un sein, une épaule. La droite, au contraire, est œuvre de l'homme, idéale. Il ne s'en trouve pas dans la nature : elle est donc le seul signe plastique dont on est certain qu'il ne signifiera que lui-même. Non seulement la droite et l'angle droit ne représentent rien, mais ils empêchent toute représentation de naître dans l'imagination du spectateur. Notre imagination est éconduite, et avec Mondrian, la forme peinte a enfin trouvé en elle-même sa propre signification.

Il semble qu'au XXe siècle l'art s'applique à marcher à reculons sur les traces laissées par les conquêtes séculaires du réalisme. Le relief déjà s'amenuisait chez Ingres, et nous avons vu Baudelaire dénoncer la platitude de ses figures. Mais peut-être faut-il voir chez cet artiste insoucieux de la troisième dimension, un précurseur du rejet de cette forme de trompe-l'œil qui simule dans la surface plane de la peinture le relief et la profondeur. En dissociant les couleurs de leurs objets, la justesse de couleur qu'exigeait le réalisme s'efface au profit d'accords colorés qui n'ont plus de justification que plastique. La justesse des formes réalistes, leur fidélité à représenter les contours des objets, disparaissent au profit de compositions dont les formes ne cernent aucun contour, et ne sont plus le signe de rien. Ainsi disparaît, avec l'abstraction, jusqu'au contour des objets, dont nous avons vu qu'il est l'origine même de la représentation[466].

Dans la perspective d'une imitation réaliste de la nature, l'art devait rester caché, et l'artiste s'effacer : la matière picturale ne devait pas paraître, elle n'était qu'un moyen de la représentation, et la touche de l'artiste devait rester insensible. Chez les artistes les plus près du vérisme, comme par exemple les Primitifs flamands du XVe siècle, la pâte est amenuisée : elle ne compte que dans l'effet visuel provoqué par le tableau dans son ensemble. Qu'on regarde de près un tableau de Memling ou de Van Der Weyden, la matière picturale ressemble à un émail lisse : ses seules aspérités sont les craquelures accidentelles laissées par le temps. Ces peintres visent à rendre leur peinture invisible, aussi transparente que la vitre d'une fenêtre à travers laquelle on regarderait le monde. La matière qui les intéresse est celle des choses : la chair d'une joue, la pulpe d'une lèvre, la lisse humidité d'un œil, la souplesse d'une étoffe. L'affirmation de la matière picturale ne viendrait là rien faire d'autre que jouer le tiers importun troublant le dialogue du peintre avec les choses.

Dès le XIXe siècle cependant, l'artiste souvent marque sa présence en affirmant sa touche, qu'il investit d'une virtuosité nouvelle. Et au XXe siècle, des courants comme le tachisme ou l'Action Painting mettent l'accent sur les mouvements du peintre, et font du geste créateur lui-même l'objet de la peinture. La matière elle-même, la pâte colorée, fait aussi l'objet d'une exploration systématique, et devient source de virtuosité : sa consistance, son épaisseur, sa matérialité, sont exploitées et produisent leur effet propre. Ce qui faisait figure seulement de moyen d'exécution, dans la perspective d'une imitation réaliste de la nature, se trouve donc promu au rang de fin, quand l'art moderne se détourne de l'imitation. À la beauté recherchée dans les modèles naturels et leur rendu succède une beauté qui est celle des

---

466 Pline, cité dans *L'art de la peinture*, p. 37 : « La question des origines de la peinture est obscure... Parmi les Grecs, les uns disent que cet art fut découvert à Sicyone, les autres à Corinthe, mais tous qu'on commença par cerner d'un trait le contour de l'ombre humaine... ».

moyens de la création, comme la beauté propre des couleurs, ou celle du matériau même de la pâte.

B) L'abstraction n'est pas née du XXᵉ siècle

L'art moderne a libéré la peinture des contraintes de l'imitation de la nature. En pratiquant l'abstraction et ne soumettant la peinture qu'à des exigences plastiques, le XXᵉ siècle se targue de nouveauté radicale. Pourtant, il semble, au vu de l'histoire de l'art, qu'il n'a fait que rendre actuelle une tendance immémoriale.

La matière picturale elle-même fait, dans le passé, l'objet d'une virtuosité manifeste des peintres. Cette ressource est conciliable avec le souci de représenter le réel. Il est évident toutefois que ses effets sont d'autant plus amples qu'ils sont libres, c'est-à-dire affranchis de ce scrupule. Les Romains déjà avaient mesuré le parti à tirer d'une exploitation de la matière picturale. Les vestiges de la peinture antique, quelques rares qu'ils puissent être, suffisent à nous montrer qu'ils aimaient à interposer entre le spectacle qu'ils étaient censés figurer et l'œil du spectateur toute l'entreprise picturale. Elle rendait compte, d'une part, de l'acte créateur, mais aussi, d'autre part, de la substance nouvelle, aux effets inédits, que la peinture introduit dans le monde visible. Le musée de Naples donne à voir de nombreux fragments sauvés des ruines de Pompéi : à côté d'une technique serrée et lisse, on y découvre une autre technique où les coups de pinceau figurent en clair sur le fond sombre et s'y marquent par des hachures vives et tranchées. La présence active du peintre y est manifeste, et il faut s'éloigner jusqu'à une distance où elle n'est plus perceptible pour que l'illusion du réel puisse s'imposer sans être troublée par cette intervention.

L'art chrétien du haut Moyen-Âge nous présente des chefs-d'œuvre de non-représentation, de jeux complexes d'entrelacs et d'arabesques. Obéissant aux mêmes scrupules qu'avaient manifesté peu auparavant les Byzantins et qui les avaient amenés à proscrire la représentation de formes réelles, et se rencontrant avec les interdits analogues et contemporains de l'Islam, les moines de l'Eire de même que ceux de l'Écosse proscrivent les images du réel. Par souci de pureté religieuse, ils préfacent ainsi les recherches que les modernes entreprendront par souci de pureté plastique.

Les formes géométriques, plastiquement pures, sont elles aussi pratiquées de longue date, comme on l'a vu chez Villard de Honnecourt, Dürer, et plus généralement chez les artistes médiévaux. Elles ne répondent pas cependant à une exigence explicitement formulée de pure plasticité. Elles sont utilisées soit parce qu'elles appartiennent au vocabulaire de l'artiste, qui a besoin de ces schémas types pour saisir la diversité des formes naturelles, soit parce qu'elles sont elles-mêmes jugées de l'ordre de la nature, conçues comme des structures géométriques intelligibles qui sous-tendent les formes naturelles et ont présidé à leur création. L'abstraction géométrique est donc bien pratiquée dès le Moyen-Âge, mais à des fins explicitement figuratives. La seule différence entre les artistes médiévaux et Picasso est que ce dernier, selon René Huyghe, n'a pas « la pudeur de couvrir » ces formes géométriques d'un « vêtement figuratif » : il « ouvre le ventre de la nature et néglige de le recoudre ».

Ainsi, quand bien même le but avoué des peintres était d'imiter fidèlement la nature, la peinture poursuivait ses fins propres et obéissait à des exigences plastiques premières. « Abstrait, selon Bazaine, tout art l'est ou n'est pas. » Cela ne veut pas dire qu'avant la consécration de l'abstraction au XXe siècle, il n'y avait pas d'art digne de ce nom. Mais cela signifie que de tout temps, l'art fut « abstrait », c'est-à-dire qu'il affirmait, parfois à l'insu des peintres, la primauté de la fin plastique de la peinture sur sa fin représentative. De ce point de vue, il n'y a donc ni d'art ancien, ni d'art moderne, mais seulement des lois éternelles réincarnées. Selon Kandinsky, nous trouvons là la raison des affinités entre les Primitifs et les Modernes[467].

La peinture, au degré d'abstraction où Mondrian l'a menée, consacre la victoire du règne plastique sur l'imitation de la nature. De longs siècles, la peinture représentait, et l'idée était communément acceptée, qu'il suffisait de bien imiter la nature pour être peintre. Le XXe siècle tombe dans l'excès inverse. Il n'est plus pour lui question de savoir ce qu'est la nature, et jusqu'à quel point ou comment il convient de la représenter : la notion d'imitation

---

[467] Tous, dans le vocabulaire de Kandinsky, s'essayent à représenter « l'Essentiel Intérieur », ou l'« Éternel Objectif », *op. cit.*, p. 132-140.

n'a plus sa place en peinture. Elle est transférée à ce que Gilson nomme « l'art de l'imagerie[468] », qui ne souscrit à aucune exigence plastique, et dont elle est la fin propre.

« La lutte de la peinture contre ce qu'elle comportait d'imagerie depuis le XVᵉ siècle », écrit-il, « vient de se terminer par une victoire si complète qu'il faut aujourd'hui plus de courage et d'indépendance pour réserver dans le tableau quelque place à la figuration que pour exploiter les facilités de ce qui n'est trop souvent qu'une absence de forme[469]. » Et nombre de faux peintres, parce qu'ils ne figurent rien sur leur toile, croient maintenant faire de la peinture. Ils produisent ainsi des tableaux dépourvus de tout intérêt. Le peintre non figuratif ne dispose de rien pour pallier son échec, ou le dissimuler, contrairement à ses prédécesseurs, qui pouvaient produire des peintures manquées, mais constituant au moins de bonnes images, ou de la « littérature » figurative. Si le tableau que produit un peintre non figuratif n'est pas pleinement constitué comme ordre de couleur et de lignes fait pour le plaisir des yeux, et pour rien d'autre, son travail se solde par un échec total, que rien ne dissimule ou vient compenser.

C) L'abstraction ne saurait exclure de la peinture l'imitation

L'abstraction poussée à son achèvement par Mondrian n'a pas eu cependant pour conséquence d'exclure définitivement la figuration de la peinture. Et un artiste comme Kandinsky, que l'histoire de l'art tient pour l'un des initiateurs de l'abstraction et compte parmi les libérateurs de la peinture, formule dans son ouvrage *Du spirituel dans l'art* non seulement la légitimité de la figuration, mais aussi la nécessité de sa conservation en peinture.

Kandinsky énonce la « nécessité impérieuse » de trouver des « formes nouvelles ». « Et aujourd'hui, dit-il, ces formes nouvelles ne sont que ces mêmes formes éternelles de l'art, ces formes pures qu'on a grattées sous l'épaisse couche d'un substrat trop matériel[470]. » Ces

---

[468] Gilson définit l'art de l'imagerie en l'opposant à l'art de la peinture : le premier a, comme nous l'avons vu, partie liée avec la littérature : il compte sur l'effet du sujet et le discours qu'il peut tenir, témoin l'imagerie d'Épinal. Cet art produit des « images », qui sont toujours images de quelque chose d'extérieur à elles-mêmes, sur quoi elle se règlent et par rapport à quoi elles se justifient. Peut être dit « image », selon Gilson, tout ce qui admet un modèle.
[469] Gilson É., *op. cit.*, p. 283.
[470] Kandinsky W., *op. cit.*, p. 89.

formes sont le « pur langage de l'art ». Le « substrat trop matériel » dont il est ici question consiste en la représentation de la nature, étroitement conçue, et dénoncée par Kandinsky comme la tendance « matérialiste » de l'art. Il situe la « recherche actuelle de la peinture dans le domaine du rythme, des mathématiques et des constructions abstraites[471] », à l'image de la musique qui est un « art immatériel », totalement émancipé de la nature dont il n'emprunte aucune forme. Kandinsky ne se prononce pas cependant en faveur d'un art totalement abstrait. Car si la seule imitation de la nature conduit l'art à sa perte, le pôle de l'abstraction pure constitue un danger peut-être plus grand. Et si, dans l'évolution contemporaine de l'art, il voit peu à peu passer au premier plan l'élément abstrait, qui « hier encore se cachait derrière des tendances purement matérialistes[472] », cette avancée ne doit pas cependant exclure totalement la figuration de l'art.

« Si nous commencions dès aujourd'hui à détruire totalement le lien qui nous attache à la nature, explique-t-il, à nous orienter par la violence vers la libération, et à nous contenter exclusivement de la combinaison de la couleur pure et de la forme indépendante, nous créerions des œuvres qui seraient des ornements géométriques et qui ressembleraient, pour parler crûment, à des cravates ou à des tapis [...]. La beauté de la couleur et de la forme n'est pas un but suffisant en art[473]. » Ces deux pôles, « l'abstraction pure » et le « réalisme pur », constituent deux dangers, dont la peinture doit savoir se garder. Kandinsky distingue le domaine « de l'application intégralement abstraite, totalement émancipée, de la couleur sous une forme géométrique », dont le danger est la « dégénérescence dans un art ornemental », et celui, « plus réel, trop paralysé par les formes extérieures, de l'application de la couleur sous des formes corporelles ». D'une pratique exclusivement abstraite, il s'ensuit « une escroquerie sur le plan artistique[474] », comme nous l'avons indiqué plus haut, « une atmosphère empoisonnée, empestée[475] », une atmosphère où l'air est raréfié, sans doute irrespirable parce que trop éthérée. Une imitation étroite et matérialiste de la nature n'aboutit qu'à « une

---

471 *Ibid.*, p. 98.
472 *Ibid.*, p. 120 *sqq.*
473 *Ibid.*, p. 175-176.
474 *Ibid.*, p. 199.
475 *Ibid.*

atmosphère morale vide et pétrifiée[476] ».

La voie de la peinture est intermédiaire entre ces deux domaines. Entre l'abstraction pure et le réalisme pur, entre ces deux possibilités, mais à l'exclusion des deux, « tout, aujourd'hui », dit Kandinsky, « est à la disposition de l'artiste[477] ». C'est donc dans l'écart entre ces deux pôles que se trouve la voie propre de la peinture.

La même chose se trouve plus précisément formulée chez Kandinsky, à propos de la forme. La forme existe en tant que délimitation, et son but, en tant que telle, est « de découper un objet matériel sur la surface, et donc de dessiner cet objet sur la surface ». La forme existe aussi en tant qu'abstraite, c'est-à-dire qu'elle « ne désigne aucun objet matériel, mais un être totalement abstrait ». À cette catégorie d'êtres purement abstraits, « doués d'une vie propre en tant que tels, ayant leur effet et leur influence, appartiennent le carré, le cercle, le triangle, le losange, le trapèze, et les innombrables autres formes, de plus en plus compliquées, et qui n'ont pas de définition mathématique[478] ». « Entre ces deux limites », écrit Kandinsky, « se situe le nombre infini des formes où coexistent les deux éléments, et dans lesquelles prédomine soit l'élément matériel, soit l'élément abstrait[479]. » Ce sont ces dernières formes qui constituent « le trésor auquel l'artiste emprunte les divers éléments de ses créations ».

Les formes purement abstraites ne peuvent suffire à l'artiste. S'il s'en contentait, il appauvrirait par là même ses moyens d'expression. Les formes naturelles, qui ont valeur de délimitation de la figure des objets, ne constituent pas pour l'artiste un matériau suffisamment libre et mobile, elles sont une menace de paralysie. « Par ailleurs, remarque Kandinsky, il n'existe pas en art de forme parfaitement matérielle[480] », car « bon gré mal gré, l'artiste dépend de son œil, de sa main, qui, dans ce cas, sont plus artistes que son âme désireuse de ne pas aller au-delà d'un but photographique ». Les formes qui n'ont pas toute la rigueur de l'abstraction géométrique et participent de l'ordre de la vie et de la nature sont ainsi le

---

476 *Ibid.* Kandinsky concède cependant que « cette imitation de la nature, si elle est de la main d'un artiste qui a une vie spirituelle, ne restera jamais une simple reproduction de la nature. Même sous cette forme, dit-il, l'âme peut se faire entendre. On peut citer des paysages de Canaletto qui pourraient servir aux têtes tristement célèbres de Denner ».
477 *Ibid.*, p. 191.
478 *Ibid.*, p. 119.
479 *Ibid.*
480 *Ibid.*, p. 120.

matériau privilégié de l'artiste.

En réponse au dilemme de la figuration ou de l'abstraction, Kandinsky se prononce pour le maintien de la figuration. Les effets que produit sur nous tout objet de la nature, résultent selon lui de trois éléments : « l'effet de la couleur de l'objet, l'effet de sa forme, et l'effet propre, indépendant de la couleur et de la forme[481] ». Il revient à l'artiste, à la place de la nature, d'ordonner et de mettre en œuvre ces trois facteurs. S'il peut dissocier de l'objet la couleur et la forme, il gagne cependant à garder, dans son vocabulaire pictural, la figuration de l'objet. Car l'objet est un « élément qui, dans l'harmonie des formes, donne le ton accessoire[482] ». Tout objet, sans qu'il y ait ici lieu de distinguer s'il a été directement créé par la nature, ou s'il a été façonné de main d'homme, « est un être doué d'une vie propre et qui en conséquence a un effet inévitable[483] ». Tout objet en tant que tel est investi, selon Kandinsky, d'une signification, d'une valeur affective, et produit sur l'homme une « influence psychique[484] ». C'est pourquoi le choix de l'objet importe tant : dans les termes de Kandinsky, il « relève également de la Nécessité Intérieure[485] ».

Kandinsky pose ensuite la question de savoir s'il faut « totalement renoncer à ce qui est objet, le bannir de notre magasin, le disperser au vent et mettre totalement à nu l'élément abstrait ». La réponse, dit-il nous est donnée « par la décomposition de la consonance en deux éléments de forme » : l'élément objectif et l'élément abstrait. « De même que chaque mot prononcé (arbre, ciel, homme) » éveille, indépendamment de sa composition en sonorités diverses, une « vibration » particulière, de même, « chaque objet représenté éveille une vibration ». Se priver de cette possibilité équivaudrait à limiter l'arsenal des moyens d'expression. La figuration, et avec elle l'imitation, a donc bien sa place dans l'art, et nous voyons ici Kandinsky revendiquer dans la peinture une place pour l'effet propre de l'objet, indépendamment de la valeur plastique de sa représentation, c'est-à-dire pour cela même que nous avons dit relever de la littérature.

Ainsi, si nous écoutons Kandinsky, il ne faut pas bannir de la peinture, comme le

---

481 *Ibid.*, p. 126.
482 *Ibid.*
483 *Ibid.*, p. 125.
484 *Ibid.*, p. 126.
485 *Ibid.*

voudrait Mondrian, l'usage de formes qui se recoupent avec celles qui délimitent les objets. Il ne faut pas non plus priver le spectateur de ce plaisir qui consiste à reconnaître dans la peinture la représentation d'objet, et d'y voir comme une référence. Puisque c'est là une possibilité de la peinture, même si elle ne donne que le « ton accessoire », il faut la maintenir. Et de fait, s'il est essentiel, d'un point de vue théorique, de distinguer entre l'art de l'imagerie et celui de la peinture, il est rare, selon Gilson, que la peinture ne soit mêlée d'imagerie, et l'imagerie souvent n'est pas non plus pure d'exigences plastiques. En d'autres termes, sauf en des cas limites qui frisent les marges de l'art de peindre, il n'y a pas plus d'abstraction pure qu'il n'y a de réalisme pur.

Il semble donc que, lorsqu'on a défini le nouveau style de la peinture par son caractère abstrait, on ait pris l'effet pour la cause, ou les conséquences d'une révolution de l'art pour cette révolution elle-même. En effet, pas plus qu'il ne suffisait, dans le passé, de produire des images très ressemblantes de la nature pour faire de la peinture digne de ce nom, il ne suffit que d'un tableau soit absente toute tendance figurative pour qu'il soit une bonne peinture. Et tout comme nous trouvons dans la tradition nombre de peintures ressemblantes qui sont du grand art, nous trouvons chez les contemporains nombre de toiles qui pour être abstraites n'en constituent pas pour autant de la bonne peinture.

« Le tableau », dit Gilson, « est une peinture digne de ce nom si, né d'une forme germinale, il est entièrement déterminé dans sa structure et dans son être par l'unité régulatrice de cette forme[486]. » Si nous accordons foi à cette définition, la véritable peinture n'est donc pas nécessairement celle qui fait abstraction de la représentation jusqu'à l'exclure. Il fallait cependant que cette exclusion fût prononcée, ne fût-ce que pour établir une fois pour toutes qu'une peinture entièrement libre d'imitation était possible, légitime et porteuse de sa beauté propre. Cette liberté dernière conquise par le peintre, elle lui est désormais acquise. L'expérience de la peinture non figurative ne prouve pas que tout autre genre de peinture est devenu impossible ; elle prouve simplement que celle-là aussi est possible. « Ayant reconnu la forme de l'œuvre à faire », écrit Gilson, « forme qui ne représente rien d'autre que l'œuvre même dont elle est le germe, le peintre créera dans la beauté, s'il sait faire abstraction de tout

---

486 Gilson É., *op. cit.*, p. 285.

ce qui, étranger et inutile à l'incarnation de cette forme, doit rester étranger à l'œuvre même[487]. » En d'autres termes, la véritable abstraction est celle qu'avait énoncée Delacroix – sans la nommer cependant – soit le sacrifice voulu, pendant l'exécution de l'œuvre, de tout ce qui n'est pas requis pour l'actualisation parfaite de ce qu'il nommait « l'idée » du peintre, de la forme germinale présente en son esprit.

Ceci compris, il devient sans importance que l'artiste fasse appel ou non à des éléments représentatifs. Car s'il n'en use pas pour leur seule aptitude représentative, mais principalement pour leur signification plastique, il est assuré de faire véritablement de la peinture, et non des « images ». « Il y a littérature, disait Odilon Redon, toutes les fois qu'il n'y a pas invention plastique[488]. » Garder la totale liberté que l'art de peindre a conquise au XXᵉ siècle, c'est aussi lui réserver le droit de ne pas limiter « l'arsenal de ses moyens d'expression », selon l'expression de Kandinsky, et d'user de toutes les formes sans exception aucune, pourvu seulement qu'il les traite toujours en formes plastiques, et non comme des signes. Alors même qu'ils pensaient utiliser la forme comme signe, les maîtres de la tradition imitative traitaient la forme comme forme plastique. Car « du jour où le signe acquiert une valeur formelle éminente », dit Focillon, « cette dernière agit avec force sur la valeur du signe comme tel, elle peut le vider ou le dévier, le diriger vers une vie nouvelle[489] ». L'imitation a donc toujours sa place dans la peinture, après le détour de l'art moderne par l'abstraction, du moment qu'elle en sert les fins plastiques. « Il faut de l'imitation, disait Cézanne, et même un peu de trompe-l'œil. Cela ne nuit pas, si l'art y est[490]. »

III La mimèsis en sursis

Au terme du détour de l'art par l'abstraction, l'imitation de la nature a toujours sa place dans la peinture, mais elle n'en est plus considérée comme la fin propre : elle n'est

---

487 *Ibid.*, p. 286.
488 *Ibid.*
489 Focillon H., *op. cit.*, p. 4.
490 Cité par É. Gilson, *op. cit.*, p. 286.

conservée qu'au titre de l'une des possibilités de la peinture. Si donc elle continue d'être pratiquée dans l'art de peindre, ce n'est pas pour ce qu'elle représente, mais pour ce qui en elle vient servir les fins proprement plastiques de la peinture. La représentation de la nature est désormais accessoire et optionnelle. La définition de l'art comme l'imitation de la nature est donc compromise, à moins que l'on entende cette imitation autrement que nous l'avons fait jusqu'à présent, dans l'exposé que nous avons donné de sa conception classique. Si nous voulons garder l'imitation comme l'ultime définition de la peinture, elle doit embrasser désormais l'art moderne en ses branches les plus variées, tout aussi bien que la représentation la plus fidèle de la nature.

On peut donc à présent se demander s'il est une forme d'imitation qui, en elle, laisserait cohabiter la représentation stricte de la nature aussi bien que la non-figuration, et qui, pratiquée de longue date, aurait inclus comme en germe ce qui nous semble le prodigieux renversement de l'art au XXe siècle. Mais avant d'envisager une telle possibilité, il est utile de faire un détour par le dernier avatar, ou la renaissance, au XXe siècle, d'une imitation de la nature qui se veut plus ressemblante peut-être qu'elle n'a jamais été, chez les néo-réalistes.

A) L'exemple du néo-réalisme

Notons d'abord que l'appellation de néo-réalisme recouvre en fait des mouvements artistiques divers, obéissant à des motivations artistiques différentes, ou véhiculant des idéologies parfois antagonistes. Est dit « néo-réaliste », en effet, l'art graphique français des années trente, aussi bien que l'art national-socialiste ou l'art de propagande soviétique, ou encore le pop art et, plus récemment, le mouvement hyperréaliste, principalement américain. Tous ont en commun le souci de ce que nous avions appelé la vérité en peinture, le souci de la plus grande exactitude de l'imitation. Cependant, comme nous aurons l'occasion de le voir, ce souci d'une parfaite exactitude se manifeste dans des styles incontestablement différents et n'exprime pas la même chose, d'un mouvement à l'autre.

Le problème que pose le néo-réalisme dans son ensemble peut se formuler comme suit. D'une part, il reprend à son compte la notion de réalisme, qui suppose une attention objective portée sur le monde extérieur, et postule chez l'artiste une attitude d'effacement et de retrait devant la matière de l'œuvre. Sujet et rendu semblent ainsi s'imposer d'eux-mêmes comme les résultats d'une empreinte personnelle minimale et proche d'un degré zéro de l'expressivité. On pourrait appeler néo-classiques une série de tentatives visant à restaurer l'imitation dans sa fonction quasiment photographique. Le néo-réalisme préconise une neutralité vraie. D'autre part, l'idée, au xxe siècle, semble acquise qu'une imitation rigoureuse et parfaitement neutre de la nature est une impossibilité, et qu'une telle imitation, si elle pouvait être atteinte, ne pourrait pas être considérée comme la fin dernière de la peinture, mais seulement comme l'une de ses possibilités, parmi tant d'autres.

Vouloir imiter au plus près la nature résulte désormais d'un choix, et non d'un impératif imposé par la tradition. Le choix d'une neutralité maximale de l'imitation relève d'un parti pris qui lui n'est pas neutre du tout, et la neutralité annoncée s'avère un mode particulier de l'expressivité. Deux concepts en effet s'imposent, si nous considérons les néo-réalismes dans leur ensemble : d'une part, le vigoureux ethos politique greffé sur certains d'entre eux, qui nous fait toucher à l'idéologie comme à la limite inférieure de toute stylistique, dont il est impossible cependant de ne pas tenir compte ; d'autre part, le goût que manifestent ces « réalismes » pour la ligne froide et la pureté du tracé, dont nous jugeons qu'il leur fait dépasser la neutralité esthétique explicitement recherchée. Tant il est vrai que l'absence de style en est un, et que la volonté de litote est volonté de style. Aussi cette volonté d'imiter si rigoureusement semble-t-elle loin d'être neutre, car elle surenchérit sur l'idée même d'imitation, et se rend remarquable par ses excès dans la quête de l'exactitude elle-même. Nous pouvons à présent nous pencher sur les incontournables distorsions figuratives, propres à toute anthropologie de la vision, que l'on peut déceler dans ces œuvres « réalistes » du xxe siècle.

L'art graphique français des années trente, malgré son propos résolument et hautement figuratif, a cet aspect d'épure que nous venons d'évoquer. Les affiches de Cassandre s'illustrent par une économie de moyens très évocatrice de la ligne « aérodynamique » tant recherchée à cette époque. Elles cèdent manifestement à la pente de l'abstraction, comme nous pouvons le voir dans *L'Étoile du Nord*, qui reste le modèle du genre. *L'affiche pour les chemins de fer français*, de Asseau, nous montre un avant de locomotive noir et luisant, qui n'est constitué que de formes géométriques pures, droites, rectangles et cercles, le tout mis en perspective et très fortement contrasté. Les fuyantes latérales sont affectées d'un raccourci de perspective saisissant, qui donne l'impression que l'énorme fuselage noir est dans l'imminence de jaillir du cadre. Deux mots dans l'image en constituent le texte, qui sont « Exactitude » et « État ». La sobriété significative de ce texte publicitaire renchérit sur l'image en évoquant les qualités d'inhumaine froideur, de ponctualité machinale, d'une ère de toute puissance et d'acier. Par l'économie de moyens du texte et de l'image, Asseau atteint la plus grande efficacité dans l'expression. On peut interpréter cette image comme un exemple de connexion parfaitement réussi entre un cadrage formel d'avant-plan, expressif par sa froideur même, et une allusion idéologique, consciente ou non, à un fascisme archétypal.

En effet, nous trouvons des formes analogues de néo-réalisme, en exemplaires souvent plus plats mais qui conservent le même aspect d'épure, dévolus au service de l'idéologie nazie. Notons d'abord que ce réalisme se présente lui-même comme une forme de rétorsion contre les artistes du Bauhaus, contre « l'art dégénéré », sur lequel une exposition fut organisée en 1937, à Munich, comme repoussoir des tendances nouvelles. Dans l'ensemble, l'art national-socialiste fait retour à un réalisme néo-classique, dans le ton des artistes français du Premier Empire. Dans la *Famille de paysans* de Missel (1939), nous sont montrées trois générations de personnages figés dans une attitude hiératique, et à l'intériorité toute luthérienne. Le repos après le travail et le bonheur de la famille semblent être le sujet de ce tableau, dont la manière est, dans le détail, extrêmement soignée, jusqu'à une minutie de miniature et de nature morte classique. D'autres peintures contemporaines ont des sujets moins anodins, et comptent davantage sur l'effet oratoire du réalisme. L'on trouve, en effet, de multiples représentations de « camarades » au corps et au visage stéréotypés, marquant la force physique et la volonté, ordonnés en un groupe imposant et rigoureusement composé[491]. Si le réalisme est la manière privilégiée de l'art au service d'une idéologie, c'est pour son effet

---

491 Josef Thorak a produit plusieurs toiles sur ce thème de la force germanique.

oratoire, comme nous l'avons vu avec Michel Foucault, parce qu'il convainc et contient une grande charge d'affirmation.

On peut observer des pratiques artistiques assez similaires en Russie, où une avant-garde extrêmement brillante qui comptait Kandinsky, Tatin, Tbilissi, Kovalevskaïa, s'étiole progressivement au cours des années vingt, pour faire place finalement à un art de propagande qui voit le triomphe du chromo néo-réaliste. Le socialisme y trouve son content de paysans, chemise au vent sur fond de champ de blé ukrainien, et d'ouvriers forgeant les armes de toutes les victoires : les poitrines sont gonflées, les reins cambrés et le coude à coude est de règle. Diverses techniques réalistes, comme la contre-plongée appliquée à un soldat défenseur du peuple mis sur un piédestal, qui en exalte la force et la valeur morale, sont les moyens de cette rhétorique triomphaliste. Et si un réalisme épuré est de rigueur, c'est ici aussi par souci de l'efficace, et pour la charge d'affirmation et la puissance de conviction qui sont les siennes.

Si la perfection du réalisme vient souvent servir un discours idéologique, on peut se demander quel peut bien être le discours tenu dans le pop art. Issu de la tradition néo-réaliste des posters politiques, des moyens de diffusion de masse, de la publicité strictement commerciale et de la bande dessinée, il peut symboliser un nouveau type de relation vis-à-vis des produits de la consommation courante. Par un simple décret, comme arbitraire, il semble placer ces produits sur le même plan esthétique que les œuvres de la tradition la plus classique. L'artifice et l'illusion gardent ici leur place royale, car si un Liechtenstein s'ingénie à agrandir en immenses gros plans tels détails de comic strips universellement connus, c'est en recourant à la technique séculaire de l'huile sur toile. Certes, la peine qu'il prend pour nous en restituer, fait main, le grain typique de l'hélio-gravure ou de la simili gravure, sinon de l'image télévisée, constitue un nouveau tour de force mimétique. La reproduction est aussi parfaite qu'un agrandissement photographique peut l'être, exhibant par la présence de son grain qu'il s'agit bien de photographie. Et pourtant, l'insolite d'une telle démarche nous remplit de stupeur. On ne peut non plus s'empêcher de réagir devant l'incongruité de ces morceaux de bandes dessinées élus pour leur platitude érotique ou leur insignifiance mêmes, et présentés ainsi isolément, désaffectés de leur fonction d'images appartenant à une série narrative, pour être élevés au statut d'œuvre d'art autonome. Cette absence de contexte contribue à l'étrangeté de ces reproductions, que l'artiste ne semble avoir choisies que pour exercer sur elles toute la virtuosité possible. Le paradoxe repose sur le fait qu'ordinairement, l'exactitude de la représentation nourrit ou vient servir un discours, comme cela est manifeste dans l'art publicitaire ou dans les images de propagande politique dont le pop art s'inspire, alors qu'ici, toute possibilité de trouver un discours, et même de décrypter un sens dans les intentions de l'artiste, semble annulée. Et quand il reproduit une image qui est un fragment de discours, comme on l'a vu, Lichtenstein la prive de son contexte et la désaffecte de sa signification, pour seulement la faire participer, par sa présence muette, de l'invasion optique devenue ordinaire.

Certaines œuvres pop dénotent aussi une attitude de retrait critique vis-à-vis de la consommation de produits matériels : les « séries » d'Andy Warhol expriment à cet égard une vive contestation contre l'envahissement polluant des produits et des images (Coke, Marilyn). Sa célèbre vache en quadrichromie peut être perçue comme l'une des plus virulents pastiches connus d'une certaine publicité bêtifiante. La simulation de l'agrandissement photographique, assortie de l'incontournable technique néo-pointilliste, de même qu'une velléité de dérision plus ou moins grinçante, semblent annoncer l'hyperréalisme.

Dans le mouvement hyperréaliste, on retrouve les mêmes prouesses de reproduction, sur toile, d'agrandis photographiques au grain particulièrement soigné sous la surface lustrée. La minutie excessive des hyperréalistes dans la reproduction du détail et l'étude des reflets sur les corps miroitants[492] (chromes, nickels, etc.) semblent sans précédent. Cet amour de la matière, lisse et luisante, qui peut aller parfois jusqu'à une célébration du clinquant et s'inscrit dans le prolongement direct du pop art, peut exprimer une vision idéalisante (plastiquement parlant) des produits made in USA. La perfection dans le fini situe les objets dans une sphère inaccessible où les corps vivants, toujours inertes, isolés derrière l'altuglas sont comme mis sous vide. L'absence d'atmosphère rend certaines de ces images oppressantes, et ces objets-modèles, sortes d'échantillons idéaux impropres à la consommation, nous causent un étrange malaise. Quant à leur signification, l'équivoque est donc possible : est-ce là une critique du marché de l'abondance et de ses produits, ou bien une célébration de l'article en série, isolé par

---

492 La carrière de Don Eddy est toute entière consacrée à de telles recherches.

la représentation iconique, et comme mis par elle sur un piédestal ? Ces réalités, toutes de plexiglas ou d'acrylique, semblent, par leur froideur constitutive, campées avec plus de force dans la présence que les objets qu'elles sont censées imiter, et l'on ne sait devant elle si l'on doit se laisser gagner par leur attrait hypnotique ou par la répugnance. La représentation de tels objets, choisis parmi une multitude d'autres possibles, aux ombres nettes et tranchantes, parfaitement aseptisés et suspendus dans un air raréfié, peut-elle vraiment répondre à la désignation de réalisme ? Sans doute, en ce qu'elle évoque par l'un de ces aspects au moins la prétendue objectivité de l'œil photographique ; mais la lisse froideur en est tellement outrée que ce refus glacé de l'effet et de l'expression en acquiert une indéniable dimension stylistique, que l'on ne retrouve dans aucune autre forme de « réalisme », et qui ne nous paraît pas constitutive de ce qu'ordinairement l'on entend par là.

Si nous regardons la toile *Hot girls* de Richard Estes, nous ne rencontrons, contrairement à la dénotation première du titre, que froideur, incommunication et absence de vie. Le panorama urbain de Goings, dominé par une gigantesque bouteille de gin publicitaire, nous semble lui aussi une admirable allégorie de la consommation, ainsi que de l'aliénation ou de la déception qui l'accompagnent. La Jeep sagement rangée au soleil dans une cour carrée de béton ne nous présente qu'angles droits, arêtes vives et réflexion de la lumière sur son métal luisant. Le véhicule et les hangars sont affectés de la pureté de formes géométriques, idéales et froides. Les reflets de carrosserie, jusqu'ici assez discrets, nous annoncent les éblouissantes tubulures de motos ou de camions, chez Blackwell ou David Parrish. La série de Volkswagen de Don Eddy présente d'infinies variations sur le thème du miroitement. Ces jeux de lumière ne se limitent pas à imiter le style photographique des catalogues des vendeurs de voiture ; ils présentent, par le détour de tel enjoliveur chromé, comme le faisaient les miroirs ronds et convexes des Primitifs Flamands, toute une vision du monde. L'univers semble se résumer à cette apparences passagère, captée au piège d'un accessoire aussi banal qu'un rétroviseur, un pare-choc ou une aile arrière de voiture. Peut-être doit-on voir là comme un rappel tout moderne des « vanités » de jadis.

La parodie et même la satire la plus virulente sont explicitement présentes dans des œuvres comme celle de Duane Hanson. Ses personnages grandeur nature, en polyester peint

(*Tourists*, *Super-market Lady*, *Reading Women*) sont une charge impitoyable contre les horreurs mesquines de l'« American middle class ». Le réalisme scrupuleux et presque maniaque de telles productions présente, derrière son impersonnalité hyper-objective, une extraordinaire expressivité : l'outrance jusque dans l'imitation scrupuleuse est un vecteur éthique particulièrement efficace, et elle exploite cela même que nous avons vu vanté dans la tradition par Aristote, Horace, Roger de Piles et tant d'autres. Le « naturalisme » littéraire n'opérait pas autrement chez Maupassant.

Une autre manière de parodie est celle de Claes Oldenburg, qui s'attaque à la consommation. Il produit des « hot dogs » ou des « hamburgers » en tous points semblables aux moulages postiches que l'on peut voir chez certains marchands. Ils en sont cependant la caricature, par le côté dérisoire que leur confère toute absence de fonction. Le simulacre est ainsi lesté d'une force de provocation, qui tient à cela même que dénonçait chez lui Platon, c'est-à-dire au fait qu'il désaffecte ce qu'il représente. S'il faut dégager une impression d'ensemble des nouveaux réalismes américains, il ressort une intention marquée de dérision, difficile à situer, mais que nous pouvons situer à mi-chemin de la critique et de l'éloge goguenard. L'efficace de ce vecteur d'expression qu'est le réalisme sert ici une auto-critique, féroce parfois, mais souvent tempérée d'indulgence, de l'Amérique, de ses mœurs et de son marché de consommation, tout comme elle servait la propagande politique ou l'exaltation de valeurs dans l'art dévolu, par exemple, au national-socialisme.

B) Une mimèsis de la présentation plutôt que de la représentation

Comme nous l'avons déjà énoncé, plusieurs lectures sont possibles, d'une même œuvre d'art figurative. La première consiste à voir ce qui est représenté par le tableau. La représentation a alors valeur et fonction de signe, et nous supposons l'existence, présente ou passée, d'un objet extérieur au tableau et qui en serait le modèle. La seconde consiste à voir dans le tableau le « présenté » : même si nous identifions en lui une figuration, elle ne renvoie plus alors qu'à elle-même, et non à quelque modèle extérieur, connu de nous ou supposé. Une troisième manière de voir un tableau ne concerne que ses lignes et ses couleurs, prises indépendamment de l'objet qu'elles peuvent représenter, et du fait même qu'elles représentent quelque objet que ce soit. Si donc nous percevons le tableau comme une surface plane sur laquelle sont ordonnées lignes et couleurs, quelle valeur ou quelle signification peut on donner à cette dernière manière de voir ? Si signification il y a, elle n'est plus ici de l'ordre du langage. Et si « vérité » ou « révélation » il y a, comme le veulent les peintres[493], quelles peuvent-elles bien être, pour ne ressortir en rien au langage ? Quelle est donc l'intention du peintre, quand il produit un assemblage de lignes et de couleurs dont la valeur ne réside plus dans la figuration ?

Pour tenter de répondre à ces questions, il est bon de commencer par rappeler un propos de Hegel. Quand un tableau est remarquable par l'indifférence de son contenu, comme cela se produit dans la peinture hollandaise, son « élément principal », dit Hegel, est la « phénoménalisation artistique », c'est-à-dire le fait même que l'art nous présente les apparences d'objets, dans l'indifférence de ce que peuvent être ces objets. Ce monde d'apparences où nous introduit la peinture est, selon Hegel, « un monde présent, qui nous est plus proche, parce que c'est le monde où évolue notre vie quotidienne, mais elle coupe en même temps tous les fils qui nous rattachaient à ce présent, elle supprime toutes les raisons pour lesquelles nous nous sentions attirés ou repoussés par lui, et elle nous présente les objets comme fin en soi, comme animés d'une vie propre ».

Les objets dont l'art nous montre les apparences y sont libérés de toute position d'existence : ils ne suscitent pas en nous d'intérêt relatif à leur existence. Nous sommes à leur égard indifférents. Ils nous sont, dit Hegel, présentés « comme fin en soi, comme animés d'une vie propre ». Mais quelle est cette vie, qui appartient en propre aux apparences de l'art ? Cette vie, selon Hegel, est celle de l'esprit qui les anime. Il n'y a d'apparences que pour l'esprit, auquel elles apparaissent, et les apparences de l'art sont conçues pour que l'esprit les vienne animer. C'est donc l'esprit, l'intériorité, qui se rend manifeste, s'extériorise, dans l'art. L'esprit se signifie dans l'art, qui est le lieu de la manifestation de son extériorité. Notre intérêt

---

[493] Nous pensons ici en particulier à Cézanne, qui se réclame d'un « devoir de vérité en peinture », mais aussi à Kandinsky, Klee ou Mondrian, qui ont repris à leur compte cette formule de Cézanne, même si diversement entendue chez chacun.

pour l'art renvoie donc à l'esprit comme à son principe. Et encore l'art est-il un mode imparfait, comme nous l'avons vu, de l'extériorisation de l'esprit. Chez Hegel, l'art renvoie donc à quelque chose qui le dépasse et qu'il tente de signifier.

Nous pouvons rapprocher de cette thèse de Hegel le propos suivant de Klee, pour ce précisément qui l'en distingue. L'objet de l'art, selon Klee, est de « produire des œuvres témoins d'un univers possible différent du nôtre, où les couleurs et les formes seraient libérées de leur fonction naturelle pour n'être plus que les signes sensibles de l'intelligibilité du réel[494] ». Notons d'abord le pas franchi : alors que les objets, chez Hegel, étaient désaffectés de leur fonction naturelle, et présentés comme fin en soi, ce sont ici les les couleurs et les formes qui sont libérées de cette fonction, et de ce fait se rapprochent, en termes hégéliens, du statut de fin en soi. Nous reviendrons plus loin sur ce point. Ce qui semble important, c'est que la notion de « signe » réapparaît ici. Certes, il ne s'agit plus du signe entendu sur le mode linguistique : le « signe », dans cette formulation de Klee, a valeur de témoin, d'indice. Mais tout de même, la valeur des lignes et des couleurs dont parle Klee réside dans le fait qu'elle sont des « signes » de quelque autre chose qu'elles, qui est l'intelligibilité du réel, dont elles sont comme l'écho sensible.

Kandinsky rejoint partiellement, dans son ouvrage *Du spirituel dans l'art*, ce propos de Klee, et nous l'éclaire. Ce qu'il nomme la « Nécessité Intérieure » de l'art, qui en commande le développement, est « l'extériorisation progressive de l'éternel objectif dans le temporel subjectif[495] ». Les deux éléments temporels et subjectifs où vient s'extérioriser l'éternel objectif sont ce qui est propre à chaque artiste, ce qui dans son style émane de sa personnalité[496], et ce que son époque met à sa disposition, ce qui le caractérise comme « l'enfant de son temps[497] ». Tout artiste est « le serviteur de l'art pur et éternel[498] », dont les lois constituent la « Nécessité Intérieure », et qui a besoin, pour s'extérioriser et devenir compréhensible, des deux éléments subjectifs que nous avons nommés. Ce qui s'extériorise dans l'art, dans ses manifestations temporelles, est selon Kandinsky d'ordre spirituel : ce n'est

---

494 Cité par É. Gilson, *op. cit.*, p. 164-165.
495 Kandinsky W., *op. cit.*, p. 137.
496 *Ibid.*, p. 132.
497 *Ibid.*, p. 51 et p. 132-133.
498 *Ibid.*, p. 133.

rien d'autre que l'art lui-même, en ses lois éternelles. Ainsi l'art n'obéit-il, en ses manifestations subjectives ou datées, qu'à une nécessité qui n'est autre que celle de l'art lui-même. Kandinsky nous renvoie donc finalement à cette assertion tautologique, qu'il nous donne à creuser : ce qui se présente dans l'art, c'est l'art lui-même. La réalité à peindre n'est donc pas hors de la peinture, et la peinture n'est pas non plus le signe ou le témoin de quelque autre chose qu'elle-même, qui la fonderait : la réalité à peindre est déjà de la peinture. Ce qui dans la peinture se donne à voir, c'est donc ce qu'elle seule a en propre à nous montrer.

Ce propos de Kandinsky nous incite à reconsidérer maintenant l'art, de la façon la plus simple qui soit. Remarquons d'abord qu'une œuvre d'art n'est pas autrement présente pour nous que les autres choses[499]. L'accès à une œuvre d'art nous est donné par les sens : le mode d'accès à l'art, à ce qu'il y a d'art dans l'œuvre d'art, renvoie à notre faculté de sentir. Si nous nous reportons au sens grec de l'αισθησις, la sensation, qui est accès à ce qui est, est le revers du mode de la donation, du « se donner », de ce qui se donne : le φαινεσθαι. Sentir et paraître sont le même, ils sont les deux faces du même monde, qu'ils constituent comme surgissement. Le fait de « se porter au paraître », φαινεσθαι, et simultanément d'être l'objet de l'αισθησις, est chez les Grecs le tissu même de la vérité : αληθεια. Le φαινομενον, le paraître de ce qui paraît, dans la puissance de son extériorité, ne saurait être repérable dans un système de l'appréciation des choses par un sujet. Il n'est pas non plus, chez les Grecs, une simple manifestation empirique : il se présente dans des figures, des rythmes, ou se dit dans une langue. Il est l'événement de la vérité comme dévoilement, αληθεια. Nous, spectateurs, accédons à l'art dans le sentir, et en faisant œuvre d'art, le peintre porte quelque chose au paraître, qui nécessairement a partie liée avec sa faculté de sentir. Entre ce « sentir » et ce « faire paraître », il est difficile de distinguer lequel précède l'autre ou le fonde.

L'étude de ce qui paraît dans l'art, ou de la manière de paraître qui est la sienne, peut être nommée « phénoménologie », ou « poétique » de l'œuvre d'art. Il ne s'agit pas par là d'opposer une « poétique » et une « esthétique », comme une théorie de la création singulière

---

499 Heidegger M., « Chemins qui ne mènent nulle part », *L'origine de l'œuvre d'art*, Paris, Gallimard, 1986, p. 15.

et une théorie de la réception commune ; car la phénoménologie nous paraît l'héritière de Baumgarten, l'inventeur, au milieu du XVIIIe siècle, de cette science nouvelle qu'il a nommée « esthétique », et qu'il a précisément définie comme une « poétique de la perception ». Si donc le sentir et le paraître sont au cœur de l'art, et si nous nous référons à leur sens grec, l'art est à chaque fois l'événement de la vérité, ou bien, ce qui revient au même, la perfection du sentir. Cette idée nous semble accréditée par l'œuvre de Cézanne, et par les propos dont il l'accompagne.

Nous avons cité plus haut de Cézanne des propos en apparence hautement réalistes. Assurément les réalistes du XIXe siècle, tel Courbet, ne les auraient pas désavoués. Mais si l'on voit en Cézanne le peintre de la transition, ou le précurseur du cubisme, il est tentant de donner de ces propos une lecture autre. Au cours de son faire-œuvre, Cézanne ne cesse de vouloir revenir à « la chose elle-même[500] », en rejetant jusqu'à l'oubli toutes les constructions ou les interprétations précédentes, consacrées par la tradition. Dans son souci de rectitude, par « devoir de vérité », il veut « préserver l'effectivement vu » de toutes les significations qui ne sont pas fondées sur lui. « Je veux », dit Cézanne, « peindre la virginité du monde[501]. » Il s'agit ici de revenir à l'innocence du premier voir : « Jamais », dit-il, « on n'a peint le paysage l'homme absent, mais tout entier dans le paysage[502]. » C'est à partir du paysage lui-même qu'il faut peindre, selon Cézanne, et non pas à partir de l'homme qui le voit et peint. Il énonce ici la condition de possibilité de sa peinture, dont la tâche est de « réaliser la sensation ». N'est-ce pas là une tâche improbable, sinon impossible ?

« Revenir aux choses mêmes », c'est aussi le mot d'ordre de la phénoménologie. Cela apparaît dès 1907, un an après la mort de Cézanne, quand, dans *L'Idée de la phénoménologie*, Husserl présente la *réduction* comme le mot d'ordre inaugural de la philosophie. La réduction phénoménologique consiste dans un retour, que Merleau-Ponty définit en termes propres comme suit : « Revenir aux choses mêmes, c'est revenir à ce monde d'avant la connaissance dont la connaissance parle toujours et à l'égard duquel toute détermination est abstraite, signitive et dépendante, comme la géographie à l'égard du paysage où nous avons d'abord

---

500 Gasquet J., *op. cit.*, p. 94.
501 *Ibid.*, p. 83.
502 *Ibid.*, p. 87.

appris ce que c'est qu'une forêt, une prairie ou une rivière[503] ». Le regard phénoménologique veut être le décel de l'être, tel que par lui-même il se donne. Les définitions de la phénoménologie selon Husserl aussi bien que chez Heidegger vont toutes dans ce sens : « Phénoménologie, déclare Heidegger, veut dire « apophainesthai ta phainomena », faire voir à partir de lui-même ce qui se montre tel qu'il se montre à partir de lui-même[504] ». Et comme nous allons le voir, l'objet propre de la phénoménologie, c'est le « phénomène pur ».

Si ce « retour amont », auquel nous convoque aussi René Char, se trouve formulé au principe de la peinture de Cézanne et de l'entreprise phénoménologique, il peut être fructueux d'en donner une analyse conjointe. Le fait que Cézanne à sa fin et Husserl en ses débuts soient contemporains, ou que Husserl et Heidegger soient contemporains, par exemple, des cubistes, nous incite à opérer un tel rapprochement. Ce « retour amont », que tous proposent, paraît moins reposer sur des analogies issues de l'air du temps, que témoigner d'une rencontre essentielle : la même tâche demande à être accomplie dans la phénoménologie et dans la peinture. On pourrait tout aussi bien dire que la peinture est elle-même phénoménologique. L'œuvre de Husserl nous invite à opérer un tel rapprochement, ainsi d'ailleurs que le soin pris par Merleau-Ponty à nous parler de Cézanne[505]. Une lettre de Husserl à Hofmannsthal, du 12 janvier 1907, dit que le « phénoménologique » et l'« esthétique pur » entretiennent une « étroite parenté ». Husserl a peu parlé d'art : ce qu'il a pu dire à propos de *La Sonate à Kreuzer* ou de la gravure de Dürer, *Le chevalier, la mort, le diable*, nous importe donc moins ici que la démarche phénoménologique prise dans son ensemble.

Si la phénoménologie nous enjoint de revenir aux choses elles-mêmes, c'est qu'elles ne nous sont pas d'abord données. De la même façon, selon Cézanne, l'« effectivement vu » a besoin d'être « préservé », et la sensation demande à être « réalisée » en peinture, ou par la peinture. Il s'agit partout de rendre la vision à la pureté de l'évidence, ou de purifier la sensation de ce qui fait obstacle à sa réalisation. Si les phénomènes se montraient purement, à partir d'eux-mêmes, point ne serait besoin d'une monstration seconde, superfétatoire. Aussi, ce

---

503 Merleau-Ponty M., *Phénoménologie de la perception*, Paris, NRF Gallimard, 1945, Avant-propos, p. III.
504 Heidegger M., *Être et Temps*, trad. F. Vezin, Paris, NRF Gallimard, 1986, § 7.
505 *Le visible et l'invisible*, et aussi *L'œil et l'esprit*.

que la phénoménologie et ce que la peinture veulent en propre donner à voir n'est pas ce qui fait l'objet de la vision ordinaire. La tâche de la phénoménologie est de mettre en vue le « phénomène » ; en d'autres termes, sa tâche est l'appréhension de l'être[506]. Et pour appréhender l'être il faut opérer ce « retour amont » qui est la « réduction » phénoménologique, ou la « reconduction » du regard. Mais si Heidegger et Husserl s'accordent sur la nécessité d'un retour au principe, au « premier en soi[507] », ou d'une reconduction du regard vers l'être, ils ne s'accordent pas cependant sur ce que c'est que l'être, et par suite, sur le résultat de la phénoménologie[508]. Aussi, par souci de ne pas nous égarer trop loin de notre sujet, contentons-nous ici d'analyser ce qui ressortit immédiatement à la vision,

---

[506] Heidegger M., *Être et Temps*, op. cit., p. 36. « Qu'est-ce qui doit en un sens insigne être appelé phénomène ? Ce qui ne se montre pas de prime abord, ce qui par rapport à ce qui se montre de prime abord est en retrait, mais qui en même temps lui appartient par essence en lui procurant sens et fondement ». Or ce qui demeure ainsi retiré, ce n'est pas tel ou tel étant en particulier, mais c'est l'être de l'étant : ce par où l'étant est. La tâche de la phénoménologie est donc de le mettre en vue. Chez Heidegger comme chez Husserl, la phénoménologie est une ontologie.
[507] Husserl E., *Logique formelle et logique transcendantale*, trad. S. Bachelard, Paris, PUF, 1965, p. 282.
[508] De ce désaccord, Heidegger donne dans ses *Problèmes fondamentaux de la phénoménologie* (trad. J. F. Courtine, Paris, Gallimard, 1985, p. 39-40) une formulation éclairante : « L'appréhension de l'être, c'est-à-dire la recherche phénoménologique, vise d'abord et nécessairement l'étant, mais pour être aussitôt dé-tournée décidément de cet étant et reconduite à son être. L'élément fondamental de la recherche phénoménologique, au sens de la reconduction du regard inquisiteur de l'étant naïvement saisi à l'être, nous le désignons par l'expression de réduction phénoménologique. Nous nous rattachons par là, quant à la lettre, à un terme central de la phénoménologie husserlienne, mais non quant à l'affaire (die Sache) elle-même. Pour Husserl, la réduction phénoménologique, telle qu'il l'a établie pour la première fois expressément dans les *Idées directrices* de 1913, est la méthode destinée à reconduire le regard phénoménologique de l'attitude naturelle de l'homme vivant dans le monde des choses et des personnes à la vie intentionnelle de la conscience et à ses vécus noético-noématiques dans lesquels les objets se constituent en tant que corrélats de la conscience. Pour nous, la réduction phénoménologique désigne la reconduction du regard phénoménologique de l'appréhension de l'étant à la compréhension de l'être de cet étant ». De Husserl à Heidegger, l'affaire (die Sache) se déplace et le sens de « la chose même » se trouve changé. S'ils s'accordent à reconnaître l'indentité de la phénoménologie, ils ne s'accordent pas sur la nature de ce qui est identique, car ils diffèrent sur l'être. C'est que le « phénomène pur » est chez Husserl autre chose que chez Heidegger. Chez Husserl, en effet, il faut reconduire le regard de l'attitude naturelle à la vie intentionnelle qui la sous-tend. L'intentionnalité désigne une relation de la conscience aux objets, la « conscience de la donation des objectités elles-mêmes », qui « précède tous les autres modes de conscience qui se rapportent à ces objectités, en ce que ces modes sont génétiquement secondaires ». Leur genèse nous élève « au-delà de ce qui est premier en soi », qui est la situation du sujet dans le monde. Et ce monde n'est pas celui de l'attitude naturelle qui repose sur une construction après-coup. Le monde auquel la phénoménologie husserlienne nous enjoint de faire retour précède celui que nous connaissons dans l'« attitude naturelle », et le fonde. Nous renvoyons ici à ce que nous disons plus loin sur Merleau-Ponty.

en envisageant comment procède ce « retour[509] », auquel la phénoménologie nous invite.

Selon Heidegger, c'est parce que les phénomènes ne sont pas d'abord donnés qu'il est besoin d'une phénoménologie[510], ce qui fait peut-être qu'il n'y a, paradoxalement, de phénoménologie que de l'inapparent. Car la tâche de la phénoménologie, selon Husserl, « n'est pas une chose si triviale, comme si l'on n'avait qu'à simplement voir, qu'à ouvrir les yeux[511] » : il s'agit au contraire d'exercer la vision à s'en tenir strictement à ce qui paraît, sans passage au-delà, sans visée transcendante vers l'arrière-monde de la chose en soi, que présupposent toujours, parce que soumises à la domination de l'entendement objectivant, la « théorie » et la « pratique », au contraire de la phénoménologie et de l'art. C'est pourquoi Husserl veut « amener l'entendement à la raison » en promouvant « le moins possible d'entendement, mais autant que possible l'intuition pure (intuitio sine comprehensio)[512] ». Une telle vision « pure », qui ne se repaît que du « monde des apparences », détourne le sujet de la présence à soi, elle est « ce moyen qui m'est donné d'être absent à moi-même, d'assister du dedans à la fission de l'être[513] », dont parle Merleau-Ponty en s'appuyant sur l'œuvre de Cézanne.

Cette « vision pure », dont l'objet est le « phénomène pur », ne s'obtient selon Husserl qu'avec la réduction, par laquelle commence l'entreprise phénoménologique. Que réduit la réduction, et que signifie ce « phénomène pur », que Husserl nomme aussi « phénomène au sens de la phénoménologie » ? Ces deux questions n'en font qu'une[514]. La

---

[509] Heidegger et Husserl diffèrent sur ce à quoi il faut faire retour. L'un veut faire retour à ce qu'il nomme l'être, l'autre au sujet-au-monde. Ce qui nous importe ici, c'est que dans les deux cas, il s'agit de faire retour à quelque chose de primordial, au fondement de ce qui est, à ce que nous pouvons, avec Merleau-Ponty, nommer « fond primordial ».
[510] Heidegger M., *Être et Temps*, op. cit., p. 36.
[511] Husserl E., *L'Idée de la phénoménologie*, Paris, PUF, 1985, p. 114.
[512] *Ibid.*, p. 88.
[513] Merleau-Ponty M., *L'œil et l'esprit*, op. cit., p. 81.
[514] Husserl E., *L'Idée de la phénoménologie*, op. cit., p. 68-70 : « Ce n'est que par une réduction, que nous allons d'ailleurs appeler déjà réduction phénoménologique, que j'obtiens une donné absolue, qui n'offre plus rien d'une transcendance. Si je mets en question le moi, et le monde, et les vécus en tant que vécus du moi, alors, de la vue réflexive dirigée simplement sur qui est donné dans l'aperception du vécu en question, résulte le phénomène de cette aperception.[...] Ainsi à tout vécu psychique correspond, sur la voie de la réduction phénoménologique, un phénomène pur, qui se révèle son essence immanente (prise individuellement) comme une donnée absolue. Toute position d'un « être non immanent », d'un être non contenu dans le phénomène, quoique visé en lui, est mise hors circuit, c'est-à-dire suspendue. [...] Ce sont précisément de telles données absolues dont nous parlons alors ; même si celles-ci se rapportent intentionnellement à un être objectif, ce « se rapporter » est une sorte de caractère en elles,

réduction consiste à opérer la mise hors circuit, la suspension de la « position d'existence », une fois opérée la suspension de la transcendance de tout objet, y compris du moi lui-même et de ses vécus empiriques. C'est ce qu'expose, dans les *Idées directrices pour une phénoménologie*, le chapitre intitulé « La thèse de l'attitude naturelle et sa mise hors circuit ». Husserl y décrit « l'altération radicale de la thèse naturelle » comme « mise hors circuit », « mise entre parenthèses[515] », puis « l'épokhè phénoménologique[516] ». Celle-ci est déterminée comme la « neutralisation » de toute proposition portant sur la réalité de ce monde : « J'opère », écrit Husserl, « l'épokhè phénoménologique qui m'interdit absolument tout jugement portant sur l'existence spatio-temporelle[517] ». Le « phénomène pur » est le phénomène « réduit », c'est-à-dire ce qui reste, une fois opérée cette réduction phénoménologique.

L'« étroite parenté » qui, selon Husserl, unit le regard phénoménologique et le regard esthétique est cette mise hors circuit, qui les caractérise tous deux, de toute prise de position existentielle, que celle-ci vienne de l'intellect, du sentiment ou de la volonté. Car, insiste-t-il, il s'agit pour l'art d'atteindre à la « pureté » esthétique en s'éloignant le plus possible de la « vérité naturelle » et du réalisme, tout comme il s'agit en phénoménologie de mettre en question tout être et toute connaissance préexistants, pour en élucider le sens immanent. Mais si l'épokhè que met en œuvre la phénoménologie exige une véritable ascèse et une sortie progressive dont Husserl explicite les degrés dans les *Idées directrices* de 1913, l'art par contre nous la présente d'emblée comme déjà accomplie. L'œuvre d'art en effet a, selon Husserl, cette vertu de nous « transporter » dans l'état d'abstention par rapport à toute position d'existence, voire de nous « contraindre » à la mise hors circuit[518]. De par sa seule existence, elle nous arrache à l'attitude naturelle et à la position d'être que celle-ci implique constamment, pour nous transporter au niveau du pur phénomène, non pas pour en élucider le sens, mais pour se l'approprier et en jouir.

De cette pure jouissance de l'apparaître, ou de cette joie prise à l'apparition, Husserl

---

pendant que rien n'est préjugé concernant l'existence ou la non-existence de cet être ».
515 Husserl, *Idées directrices, op. cit.*, § 31.
516 *Ibid.*, § 32.
517 *Ibid.*, p. 102.
518 *Ibid.*, § 111.

parle dès 1906, quand allusivement il évoque l'esthétique de Kant[519]. Il oppose l'intérêt pour l'apparaître (Interesse an der Erscheinung) à l'intérêt pour la chose (Interesse an der Sache) et définit l'esthétique comme l'intérêt pour « l'apparaître pur », c'est-à-dire pour l'apparition elle-même, sans que celle-ci devienne objet « théorique » et « pratique » de visées existentielles. Cela nous renvoie à la thèse du désintéressement chez Kant, qui permet de distinguer l'agréable du beau, et le pathologique de l'esthétique. Cette thèse chez Kant ne concerne, dit Husserl, que le domaine esthétique du sentiment de plaisir et de déplaisir, alors que les domaines de la faculté de connaître et de la faculté de désirer sont au contraire dominés par l'intérêt théorique et pratique pour l'objet, que celui-ci soit existant ou à réaliser. Il en va de même chez Husserl[520], à ceci près que le théorique et la pratique tombent selon lui en dehors du philosophique au sens strict, lequel n'a pas affaire à l'objet ou à l'existence en général ; ce qui a pour effet une extension de la thèse du désintéressement à l'ensemble du philosophique[521].

Ce qu'opère donc le regard phénoménologique, c'est une déréalisation, une désaffectation, ou une désactualisation de ce qui apparaît, comme nous l'avons dit plus haut du regard esthétique. Que se passe-t-il en effet, demande Husserl, lorsque le paysage naturel devient tableau, lorsque j'adopte à son égard une attitude esthétique ? Il perd son « actualité[522] », c'est-à-dire tout ce qui en lui renvoyait à mes intérêts théorico-pratiques – et pour Husserl le « pratique » s'édifie toujours sur le « théorique », les vécus affectifs et volitifs sont « fondés » sur la représentation à laquelle seule revient le pouvoir « objectivant » – pour me devenir « purement » présent, dans cette présence paradoxalement non présente[523] qui est celle de la pure apparition. Il semble que l'œuvre d'art fournisse à la phénoménologie le modèle de la mise hors circuit de l'attitude naturelle. Quant au résultat de cette « désactualisation », il est destiné en esthétique à n'être l'objet que d'une pure jouissance, alors

---

519 *Husserliana*, XXIII, p. 145.
520 Dans son ouvrage intitulé *L'imagination*, Sartre indique que Husserl, surtout attentif à montrer que l'objet de la visée esthétique n'est pas posé comme existant, s'inscrit dans le sillage de la *Critique de la faculté de juger*.
521 *Husserliana*, XXIII, p. 146.
522 *Husserliana*, XXIII, p. 144.
523 *Ibid.* : « die nichtgegenwärtige Gegenwart ».

qu'il est pour la phénoménologie objet de connaissance[524].

L'œuvre peint de Cézanne, sa genèse, ainsi que les propos dont il l'accompagne, nous semblent bien refléter cette attitude purement esthétique dont parle Husserl. À cette différence près que la mise hors circuit de l'attitude naturelle, dont Husserl dit qu'elle est immédiatement accomplie dans le regard que nous portons sur une œuvre d'art, ne nous paraît pas cependant aller de soi. Elle n'est pas seulement suscitée dans le regard qui s'attache à l'œuvre réalisée, mais, chez Cézanne, elle semble précéder cette œuvre elle-même : le regard que l'artiste porte sur le monde avant de le peindre serait lui-même « purement esthétique » ou « phénoménologique ». Ainsi, si l'œuvre d'art, par sa seule présence, nous arrache à l'attitude naturelle, la vision qui chez Cézanne préside à la production de l'œuvre est elle-même phénoménologique. Tel est du moins le sens de ce que Merleau-Ponty nous dit de Cézanne. La genèse de son œuvre, en effet, témoigne de cette primauté d'un regard « pré-humain » sur le monde, où la sensation seule impose son évidence. Ce regard met en suspens les habitudes – « humaines, trop humaines[525] » – à travers lesquelles nous voyons toutes choses, pour révéler, selon Merleau-Ponty, « l'ordre naissant » de la nature, ou encore « le monde à l'état naissant[526] », ce « monde sans familiarité » qui se situe « en deçà de toute humanité constituée[527] ». Merleau-Ponty ici ne fait rien d'autre que prolonger les termes de Cézanne, qui dit en effet vouloir « réaliser la sensation ». C'est à cette fin, précise-t-il, qu'il faut peindre le paysage « l'homme absent ».

Comment Cézanne parvient-il à faire retour à la sensation ? Il se décrit, dans un premier temps, comme absent de lui-même, perdu dans l'espace du paysage où nulle distance n'existe entre l'homme et le monde, dans cette « pluie cosmique » où il respire « la virginité du monde[528] ». Dans un second temps, Cézanne se retrouve grâce au dessin, « à la tête géométrie, mesure de la terre[529] » : « Les terres rouges sortent de l'abîme. Les assises

---

524 Husserl définit la phénoménologie comme la « science des phénomènes purs ».
525 Merleau-Ponty M., *Le doute de Cézanne*, dans *Sens et non-sens*, Nagel, 1966, p. 25-28.
526 *Ibid.*
527 *Ibid.*
528 Gasquet J., *op. cit.*, p. 94.
529 *Ibid.*, p. 83.

géologiques m'apparaissent. Je commence à me séparer du paysage[530] ». Il dépasse ici le stade de la sensation première, pour ne plus s'attacher qu'à cette connaissance proprement humaine et seconde, dont nous avons vu Merleau-Ponty dire qu'elle menaçait d'oubli la sensation qui la fonde, et au regard de laquelle elle demeure abstraite. Cézanne, dans le moment où il se sépare du paysage, dépasse le stade de la seule et pure intuition. Il voit alors, mais d'une vision qui n'est pas pure, parce qu'investie d'intérêts théoriques et pratiques. Il frôle alors ce risque qu'il énonce lui même, de peindre non pas le paysage tel qu'en lui-même il se donne, mais de le peindre, « l'homme tout entier dans le paysage ». Cézanne se trouve ici dans l'instant de la plus grande menace, l'instant de la tentation d'une fausse promesse où les « sensations colorantes » se reversent dans le compte-courant de la perception. De ce danger, Cézanne ne peut sortir qu'en catastrophe. Dans la dernière phase, la prose du monde, et toutes les significations secondes dont l'homme investit les choses dans le moment du voir, s'effondrent : « Les assises géologiques, le monde du dessin s'est écroulé dans une catastrophe. Un cataclysme l'a emporté. Je vois... par taches[531] ». « Il n'y a plus », dit-il, « que des couleurs et en elles de la clarté, l'être qui les pense, cette montée de la terre vers le soleil, cette exhalaison des profondeurs vers l'amour[532]. » Ce troisième temps marque un retour à la sensation pure : ces taches ou ces couleurs que voit Cézanne ne sont plus reconnues comme appartenant à des objets, mais plutôt comme des moments de l'être. Ce à quoi finalement aboutit Cézanne, c'est à la donation du monde dans la « sensation pure », vierge de perception, ou à l'« intuition pure », non redressée par l'entendement.

Ce que voit Cézanne se donne à voir et à peindre à partir de lui-même. En termes husserliens, Cézanne laisse s'accomplir l'explicitation phénoménologique de ce « premier en soi », du phénomène pur, antérieur à la cristallisation du monde en objets, et qui n'admet que la « logique des yeux[533] ». Et si Cézanne peint par taches, c'est parce qu'il voit par taches[534].

---

530 *Ibid.*
531 *Ibid.*
532 *Ibid.*
533 *Ibid.*, p. 94.
534 On objecterait ici volontiers que si Cézanne voit, comme il le dit, par taches, c'est parce que, comme nous l'avons observé plus haut avec Gombrich, l'artiste a tendance à voir son motif en fonction de son moyen d'expression : la peinture, en l'occurrence, procède par touches, et incite peut-être l'artiste à voir son motif tel qu'il peut le représenter, c'est-à-dire par taches.

Cézanne, dans la voiture qui le transporte vers le motif, s'écrie, jusqu'à en émouvoir son cocher : « Regardez là-bas, les bleus... les taches de bleu sous les pins ![535] » Ces bleus ne sont pas des qualités de choses, mais un rayon de monde qui dispose de la réceptivité de l'artiste. Dans cette perspective, chacune de ces taches serait un phénomène, non une qualité d'objet ; de même, chacun des éléments formateurs du tableau peut être vu comme un moment du monde plutôt que comme une partie d'image d'objet.

Les blancs ou les vides interstitiels que Cézanne laisse dans ses œuvres ne servent pas la représentation, ils déroutent au contraire notre perception de l'objet représenté. Ce qu'ils nous disent, c'est que chaque tache a valeur par elle-même et par l'effet qu'elle a sur l'ensemble du tableau, plutôt que comme élément au service de la représentation. « Si j'entreprenais de couvrir ces blancs », dit Cézanne, « je devrais reprendre tout mon tableau à partir de cet endroit[536]. » Ce propos nous fait entendre que dans le tableau chaque touche est décisive, que chaque tache colorée est le foyer de tout l'espace. La surface est génératrice d'espace, d'un espace autre que celui dans lequel se trouvent les objets que le tableau représente. Cet espace propre au tableau se transforme avec chaque événement coloré nouveau. Dans l'espace propre du tableau, chaque tache a valeur de phénomène, ou d'événement, indépendamment de ce qu'elle peut par ailleurs servir à représenter.

Cette libération de l'apparaître, le bris de la configuration perceptive, est ce qui décide d'un tableau de Cézanne. « Une ligne, dit-il, partout cerne un ton prisonnier. Je veux le libérer[537]. » Par ce dernier acte, Cézanne « réduit » les couleurs à n'être objet que de la sensation, il les libère de leur fonction de qualité des objets de la perception. Et partant, il n'y a plus d'objets, ou d'images d'objets, mais seulement des taches et des plages de couleur[538]. Au moyen de quelques plages de couleurs dispersées sur la surface du tableau et n'ayant entre elles que des liens lâches, il semble donc que Cézanne crée des structures picturales entièrement in-objectives. Ce qu'il nous montre, selon Merleau-Ponty, c'est en fait le monde tel qu'il est là avant la perception : dans le sentir[539].

---

535 Gasquet J., *op. cit.*, p. 72.
536 *L'art de la peinture*, Cézanne, p. 427.
537 Gasquet J., *op. cit.*, p. 82.
538 *Ibid.*, p. 83.
539 Sur ce point s'achève le rapprochement de la phénoménologie husserlienne et de Cézanne. En effet,

Devant un tableau de Cézanne, ce n'est pas une image, comme « fiction perceptive », c'est-à-dire comme un irréel, qui doit nous apparaître : il ne s'agit pas de percevoir des « objets » dés-actualisés et frappés d'irréalité par la représentation[540]. Il s'agit bien plutôt de réalités inobjectives, qui sont l'objet de notre sensation. C'est en quoi l'art peut être dit la perfection du sentir, ou la vérité[541] du sentir : vérité ici signifie que la chose même est là, n'ouvrant qu'à soi et ne servant de support à aucune élaboration perceptive. Mais la chose en question n'est pas une chose, ni surtout un objet. Elle serait plutôt l'avènement de l'œuvre, et avec lui, l'événement, la venue à l'apparition de ces réalités inobjectives qui sont des phénomènes purs n'étant objets que de la sensation pure. C'est en ce sens que l'œuvre de Cézanne paraît exemplairement satisfaire la définition que Lévinas donne de l'art. « Le mouvement de l'art », écrit-il, « consiste à quitter la perception pour réhabiliter la sensation, à détacher la qualité de ce renvoi à l'objet... La manière dont, dans l'art, les qualités sensibles qui constituent l'objet, à la fois ne conduisent à aucun objet et sont en soi, est l'événement de

---

chez Husserl, le sentir a son destin, c'est-à-dire à la fois son accomplissement et sa perte, dans le percevoir intentionnel et objectivant. Husserl, dans les *Idées directrices* (§ 86), exclut de l'intentionnalité les données hylétiques, qui constituent la couche esthétique-sensible, la dimension même du sentir. Elles ne fonctionnent, dit-il, que subordonnées à la vie intentionnelle : « Naturellement, l'hylétique pure se subordonne à la phénoménologie de la conscience transcendantale. Elle se présente d'ailleurs comme une discipline autonome ; elle a comme telle valeur en elle-même mais, d'autre part, d'un point de vue fonctionnel, elle n'a de signification qu'en tant qu'elle fournit une trame possible dans le tissu intentionnel, une matière possible pour des formations intentionnelles. »

540 Selon Husserl, il faut pour que le tableau s'offre à nous de manière purement esthétique, que soit mise hors jeu toute position d'existence. Et pour cela, il faut que l'image ne soit plus considérée dans sa fonction reproductive ou présentative de quelque chose d'autre, il faut qu'elle apparaisse comme « fiction perceptive », comme un irréel. Il est donc ici nécessaire de tenir compte de l'imagination créatrice de fiction dans son pouvoir irréalisant. Chez Husserl, l'imagination, comme mise en image, conserve en elle la structure intentionnelle et objectivante de la perception. Ce qui est visé en elle, comme dans la perception, ce sont des « objectités irréelles ». Si l'on affirme au contraire que le sentir tel que nous le montre l'œuvre de Cézanne n'est pas objectivant, et que ce que ses tableaux nous montrent sont des réalités inobjectives – et non, comme chez Husserl, des objectités irréelles – nous quittons ici à nouveau le rapprochement que nous avions établi entre Cézanne et Husserl. Et si chez Husserl le sentir trouve son achèvement et sa perfection dans la perception qui du même coup le dépasse, il nous semble au contraire trouver, chez Cézanne, sa perfection dans l'art, qui ne va pas au-delà de lui, mais le met en œuvre et le réalise.

541 Heidegger M., *Être et Temps*, *op. cit.* : « Est vraie, au sens grec du mot, l'aisthèsis, la pure appréhension sensible de quelque chose ; elle l'est plus originellement que le logos. Pour autant que l'aisthèsis se réfère à des idia, à l'étant qui, par essence, n'est accessible que par et pour elle (comme la vue se réfère aux couleurs), toute appréhension est toujours vraie. Cela veut dire que la vue découvre toujours des couleurs, l'ouïe toujours des sons. »

la sensation en tant que sensation, c'est-à-dire l'événement esthétique. On peut aussi l'appeler la musicalité de la sensation[542]. »

Cette idée, que l'art est la vérité du sentir, au sens où la chose même est là, se retrouve, chez certains peintres, plus simplement ou différemment formulée, dégagée de la gangue et du vocabulaire de la phénoménologie. Dans l'évolution de sa série sur le cavalier à l'arc, nous voyons s'affirmer chez Kandinsky, de plus en plus insistantes, les lignes et les couleurs, au détriment de la figuration. Le modèle de la création picturale est pour Kandinsky, comme on a pu le voir, la musique, dont les qualités de son ne renvoient à aucune référence extérieure et matérielle. Il propose, comme en musique, d'orienter la recherche plastique vers le rythme et les constructions mathématiques. C'est selon un rythme que lignes et couleurs, dont Kandinsky nous dit qu'elles « sont des choses[543] », s'assemblent. La fiction perceptive n'importe donc pas ici, au regard du mouvement de ces lignes et de ces couleurs offertes à notre sensation.

Ce que l'art dévoile, ce peut donc être le sensible pur, donné dans la vérité du seul sentir, vierge de perception. Pour que nous y ayons accès, il est besoin qu'il soit donné dans l'œuvre d'art, c'est-à-dire hors du monde dont nous faisons le champ de notre perception. Révéler le sensible pur, ce peut être, par exemple, révéler la couleur. Telle est du moins la thèse de Mondrian, dans *La Nouvelle constitution de la forme* : la peinture selon lui s'arrache à la facticité de la couleur naturelle, pour se porter auprès de la couleur qu'elle rend possible. En intégrant du rouge, du jaune ou du bleu dans une composition abstraite, le but de Mondrian est de montrer ce que nul n'a jamais vu ni pu voir : l'être propre d'une couleur, la vérité de la couleur. Elle est affranchie, dans l'art, de tous les modes de donnés occasionnels et des apparences particulières sous lesquelles elle se donne dans la nature : l'art, selon Mondrian, est le lieu de la possibilisation de son essence[544]. Ce qu'il dit vouloir montrer, c'est « l'essence

---

542 Lévinas E., *De l'existence à l'existant, op. cit.*, p. 86 et p. 87.
543 Cité par Michel Foucault, dans *Ceci n'est pas une pipe, op. cit.*, p. 43.
544 Mondrian, *La Nouvelle constitution de la forme* : « L'essence universelle de le couleur se réalise dans la Nouvelle constitution de la forme, non seulement par le fait que celle-ci cherche l'universel dans la couleur comme telle, mais aussi par le fait que les couleurs entretiennent les unes avec les autres des rapports d'équilibre qui les amènent à l'unité ». Cité dans *L'art de la peinture*, p. 696.

universelle de la couleur ».

De ce que l'œuvre d'art nous donne à voir la couleur en sa pureté, Merleau-Ponty rend raison et tire conséquences, dans *L'œil et l'esprit*. Notons d'abord que, pour Merleau-Ponty, toute l'histoire de la peinture moderne, son effort pour se dégager de l'illusionnisme, ont une signification métaphysique. « Il ne peut, dit-il, être question de la démontrer ». C'est pourquoi il entreprend de suggérer et de décrire ce qui se montre dans l'art. Ce que Cézanne cherche à atteindre dans son art, à y montrer, est, selon Merleau-Ponty, la « profondeur »[545]. Mais cette « profondeur » n'est pas la troisième dimension de l'espace, celle que reconnaît dans l'espace notre jugement perceptif objectivant, quand par exemple nous évaluons la distance séparant des objets. Par suite, la profondeur que recherche Cézanne ne saurait, dans son art, être « rendue » ou simulée par le dessin perspectif, elle ne peut se traduire par la simulation de la troisième dimension de l'espace. Quand Cézanne dans son œuvre interroge la profondeur[546], il cherche la « déflagration de l'être[547] » : son œuvre veut être un « forage dans l'en soi[548] », une plongée « aux racines de l'être ». Si la peinture tient sa « dimension propre » de cette profondeur, il faut pour ne pas l'occulter se détourner de l'autre profondeur, qui n'est qu'une dimension de la spatialité des objets donnés à notre perception. À cette fin, comme l'a entrepris le cubisme, « il faut, selon Merleau-Ponty, briser cette coquille d'espace, rompre le compotier[549] » : il faut briser la configuration des objets, il faut abolir la « forme externe » des objets, qui est « seconde, dérivée[550] » par rapport à cette « déflagration de l'être », qui est

---

545 *L'œil et l'esprit*, *op. cit.*, p. 64. Merleau-Ponty cite Giacometti, disant que « Cézanne a recherché la profondeur toute sa vie ».
546 On ne saurait dire que l'emploi fait par Merleau-Ponty du mot « profondeur », dans *L'œil et l'esprit*, est métaphorique ou analogique. Certes, nous pouvons penser que cette profondeur est à l'être l'image de ce que la profondeur que nous percevons est à l'espace. De plus, il se mêle aussi probablement, dans l'emploi qu'il en fait, l'acception abstraite du mot « profondeur », qui désigne la « qualité de ce qui va au fond des choses » (Robert). Nous pouvons toutefois émettre l'hypothèse que Merleau-Ponty contesterait à son emploi du mot un sens seulement analogique et dérivé, car la « profondeur » comme forage aux racines de l'être nous semble être chez lui première : au regard de cette profondeur « ontologique », la troisième dimension de l'espace semble seconde, dérivée de cette « profondeur primordiale » dont parle *La phénoménologie de la perception*, qui est notre expérience première de l'étendue.
547 Merleau-Ponty M., *L'œil et l'esprit*, *op. cit.*, p. 65.
548 *Ibid.*, p. 76.
549 *Ibid.*, p. 66.
550 *Ibid.*

première. Parce que le dessin toujours nous mène à la tentation de la « forme externe », il faut lui préférer en peinture la recherche de la couleur. Cette démarche est celle de Cézanne, qui « remplace par l'étude des tons le modelé[551] ».

La couleur est, selon Klee, « l'endroit où notre cerveau et l'univers se rejoignent[552] ». Elle est le lieu de l'indivision primordiale de l'homme et du monde, dont nous avons vu plus haut parler Cézane et Merleau-Ponty. C'est à son profit, selon ce dernier, qu'il faut « faire craquer la forme-spectacle ». Il précise que les couleurs en question ne sont pas « le simulacre des couleurs de la nature » : il s'agit au contraire de « la dimension de couleur, celle qui crée d'elle-même et à elle-même des identités, des différences, une texture, une matérialité, un *quelque chose*[553] ». Cette dimension de couleur nous mène, selon Paul Klee, un peu plus près du « cœur des choses[554] ». Ce « cœur des choses », dit Merleau-Ponty, est « au-delà de la couleur-enveloppe comme de la forme-enveloppe[555] ». Ainsi, la couleur chez Cézanne n'est pas une « enveloppe », ou une qualité d'objet représenté. Ce qu'un tableau de Cézanne donne à voir, ce ne sont pas des objets représentés au moyen de couleurs-enveloppes, mais c'est « le mouvement flottant de plans de couleurs qui se recouvrent, qui avancent et se reculent ». De ce qu'il « crève la peau des choses », leur « enveloppe » de couleur ou de forme, il suit qu'un tableau « n'est spectacle de rien[556] » ; mais il est spectacle tout de même.

On rencontre dans un poème, selon Apollinaire, des phrases qui ne semblent pas avoir été créées, mais qui semblent s'être formées[557]. Et Henri Michaux de dire que quelquefois les couleurs de Klee semblent nées lentement sur la toile, émanées d'*un fond primordial*, « exhalées au bon endroit[558] » comme une patine ou une moisissure. L'art ici révèle, selon Merleau-Ponty, « dans les choses dormantes un secret de préexistence[559] ». Ce « fond primordial » n'est autre que l'Être lui-même, sur le fond duquel et par lequel nous est

---

551 Cézanne, cité dans *L'art de la peinture*, p. 425.
552 Cité par Merleau-Ponty, *op. cit.*, p. 67.
553 *Ibid.*
554 *Ibid.*
555 *Ibid.*
556 *Ibid.*, p. 68.
557 Merleau-Ponty M., *ibid.*, p. 69.
558 Cité par Merleau-Ponty, *ibid.*, p. 70.
559 *Ibid.*

donnée toute sensation, le lieu où s'enracinent les couleurs et d'où elles émanent. Toute la peinture, figurative ou non, n'est plus, selon Merleau-Ponty, une « imitation des choses[560] », mais ce « forage dans l'en soi », un retour à ce « fond primordial » qui précède toutes choses et toute perception de chose, et par lequel elles sont.

Cézanne dans sa peinture nous montre, selon Merleau-Ponty, « la fission de l'Être, à laquelle, dans la vision, j'assiste du dedans[561] ». Il s'agit ici de la vision pure que nous avons tenté de cerner, de cette vision première dont parlait Cézanne, où l'homme n'est pas « séparé du monde ». Parce qu'il est « au monde », ou « du monde », ou « avec le monde », indivis de lui, dans cet « extraordinaire empiétement[562] » du voyant et du visible, du sentant et du senti, l'homme peut assister « du dedans » à la « fission de l'Être », dont il participe dans la vision. « La peinture », dit aussi Merleau-Ponty, « ne célèbre rien d'autre que l'énigme de la visibilité. » En effet, dans des tableaux comme ceux de Cézanne ou des cubistes[563], aucune réplique de l'objet n'est véritablement donnée : il n'y a rien d'autre que le « voir » lui-même, la moment du « voir », sa révélation, son éclat. Ne peut-on pas dire qu'en rendant le voir à son évidence première, un tableau nous donne une réplique non des objets de la vision, mais du « voir » comme tel, du fait premier qu'il y a le « voir » et à voir ?

Si chaque tache de couleur est un moment du monde, ou un rayon de monde, l'œuvre d'art exhibe le pur sensible, aussi contingent qu'irrévocable. Selon Merleau-Ponty, « profondeur, couleur, forme, ligne, mouvement », mais aussi le « contour » et la « physionomie », sont des « rameaux de l'Être[564] », qui par leur seule présence peuvent chacun en ramener « toute la touffe ». Ce que nous montre la peinture, avec les raisins du Caravage aussi bien que dans les mouvements de couleurs chez Cézanne, c'est, selon Merleau-Ponty, le « jaillissement immotivé du monde » ou encore, en termes heideggeriens, « cette merveille des merveilles, que l'étant est[565] ». Que l'Être soit l'élément de l'art, et qu'en sa donation il s'y

---

560 *Ibid.*, p. 76.
561 *Ibid.*, p. 81.
562 *Ibid.*, p. 17.
563 Les tableaux cubistes, en s'attachant à mettre en déroute notre perception, enrayent la reconnaissance de l'objet et portent leur motif à la disparition. Le voir y paraît plus important que ce qu'il y a à voir dans le tableau.
564 Merleau-Ponty M., *ibid.*, p. 88.
565 Heidegger M., « Qu'est-ce que la métaphysique », dans *Questions I*, Paris, Gallimard, 1968, p. 78.

montre, cela se retrouve aussi chez Heidegger[566], Lévinas, ou Sartre[567].

Ce qui se présente dans une œuvre d'art, c'est l'Être. Il n'importe plus ici que cette œuvre représente quelque chose. Nous venons de décrire une mimèsis de la présentation, qui prime sur la traditionnelle mimèsis de la représentation, et dont celle-ci apparaît comme un cas particulier. Pour que puisse avoir lieu cette présentation, il faut qu'une œuvre d'art, qui est un genre d'objet tel qu'il n'est pas d'emblée donné d'en trouver dans la nature, soit produite. Nous pouvons à présent nous demander si la problématique traditionnelle de l'imitation reproductrice du visible ne s'intègre pas, elle aussi, dans le champ plus vaste d'une mimèsis productrice.

C) Imitation et création : une mimèsis plutôt productrice que reproductrice

Que l'art ne soit pas simplement une imitation de la nature, mais veuille être création, nous l'avons évoqué plus haut en opposant, au fondement de l'art, le mythe de Pygmalion au mythe de Narcisse, et les peintres qui disent céder à la tentation démiurgique à ceux qui veulent travailler dans l'entière soumission au visible. La créativité a, selon Gombrich, de tout temps primé sur la volonté de reproduire simplement le réel. Les arts primitifs font preuve de

---

566 Pour Heidegger, l'être est l'élément de l'art. Cela apparaît dans son texte intitulé *L'origine de l'œuvre d'art*, *op. cit.*, p. 35 : « Le roc supporte le temple et repose en lui-même et c'est ainsi seulement qu'il est roc, les métaux arrivent à leur resplendissement, à leur scintillation, les couleurs à leur éclat, le son à la résonance, la parole au dire. Tout cela peut ressortir comme tel dans la mesure où l'œuvre se retire dans la masse et dans la pesanteur de la pierre, dans la solidité et la flexibilité du bois, dans la dureté et l'éclat du métal, dans la lumière et l'obscur de la couleur, dans la tonalité du son et dans le pouvoir nominatif de la parole. Ce vers où l'œuvre se retire et ce qu'elle fait ressortir par ce retrait, nous l'avons nommé la terre. » La terre est, nous dit Heidegger, « l'afflux inlassable » de l'immotivé, de « ce qui est là pour rien ». En d'autres termes, ce qui se montre dans l'art, c'est le « es gibt » de Heidegger, aussi bien que, chez Lévinas, le « Il y a », l'affirmation muette et anonyme du fait qu'il y a quelque chose, dont la présence se fait jour dans la sensation.
567 Dans son article intitulé « Les peintures de Giacometti », *Les Temps Modernes*, Juin 1954, J.P. Sartre écrit : « À chacun de ses tableaux, Giacometti nous ramène au moment de la création ex nihilo ; chacun d'eux renouvelle la vieille interrogation métaphysique : pourquoi y a-t-il quelque chose plutôt que rien ? Et pourtant il y a quelque chose : il y a cette apparition têtue, injustifiable et superfétatoire. Ce personnage peint est hallucinant parce qu'il se présente sous la forme d'une apparition interrogative. »

très peu d'intérêt pour l'imitation des choses naturelles. Ce n'est pas par inexpérience ou par insuffisance de moyens, mais selon Gilson, parce que l'homme, « dès qu'il entreprend de produire, se propose naturellement et immédiatement de chanter plutôt que de parler, d'imaginer plutôt que d'observer, de créer des histoires feintes plutôt que d'en raconter de vraies, d'inventer des formes et des lignes faites pour plaire plutôt que de reproduire celles qu'il trouve déjà données dans la nature où, parce qu'elles y sont déjà, il lui suffit de les trouver[568] ». Ce qui est déjà donné point donc n'est besoin de le refaire, car une telle tâche est aussi impossible qu'inutile. Dès le commencement de l'art, l'homme semble avoir pensé qu'il était plus important de produire des choses que des images de choses. « Parce qu'elle est art », dit Gilson, « la peinture se tient du côté de l'être, des choses (res) et, comme l'on dit, de la réalité[569]. » Et certes, l'effet le plus visible de l'activité poïétique est d'ajouter au total des êtres naturels un certain nombre d'autres êtres qui, s'il n'y avait pas d'artistes, n'existeraient pas. Ces êtres d'art sont autres et neufs, ils n'admettent point dans la nature de précédent, ni rien de semblable.

Que des œuvres d'art ne se réclament d'aucun modèle dans la nature, cela signifie qu'elles obéissent à la volonté de produire, et non de reproduire les œuvres de la nature. Nous retrouvons ici la mimèsis telle que l'a théorisée Aristote dans sa *Physique*[570] : ce que l'art imite, en ce qu'il est un cas particulier de la τεχνη, c'est la nature elle-même, et non pas ses produits. Il imite la nature en opérant, comme elle opère. Il imite la nature comme force productrice, ou comme puissance organique, en produisant ses œuvres comme elle produit les siennes. Des interprétations diverses de cette idée jalonnent l'histoire de la pensée sur l'art.

Produire comme nature

Dans *La Naissance de la tragédie*, Nietzsche expose que les forces artistiques sont le propre de la nature[571]. Elles jaillissent de la nature elle-même[572], sans la médiation de l'artiste.

---

568 Gilson É., *op. cit.*, p. 331-333.
569 *Ibid.*
570 Aristote, *Physique, op. cit.*, B, 194c-199c.
571 Nietzsche F., *op. cit.*, chap. II.
572 Voir ce que nous avons dit plus haut : la nature elle-même est selon Nietzsche animée du désir de se porter à l'apparence.

Et « au regard de ces dispositions artistiques », dit Nietzsche, « tout artiste n'est qu'un imitateur[573] ». Il suit que l'opposition du subjectif et de l'objectif est sans pertinence en esthétique, « du moment où il s'avère impossible de penser le sujet, l'individu, autrement que comme l'adversaire de l'art[574] », et non pas comme l'origine de l'art. Pour autant qu'il est artiste, « le sujet s'est déjà délivré de sa volonté individuelle pour devenir ce médium par l'entremise duquel le seul sujet[575] qui existe véritablement fête sa délivrance dans l'apparence[576] ». C'est une erreur de croire que véritablement la subjectivité de l'artiste peut avoir sa place dans l'art : le génie du poète subjectif n'est selon Nietzsche que « le substitut du génie du monde lui-même ». Le monde de l'art n'est donc pas, chez Nietzsche, notre création, mais celle de la nature elle-même. Et comme nous sommes nous-mêmes les produits de la nature, nous sommes à ce titre œuvres d'art. L'homme ne sert la nature qu'en ce qu'il est ce « médium », par l'entremise duquel sa création se poursuit.

Pour Goethe, c'est aussi en tant que nature que l'homme fait œuvre d'art, ses productions sont comme une continuation de l'œuvre de la nature. « Le produit ultime de la nature, écrit-il, est l'être humain dans toute sa beauté[577]. » Mais il lui est impossible de le maintenir dans sa perfection et de « donner une durée au beau qu'elle a créé ». C'est à cette imperfection que l'art peut s'opposer : « l'homme, une fois promu au sommet de la nature, se considère lui-même comme nature ayant à son tour mission de créer un sommet ». Pour ce,

> il ne cesse de s'élever, en se pénétrant de toutes les perfections et de toutes les vertus, et en faisant appel au choix, à l'ordre, à l'harmonie et au sens, pour finalement accéder à la production de l'œuvre d'art qui, à côté de tous ses autres faits et gestes, occupe une place de premier ordre. Un fois produite, une fois que, dans la réalité idéale, elle se trouve face au monde, cette œuvre d'art a un effet durable, le plus haut qui puisse être : car, par son évolution spirituelle résultant d'une conjugaison de toutes les forces, elle s'imprègne de tout ce qui existe de souverain, de vénérable et d'aimable et, donnant âme et vie à la forme humaine, à l'être humain qui se trouve au-dessus d'elle, elle parachève sa vie et ses actes quotidiens et fait de lui un dieu, pour le présent qui lui-même englobe le passé et

---

573 Nietzsche F., *ibid.*
574 Nietzsche F., *ibid.*, chap. V, p. 61.
575 Ce « sujet » est la nature.
576 *Ibid.*, chap. V.
577 Goethe, *Winckelmann*, dans la section intitulée « Beauté ». Cité dans l'introduction à l'ouvrage de Winckelmann, *Réflexions sur l'imitation des œuvres grecques…*, *op. cit.*, p. 8.

l'avenir[578].

Notons que chez Goethe, l'homme produit des œuvres d'art à la fois comme nature, c'est-à-dire pour continuer l'œuvre de la nature, et pour suppléer les défauts de celle-ci. Parce que les perfections de la nature sont corrompues par le temps, il faut à l'homme recréer la nature, d'une manière plus parfaite encore que l'original. Il n'y a pas, dans ce texte de Goethe, rivalité et lutte entre l'homme et la nature, mais lien de continuation, compensation et suppléance. Et l'homme, contrairement à ce qu'en disait Nietzsche, n'est pas seulement un médium par le moyen duquel la nature continue de produire, mais il la recrée en lui ajoutant une perfection et des valeurs qui lui sont propres.

Selon le peintre et sculpteur Hans Arp, l'homme ne doit pas être assimilé à un créateur enfantin qui, atteint de mégalomanie, veut créer le monde une seconde fois[579]. La production artistique doit au contraire être considérée comme une production naturelle, ce qui, en tant que l'homme fait partie de la nature, est vrai. Selon Arp, un tableau n'a pas d'objet pour modèle ; il est juste aussi concret qu'une feuille ou qu'une pierre. Arp veut « produire comme une plante produit son fruit, et non pas reproduire[580] ». L'activité artistique est donc une activité naturelle, organique. En faisant œuvre d'art, il s'agit, le plus simplement et naturellement possible, de faire œuvre d'être. Monet ne dit rien d'autre quand il dit peindre « comme l'oiseau chante[581] ». Et pour Hubert Read également, « l'activité artistique est biologique dans sa nature et ses fonctions[582] ». L'œuvre d'art répond donc à une fonction organique : c'est un fruit qui pousse en l'homme. Un arbre produit son fruit, mais n'essaie pas de le faire ressembler à quelque chose d'autre. La production ici prime donc bel et bien sur la reproduction, qui paraît même superflue, déplacée, voire contre-nature.

Il ne s'agit plus ici de reproduire, mais de produire. Du point de vue de l'artiste, une telle production peut signifier que l'homme continue l'œuvre de la nature dont il est comme le relais, en agissant lui-même en tant que nature. Elle peut aussi vouloir suppléer les défauts de

---

578 *Ibid.*
579 Propos rapportés par É. Gilson, *op. cit.*, p. 164.
580 *Ibid.*
581 Monet, cité dans *L'art de la peinture*, p. 433.
582 Cité par É. Gilson, *op. cit.*, p. 334.

la nature, ses insuffisances, c'est-à-dire amender et corriger la nature : en ne reproduisant pas la nature, mais en la recréant telle qu'elle devrait être, ou en finissant ce qui en elle restait inachevé, le peintre se pose autant comme le suppléant de la nature que comme son rival. En produisant ce qu'elle ne produit pas, il en dénonce les insuffisances, en même temps qu'il s'octroie le pouvoir de créer. Dans tous les cas, selon le mot d'Oscar Wilde, l'art « commence où s'arrête la nature ». L'artiste entre en rivalité avec la nature comme force productrice, ou avec le dieu créateur[583]. « N'y a-t-il pas orgueil, demande Jules Breton, à croire qu'on peut créer ? » Et, en effet, le modèle de la production artistique est la Création du monde.

La « création » comme genèse, modèle de la « création » artistique

L'artiste, selon Paul Klee, est « près du cœur de la création ». Il en interroge le secret. « Plus l'artiste regarde à fond, plus s'impose à lui, au lieu d'une image fortuite de la nature, l'image de la création comme genèse[584]. » Ce que l'artiste retient de la nature, c'en est la genèse. C'est cette genèse qu'il imite, et non la nature ainsi créée. Pour Kandinsky également, la cosmogonie est le modèle de la création artistique. « Chaque œuvre naît, du point de vue technique, exactement comme naquit le cosmos... Par des catastrophes qui, à partir des grondement chaotiques des instruments, finissent par faire une symphonie que l'on nomme musique des sphères. La création d'une œuvre, c'est la création d'un monde[585]. » Et Paul Klee de dire à sa suite : « Je commence logiquement par le chaos, c'est tout naturel ». C'est parce que la création artistique obéit à une fonction naturelle, qu'une œuvre d'art est produite comme le fut la nature. Mais à la différence du sculpteur Hans Arp, qui voulait produire naturellement comme un arbre produit son fruit, Klee et Kandinsky veulent créer naturellement, comme le Dieu créateur en personne.

L'emploi du vocabulaire théologique et tout particulièrement du mot « création » revient comme un leitmotiv, dès lors que l'on entreprend de parler d'art. Cet emploi est cependant tout analogique, et d'une pertinence qui ne résiste pas à l'analyse. Certes, l'artiste crée des objets d'un genre nouveau, qui sans lui ne seraient pas. Mais il ne lui appartient pas

---

583 Voir plus haut.
584 Paul Klee, cité dans *L'art de la peinture*, p. 602 *sqq*.
585 Kandinsky W., *Regards*, cité dans la préface de son ouvrage *Du spirituel dans l'art...*, *op. cit.*

de créer l'être, il se contente d'utiliser, d'une manière inédite, les matériaux sensibles qui sont à sa disposition. Il ne fait qu'assembler et transformer des éléments sensibles empruntés à la nature, mais ne crée pas l'existence et la matière. Il ne saurait créer ex nihilo, mais seulement produire de novo et ad hoc.

L'activité artistique dit le rapport de l'homme au monde

Nous avons plus haut envisagé les diverses manières dont l'art d'imitation exprime une relation de l'homme au déjà-donné de la nature. L'imitation scrupuleuse de la nature peut rendre compte autant d'une volonté de célébrer le visible, que de se donner le défi d'en égaler les apparences, et d'exalter par là une adresse et une hardiesse proprement humaines. L'imitation de la nature peut également continuer, parfaire ou achever l'œuvre de la nature, là où elle demeurait grevée des imperfections qui lui sont propres. Les arts d'imitation ne font, selon Lévinas, rien d'autre que parachever l'œuvre d'être, en accomplissant la mimèsis de l'être, en manifestant le dédoublement mimétique de l'être lui-même, qui est en même temps, comme nous l'avons vu, la réalité et son double[586]. Cette thèse de Lévinas peut être rapprochée de celle de Nietzsche : l'imitation est chez lui le fait de l'être, comme elle est chez Nietzsche le fait de la nature elle-même, et la « réalité » de l'être, de sa propre impulsion et comme par essence, se double d'apparences. C'est, chez Lévinas, dans l'art d'imitation que s'accomplit ce dédoublement de l'être. Mais l'art peut tout aussi bien, comme nous l'avons vu par exemple chez Baudelaire, se faire protestation contre la nature, la travestir et biffer, et lui substituer un monde autre, celui sur lequel ouvre l'œuvre d'art.

Si le peintre ne peint rien d'autre que sa rencontre avec le monde, quel rapport à la nature, au monde ou à l'être peut exprimer l'art abstrait ? Puisque résolument il se garde d'imiter les formes naturelles, cela signifie-t-il nécessairement qu'il proteste contre la nature, la nie ou veut abolir ? Est-ce un autre réel qui avec l'art fait son entrée, d'où le monde extérieur serait absent ?

L'art a bien plutôt, comme nous l'avons vu par exemple chez Cézanne, pour fonction de révéler ce qui sans lui demeurerait caché. S'il se détourne du monde perçu, c'est pour

---

[586] Voir notre première partie.

exhiber la vérité du sensible. Chez Paul Klee également, l'art révèle le réel, il « rend visible » ce qui pour être sans lui invisible n'en est pas moins réel. « L'art, dit-il, ne rend pas le visible ; plutôt, il rend visible[587]. » Il vise à donner de l'essence et de l'intelligibilité du réel des formes sensibles. « Autrefois », dit Klee, « les artistes aimaient à montrer ce qui était réellement visible, que ce fussent des choses qu'ils aimaient regarder, ou des choses qu'ils eussent aimé avoir vues. À présent, nous nous intéressons à la réalité plutôt qu'au simplement visible ; [...] le royaume du visible n'est rien de plus qu'un cas particulier par rapport au cosmos, et d'autres réalités ont virtuellement plus de poids. Dans nos peintures, les apparences visibles des choses ont un sens plus large et plus complexe qui semble souvent contredire l'expérience rationnelle d'hier. Nous nous efforçons vers l'essence qui se cache derrière le fortuit[588]. » Le monde où nous vivons et que nous voyons n'est, selon Klee, qu'un cas particulier de ce qui, dans la pensée de son créateur, est l'inépuisable royaume de l'infinité des univers possibles. Il s'agit en art de produire des œuvres qui seraient les témoins d'univers possibles, différents du nôtre, et où l'essence serait plus manifeste, pure de contingence. Chaque tableau est bien, comme le voulait Baudelaire, « produit comme un monde[589] », choisi parmi l'infinité des possibles. Et il suffit de regarder Matisse filmé en train de peindre, pour que le moindre de ses gestes apparaisse comme un choix décisif, parmi l'infinité des options possibles. Chaque tableau est construit comme un monde, et à chaque fois, peut-être, comme le meilleur des mondes. Chaque tableau ainsi conçu est un monde à lui seul, un unique.

S'efforcer vers l'essence, c'est aussi la fin assignée par Mondrian à la peinture. Mondrian pratique la peinture comme un exercice spirituel, qui doit le conduire à l'absolu. Mais toute expression suppose que l'on recoure à des moyens sensibles, qui sont autant d'écrans ou de cécités partielles. Pour atteindre l'absolu, il tente donc d'écarter de la peinture toute référence à la nature, à sa contingence et à sa matérialité. Son exigence lui demande de réduire le réel à l'épure, en n'admettant, comme nous l'avons vu, que des formes simplifiées, purifiées et raréfiées, et des couleurs pures. Il vise ainsi à construire une figuration nouvelle en lieu et place de l'ancienne. Il devient manifeste que chez Mondrian, l'art abstrait est une

---

587 Cité par É. Gilson, *op. cit.*, p. 147.
588 *Ibid.*
589 Baudelaire C., *Curiosités esthétiques*, p. 327.

manière, pour le peintre, de refuser le monde.

L'entreprise de Malévitch consacre le sommet de la recherche de l'abstraction, et sans doute, il ne peut se concevoir d'œuvre plus plastiquement pure. Il s'agit moins chez lui de réduire le réel à l'épure pour en dégager « l'essence » ou « l'absolu », que de l'exclure totalement de l'aventure plastique. Sa recherche « suprématiste » le mène au *Carré noir sur fond blanc* (1913) puis au *Carré blanc sur fond blanc* (1918). Son ouvrage intitulé *Le Monde sans objet* (1927) expose une recherche du vide absolu, dirigée non tant vers l'élimination de tous les objets visibles que vers celle de la fonction objectale proprement dite. Il nous semble ici buter sur une situation-limite où le réel, sous quelque forme que ce soit, se trouve exclu de la tentative plastique. « Le suprématisme », écrit-il, « est le rien devenu question ». Avec son *Carré blanc sur fond blanc*, il pense avoir atteint « le monde blanc de l'absence d'objet qui est la manifestation du rien dévoilé ». Une telle entreprise est simulation de suicide : comment pousser plus loin l'amputation du visible, qu'avec le carré blanc (à peine bleuté et décentré) sur un fond blanc ?

C'est, avec Malévitch, le néant qui devient plastique. Faire apparaître le néant lui-même, ce n'est rien d'autre que prendre le contre-pied de l'œuvre de Dieu. Malévitch inaugure une forme de dé-création, ou plutôt une manière de création inverse : comme Dieu créait ex nihilo, Malévitch crée ad nihilum. Si Mondrian fut théosophe, et Klee mystique, on pourrait voir en Malévitch un mystique de la théologie négative. Son désir de nihilisme évoque l'absence et la négativité de l'objet, situé au-delà de toute possibilité de représentation : il évoque ainsi la vanité et l'impossibilité de l'imitation. Mais de son désir d'évacuer toute présence objectale de la peinture, il résulte son œuvre tout de même, qui du fait de sa seule présence, est l'affirmation d'un réalisme ontologique. Au terme de cette entreprise annihilante, nous avons, présent et sous nos yeux, l'objet-tableau, quelque nulle ou négatrice que veuille en être la signification.

Ainsi conçue, la peinture agit comme la nature plutôt que comme le langage. Elle exerce sur nous une « action de présence » dont les mots sont incapables, et qui est l'effet propre des choses. Elle produit des objets qui ne renvoient à rien d'autre qu'eux-même, et agit comme une nature parce que, plutôt que de la représenter, elle la remplace. Delacroix déjà voyait bien que l'objet véritable de son art était de produire un « monde d'objets autonomes[590] » dont la fonction serait d'agir comme des choses, non comme des signes. Mais il ne pouvait, par fidélité à la tradition imitative, aller jusqu'au bout de cette idée d'autonomie. Voici cependant ce qu'il écrit dans son *Journal* : « [...] au moment où il manquait à son tableau ce dernier souffle qui l'anime, ce souffle qui fait qu'un tableau cesse d'être un tableau pour devenir un être, un objet, et un objet qui prend place dans la Création, pour ne plus périr, qui a un nom, qui s'appelle la transfiguration[591]... » De ce point de vue, ce qui confère à un tableau la beauté, ce qui le transfigure en œuvre d'art, c'est son existence comme chose, comme être autonome et par lui-même cause d'un effet esthétique que seul, comme assemblage de formes et de couleurs, il est capable de produire. « Si l'artiste réussit dans son entreprise », écrit Gilson, « l'œuvre existe et par conséquent, elle est bonne[592] ». Cette existence, insiste-t-il, doit être autonome, et non subordonnée à intérêts ou à des fins étrangères à l'œuvre elle-même. « Un tableau est bon, quand il existe à titre d'être pleinement constitué[593] comme œuvre d'art ; un tableau est manqué dans la mesure où il n'atteint pas cet état plénier d'existence artistique, c'est-à-dire, d'un mot, dans la mesure où il n'est pas[594]. » Selon Alain également, « toutes les œuvres d'art, légères ou fortes, ont ce caractère d'être des objets éminemment, c'est-à-dire assises fortement et comme nécessaires, sans aucune ambiguïté, dans l'apparence, sans aucun changement concevable, affirmatives d'elles-

---

590 Gilson É., *op. cit.*, p. 149.
591 Cité par É. Gilson, *ibid.*
592 *Ibid.*, p. 150.
593 Aristote dans la *Poétique*, *op. cit.*, 1459a, compare le poème à un être vivant : le poème doit avoir une unité organique, qui lui confère le statut d'être autonome, pleinement constitué.
594 *Ibid.* Un texte de Jeanne Hersch, extrait de son ouvrage *L'être et la forme* (p. 17-18), vient corroborer et détailler cette thèse : « Mais on pourra le mieux saisir (la forme) là où elle se ferme sur elle-même, où elle se suffit, où elle est sa propre fin, c'est-à-dire en art. C'est ici que sa vertu de faire être sur le plan humain apparaît de la manière la plus pure et la plus absolue. Car il me paraît évident qu'en art la forme ne se justifie ni par des normes de bien moral, ni de connaissance vraie, ni de service humain, mais uniquement par des normes ontologiques. Cela signifie que la véritable œuvre d'art est celle qui est, c'est-à-dire celle dont la forme est une véritable capture de l'être, avec les conditions formelles impliquées par l'existence humaine, – et que le raté en art n'est ni méchanceté, ni laideur au sens d'une désobéissance à un ensemble de règles esthétiques, ni ignorance ou faible connaissance, mais inexistence, non-être, manque d'une cohérence qui serait ontologiquement efficace grâce à la force d'une loi unique. » Cité par Gilson É., *op. cit.*, p. 150.

mêmes[595]. » Une œuvre d'art est donc un être, présent et ancré avec force en ce monde, et qui à lui seul est ouverture sur cet autre monde[596], qu'il nous présente.

---

[595] Alain, *op. cit.*, p. 34.
[596] Cet autre monde, nous avons vu qu'il peut être, par exemple, le double, tout apparence, du nôtre, ou bien un monde idéal, d'une perfection supérieure et délivré de la naturalité, ou encore un monde meilleur, de facture proprement humaine, où l'homme aimerait à vivre. Cet autre monde peut être aussi, selon les peintres, l'essence, ou le réel lui-même révélé à nos sens, ou simplement le monde de la pure beauté plastique.

CONCLUSION

Le XXᵉ siècle, en partie figuratif et en partie iconoclaste, nous porte à reconsidérer l'imitation, non pour la nier, mais pour en donner une définition revue et élargie. Dans son ouvrage intitulé *Irréel*, André Malraux expose l'image inversée d'un anti-réalisme, ou d'une contre-figuration, dont le propos s'inscrit dans les multiples avatars de la fiction représentative. Il semble qu'aucune forme d'art, comme aucune esthétique, ne puisse échapper à cette condition. La mimèsis, avec ses éclipses et ses retours, demeure, loin de sa source grecque, le fil d'Ariane : nœud, écheveau, faisceau, rupture et raccord. L'imitation reste le fil directeur, par lequel chaque œuvre rejoint toutes les autres, quelque dissemblables qu'elles paraissent.

Dans la *Poétique*, Aristote s'attache à définir la mimèsis comme l'agent de présentation et de formalisation du genre tragique. L'imitation fixe chez lui les règles d'une formalisation unitaire, plus ou moins schématique et composée, d'une réalité limitée à l'espace et au temps de sa propre instauration. Ce qu'il dit de la littérature, nous pensons pouvoir l'étendre à la peinture, et peut-être même à toute forme d'art. La mimèsis, depuis l'enfance de l'art, pourrait être la mise en forme d'une relation entre l'homme et le monde, qui ne serait le mime que d'elle-même. À chaque époque et par chaque style sont inlassablement repris et déclinés sur tous les modes le problème des relations entre l'homme et le réel, et la manière dont il convient que l'artiste « mime » le sentiment de son appartenance au monde extérieur, ou de sa distance vis-à-vis de lui. Cette distance implique une relation, mais pas nécessairement une relation duplicatrice. Cette distance, cet écart, serait le topos de l'art, ce qu'il habite ou vient tenter de combler. Ainsi, l'imitation, qu'Aristote décrit dans la *Poétique* comme un « passage[597] », aurait pour lieu propre cet écart entre le monde où l'art est produit, et le monde produit par l'art. Chaque œuvre, issue de ce « passage », serait à elle seule une métaphore de la relation qui unit l'homme au monde.

Que l'art prenne place dans un écart, cela est manifeste quand nous en envisageons les œuvres. Chaque œuvre d'art, en effet, est irréductible à du déjà-donné, irréductible aussi à ce qu'elle représente, irréductible, enfin, aux procédures et aux techniques qu'elle met en œuvre. L'œuvre d'art, semble-t-il, tient dans cet excès par rapport à sa propre référence. Ce qu'il y a d'art dans l'œuvre d'art est cet arrachement de l'œuvre à sa propre situation, cet arrachement, ou cette « abstraction », qu'elle porte comme son essence. Si l'œuvre est cet arrachement, nous la regardons autrement qu'un document historique, autrement aussi que le seul résultat d'une pratique qui serait donnée comme matière à notre travail d'évaluation. Cette approche de l'œuvre d'art est celle de la critique. Au contraire, il convient de considérer l'œuvre d'art comme la présentation de l'expérience, ou comme l'avènement d'un monde. En tant que présentation de l'expérience, l'œuvre d'art a affaire à la vérité : l'art est, selon Heidegger, « mise en œuvre de la vérité » et ouvre sur l'être. Une telle approche présuppose un double excès, la non-coïncidence de l'œuvre et de l'art : elle suppose l'excès réciproque de l'art sur l'œuvre et de l'œuvre sur l'art. En d'autres termes, l'art comme « mise en œuvre de la vérité » excède la présence matérielle de l'œuvre aussi bien que ce qu'elle représente, et l'œuvre excède l'art, c'est-à-dire les moyens et les pratiques qui sont mis en œuvre pour qu'elle voie le jour. En cet excès, en cette faille se constitue le surgissement d'un monde, cela même qu'inaugure l'œuvre d'art. Telle nous semble du moins la thèse de Heidegger dans *L'origine de l'œuvre d'art*.

Heidegger, en effet, situe d'emblée la valeur de vérité des *Souliers de Van Gogh* à la fois en deçà et au-delà de la pure représentation. De cette figuration apparemment simple, « accrochée au mur comme un fusil de chasse ou un chapeau[598] », émane toute une aura symbolique qui situe le tableau dans son lieu d'élection, dans cette faille d'être et de non-être

---

[597] Introduction à la *Poétique* d'Aristote, *op. cit.*, p. 30 : la mimèsis est « transposition », elle « désigne ce mouvement même qui, partant d'objets préexistants, aboutit à un artefact poétique ; et l'art poétique est l'art de ce passage ».
[598] Heidegger M., *L'origine de l'œuvre d'art, op. cit.*

où l'étant, réfléchi et posé dans toute sa force de suggestion, évoque l'imminence d'un horizon qui est promesse ou réserve d'être. Toute œuvre ainsi posée est donc douée d'une plénitude de sens sans précédent, et d'une inépuisable sève ontologique offerte à l'attention profonde. L'art ouvre à l'être, et ce que présente l'œuvre, si nous l'appréhendons comme elle le demande, c'est ce que Heidegger nomme l'une des « clairières de l'être ».

Merleau-Ponty se situe dans la sillage de Heidegger, quand, dans *L'œil et l'esprit*, il écrit que ce qui vient se produire dans la peinture, ce sont « systèmes d'équivalences, logos des lignes, des lumières, des couleurs, des reliefs, des masses, présentations sans concept de l'Être universel[599] ». La peinture est chez lui, comme nous l'avons vu, « phénoménologique », elle fait apparaître l'être, c'est-à-dire qu'elle est à elle seule une ontologie. En situant le problème d'une mimèsis, figurative ou non, dans l'optique d'une ontologie générale, il surmonte l'antinomie de la « copie » et de l'expression, lorsqu'il écrit : « Le dilemme de la figuration et de la non-figuration est mal posé : il est à la fois vrai et sans contradiction que nul raisin n'a jamais été ce qu'il est dans la peinture la plus figurative, et que nulle peinture, même abstraite, ne peut éluder l'Être, que le raisin du Caravage est le raisin même[600]. »

L'imitation, quand bien même elle est une « copie » du visible, débouche sur une fonction plus générale de révélateur ontologique. Aussi, les raisins du Caravage sont-ils, comme le sont lignes, formes et couleurs, des « rameaux de l'Être ». Ils sont l'Être même, qu'il tirent à eux. Les raisins du Caravage symbolisent, sous une forme précise et en un moment donné, tous les raisins possibles. Il les résume en quelque sorte et nous offre, posé là, sur la tête de Bacchus, le paradigme, l'archétype existentiel unique – doué d'une présence et d'une force d'être sans précédent – d'une réalité multiple et autrement insaisissable. Ce que l'art nous montre dans l'œuvre, ce peut être cette « réalité sans concurrente », dont parle René Char. Pour surmonter l'alternative de la figuration ou de la non-figuration, il faut donc admettre que seules importent la présence et la force d'être, qui peuvent indifféremment prendre la forme des raisins du Caravage, ou s'incarner en happenings, voire en « texturologies », verbales chez Le Clézio, ou « matérielles » chez Dubuffet...

D'autre part, en recourant à l'exemple des raisins, traditionnel en esthétique, Merleau-

---
[599] Merleau-Ponty M., *L'œil et l'esprit, op. cit.*, p. 71.
[600] *Ibid.*, p. 87.

Ponty nous rappelle les plus célèbres prestiges de la figuration. Souvenons-nous de l'anecdote des raisins peints par Zeuxis, qui étaient si « vrais » que des oiseaux les seraient venus picorer. Le jeune homme représenté tenant en main la corbeille de raisin, puisqu'il n'effrayait pas les oiseaux, devait être moins convaincant. Zeuxis, cependant, lorsqu'il retoucha son œuvre, en supprima les raisins. L'exemple que l'on cite ordinairement pour exalter les pouvoirs du trompe-l'œil se retourne ici, pour montrer que dès l'antiquité, il était admis que le principe de l'imitation-copie portât en lui ses propres limites.

Cette imitation-copie, considérée longtemps comme le seul ou le principal aspect de la peinture, ne serait donc qu'un cas particulier d'une imitation plus vaste, première, dont la fonction serait celle de révélateur ontologique. L'imitation ainsi redéfinie serait le fondement, non seulement de la représentation, mais du simple fait qu'un tracé de lignes et de formes colorées soit ici et maintenant situé dans le champ de notre perception. Une mimèsis ainsi conçue désignerait la seule présence de l'œuvre, en tant que résultat expressif d'un certain regard porté sur le monde. Cette expression serait on ne peut plus circonstanciée, produite par la conjonction, toujours changeante, de l'Anthropos et du Kosmos. Le lieu de l'art ici indiqué serait la croisée de ces deux mondes, celui de l'Anthropos et celui du Kosmos, ou la faille qui les sépare et qu'il vient tenter de combler. L'art serait le point de rencontre entre l'ego et le monde extérieur (il est, comme nous le rappelle Merleau-Ponty, logos) la culture et la nature, l'idée et la sensation – autant de séries parallèles dont l'œuvre d'art assurerait la mise en relation, de même que l'inclusion, au moins partielle, des termes qui les constituent.

Ainsi se trouve redéfinie une mimèsis de la présentation qui prime, sans la nier, sur toute velléité de représentation. Elle fonctionne comme un principe d'esthétique générale faisant de l'œuvre, quels qu'en soient le style ou l'époque, l'affirmation d'une forme de visible. Une telle affirmation répond, chez les peintres, au besoin de « mimer », avec les moyens qui sont les leurs, la relation de l'homme et du monde, pour inlassablement tâcher de l'expliciter. Parce qu'une telle tâche est impossible et n'est rien d'autre que l'œuvre interminable d'être, la peinture est toujours à recommencer, et le monde, selon Merleau-Ponty, sera toujours pour les peintres « monde à peindre[601] ».

---

[601] Merleau-Ponty M., *La prose du monde, op. cit.*, p. 104.

PRINCIPAUX OUVRAGES CONSULTÉS

ALAIN : *Système des Beaux-Arts*, Paris, Gallimard, coll. Tel, 1953.

ARISTOTE : *Physique*, Paris, Les Belles-Lettres, 1966.

_____*Poétique*, Paris, Le Livre de Poche, 1990.

BATAILLE, Georges : *Manet*, Paris, Skira, 1955.

BAUDELAIRE, Charles : *Curiosités esthétiques*, Paris, Bordas, coll. Classiques Garnier, 1990.

BRETON, André : *Le Surréalisme et la peinture*, Paris, Gallimard, 1928, réed. 1965.

CHASTEL, André : « Le tableau dans le tableau », dans *Fables, formes, signes*, Paris, Flammarion, 1978.

DÉMORIS, René : « Original absent et création de valeur : Dubos et quelques autres », *Revue des sciences humaines*, 1975, 1.

DIDEROT, Denis : *Essais sur la peinture. Salons de 1759, 1761, 1763*, Paris, Hermann éditeur, 1984.

DELACROIX, Eugène : *Journal*, Paris, Plon, 1980.

FAURE, Élie : *Histoire de l'art*, Paris, Pauvert, 1964, 2 vol.

FLAUBERT, Gustave : *L'Éducation sentimentale*, Paris, Garnier-Flammarion, 1985.

FOCILLON, Henri : *Vie des formes*, Paris, PUF, coll. Quadrige, 4e éd., 1990.

FOUCAULT, Michel : *Ceci n'est pas une pipe*, Paris, Fata Morgana, 1973.

GASQUET, Joachim : *Cézanne*, Paris, Éditions Bernheim jeune, 1921.

GILSON, Étienne : *Peinture et réalité*, Paris, Vrin, 1972.

GOMBRICH, Ernst Hans : *L'art et l'illusion*, trad. G. Durand, Paris, Gallimard, 1971, réed. 1987.

GRIMALDI, Nicolas : *L'art ou la feinte passion*, Paris, PUF, coll. Épiméthée, 1983.

HEGEL, Georg W.F. : *Esthétique*, trad. S. Jankélévitch, Paris, Aubier, 1944.

HEIDEGGER, Martin : « L'origine de l'œuvre d'art », dans *Chemins qui ne mènent nulle part*, trad. W. Brokmeier, Paris, Gallimard, coll. Tel, 1986.

_____*Être et Temps*, trad. F. Vezin, Paris, NRF Gallimard, 1986.

_____*Problèmes fondamentaux de la phénoménologie*, trad. J.-F. Courtine, Paris, Gallimard, 1985.

_____*Qu'est-ce que la métaphysique ?* dans *Questions I*, Paris, Gallimard, 1968. Gallimard, 1950.

HUSSERL, Edmund : *L'idée de la phénoménologie*, Paris, Gallimard, 1950.

_____*Logique formelle et logique transcendantale*, trad. S. Bachelard, Paris, PUF, 1965.

HUYGHE, René : *Dialogue avec le visible*, Paris, Flammarion, 1955.

_____*Les Puissances de l'image*, Paris, Flammarion,1965.

JASPERS, Karl : *Strindberg et Van Gogh*, trad. H. Naef, Paris, Éd. de Minuit, 1953.

JOLY, Henri : *Le renversement platonicien*, Paris, Vrin, 1974.

KAHNWEILER, Daniel-Henri : *Juan Gris : sa vie, son œuvre, ses écrits*, trad. D. Cooper, Paris, Gallimard, 1946.

KANDINSKY, Wassily : *Du spirituel dans l'art et dans la peinture en particulier*, trad. N. Debrand, Paris, Denoël, coll. Folio essais, 1989.

KANT, Emmanuel : *Critique de la faculté de juger*, trad. A. Philonenko, Paris, Vrin, 1968.

LÉVINAS, Emmanuel : *De l'existence à l'existant*, Paris, Vrin, 1949.

_____ « La réalité et son ombre », *Les Temps Modernes*, n° 38, nov. 1948.

MALÉVITCH, Kasimir : *Écrits 1 : de Cézanne au Suprématisme*, trad. J.-C. et V. Marcadé, Lausanne, L'Âge d'Homme, 1974.

MALLARMÉ, Stéphane : *Œuvres*, Paris, rééd. Bordas, coll. Classiques Garnier, 1992.

MALRAUX, André : *Le Musée imaginaire*, Paris, NRF Gallimard, rééd.1965.

MERLEAU-PONTY, Maurice : *La phénoménologie de la perception*, Paris, NRF Gallimard, 1945.

_____*L'œil et l'esprit*, Paris, Gallimard, coll. Folio Essais, 1964.

_____*Le doute de Cézanne*, dans *Sens et non-sens*, Paris, éd. Nagel, 1966.

_____*La prose du Monde*, Paris, Gallimard, coll. Tel, 1969.

NIETZSCHE, Friedrich : *La naissance de la tragédie*, dans *Œuvres philosophiques complètes*, t. I, trad. M. Haar, P. Lacoue-Labarthe, J.-L. Nancy, Paris, NRF Gallimard, 1977.

PANOFSKY, Erwin : *Idea*, trad. H. Joly, Paris, Gallimard, coll. Tel, 1989.

——————— *L'œuvre d'art et ses significations*, trad. M. et B. Teyssèdre, Paris, NRF Gallimard, 1969.

PILES, Roger de : *Cours de peinture par principes*, Paris, Gallimard, coll. Tel, 1989.

PLATON : *Œuvres complètes*, trad. Léon Robin, Paris, Gallimard, Bibl. de la Pléiade, 1940, 2 vol., (le *Cratyle*, les *Lois*, le *Phèdre*, le *Philèbe*, la *République*, le *Sophiste*, le *Théétète*, le *Timée)*.

SARTRE, Jean-Paul : *L'Imagination*, Paris, PUF, 1969.

——————— « Les peintures de Giacometti », *Les Temps Modernes*, Juin 1954.

SCHAPIRO, Meyer : *Style, artiste et société*, Paris, Gallimard, coll. Tel, 1982.

VALLIER, Dora : *L'art abstrait*, Paris, le Livre de Poche Illustré, 1967.

VAN GOGH, Vincent : *Lettres à Théo*, trad. L. Roëdlandt, Paris, Gallimard, coll. Imaginaire, 1988.

VINCI, Léonard de : *La peinture*, introd., trad. A. Chastel, Paris, Hermann, 1964.

WINCKELMANN, Johann Joachim : *Réflexions sur l'imitation des œuvres grecques en peinture et en sculpture*, trad. M. Charrière, Nîmes, Éd. J. Chambon, 1991.

et aussi

CHARPIER, J. & SEGHERS, P. : *L'art de la peinture*, Paris, Éd. Seghers, 1970.

L'exposition *Copier-créer*, au Musée du Louvre, 26 avril-26 juillet 1993.

La revue *L'Œil*.

INDEX DES NOMS D'AUTEURS ET DE PEINTRES CITÉS

Alain 25, 118, 119, 120, 121, 122, 147, 203, 211
Alberti 18, 19, 61, 64, 65, 83
Apollinaire 193
Aristote 8, 37, 38, 47, 48, 57, 66, 68, 127, 141, 177, 196, 206
Arp 198, 199
Bataille (Georges) 52, 154, 155
Baudelaire 52, 67, 70, 74, 75, 77, 78, 79, 80, 81, 92, 97, 98, 109, 121, 122, 130, 139, 140, 153, 161, 200, 201
Baumgarten 181
Bazaine 164
Bellori 19, 62, 86, 94
Berghem 24
Bonnard 72
Boucher 22, 48, 49, 50, 98
Braque 133
Breton (André) 75
Breton (Jules) 199
Cassandre 172
Cennino Cennini 70
Cézanne   63, 68, 69, 70, 72, 87, 138, 144, 145, 154, 158, 159, 160, 170, 181, 182, 184, 187, 188, 189, 190, 192, 193, 194, 200, 211, 212
Char 182, 208
Chardin 16, 21, 22, 24, 50, 54, 71
Chastel 20, 21, 213
Chiang Yee 136
Cicéron 56, 57, 87
Constable 23, 54, 138
Courbet 51, 53, 54, 68, 71, 80, 109, 154, 156, 181
Dürer 63, 65, 73, 94, 135, 137, 164, 182
David 67, 79, 97, 98, 176
Delacroix 53, 54, 72, 87, 97, 98, 116, 124, 139, 142, 147, 152, 153, 154, 157, 158, 170, 202
Demachy 129
Démoris 19, 94

Denis (Maurice)..46, 146
Diderot............16, 21, 22, 24, 37, 46, 47, 48, 49, 50, 51, 67, 68, 69, 70, 71, 74, 94, 98, 111, 153
Don Eddy..176
Donatello..87, 115
Dubuffet...208
Eschyle...31, 114, 115
Estes (Richard)...176
Euripide..32, 47, 94, 114
Félibien..17, 92, 94
Fénelon..22
Flaubert..123
Focillon..146, 148, 170
Foucault (Michel)..148, 149, 150, 151, 174
Fouquet (Jean)..63
Fra Luca Pacioli...64
Fragonard...98
Gainsborough..138
Gauguin..158
Ghiberti..87
Giacometti..213
Gilson..37, 40, 41, 42, 66, 77, 152, 157, 158, 159, 161, 165, 169, 196, 203
Giotto..10, 38, 40, 42, 82
Goethe...197, 198
Goings..176
Gombrich...10, 20, 114, 115, 129, 130, 135, 136, 137, 138, 147, 195
Greuze...24, 37, 48, 49
Grimaldi (Nicolas)..98
Gris...160, 212
Gump..21
Hals...136
Hanson...176
Hegel   45, 47, 48, 54, 67, 81, 84, 93, 98, 99, 100, 101, 102, 103, 104, 105, 106, 107, 108, 109, 110, 111, 117, 178, 179
Heidegger...30, 182, 183, 184, 195, 207, 208
Heine..97
Homère...47
Horace..38, 177
Husserl..140, 181, 182, 183, 184, 185, 186, 187
Huyghe...20, 164
Ingres..67, 77, 78, 79, 80, 87, 91, 97, 98, 161
Isidore..24
Jaspers...132, 133
Kandinsky..81, 84, 142, 148, 149, 150, 156, 164, 165, 166, 167, 168, 170, 174, 179, 180, 191, 199

Kant..22, 23, 85, 133, 135, 186
Klee..147, 179, 193, 199, 201, 202
La Tour (Maurice Quentin de)..49, 68, 69
Le Clézio..208
Leblond de Latour..94
Lempicka...145
Lévinas...29, 32, 33, 34, 190, 195, 200
Lhote (André)..41
Lichtenstein...174, 175
Liotard..14
Lorrain (Claude)...96, 98, 136
Magritte...148, 150, 151
Malévitch...202
Mallarmé..141
Malraux..131, 133, 134, 140, 141, 154, 155, 206
Manet..52, 53, 68, 139, 154, 155, 156, 211
Mantegna..87
Masaccio...87
Masseau..173
Matisse..141, 150, 158, 201
Maupassant...177
Memling..162
Merleau-Ponty............20, 36, 140, 142, 181, 182, 184, 187, 188, 189, 192, 193, 194, 208, 209
Metsu...103
Michaux (Henri)..193
Michel-Ange..82, 86
Mignard...16
Millet..53
Mondrian..148, 161, 164, 165, 169, 191, 201, 202
Monet...72, 95, 198
Murillo...108
Nietzsche...17, 47, 94, 116, 117, 123, 136, 196, 197, 198, 200
Oldenburg...177
Ovide...113
Pacheco..62
Panofsky...35, 55, 56, 58, 60, 61, 62, 64, 114
Pascal..104
Phidias..58
Picasso..159, 160, 164
Piles (Roger de)..38, 177
Platon   8, 10, 18, 24, 26, 27, 28, 29, 30, 31, 32, 33, 34, 35, 36, 41, 55, 56, 57, 58, 59, 60, 63, 64, 66, 73, 99, 106, 109, 113, 127, 142, 177
Pline..15
Plotin..58, 59, 60

Poe	96, 97
Poliziano	87
Poussin	7, 87, 94, 95, 159
Raphaël	22, 60, 62, 77, 78, 80, 87, 91, 97, 104
Read (Herbert)	198
Redon	170
Rembrandt	16
Reynolds (Joshua)	66, 67, 68, 74, 77, 92, 158
Riegl	135
Robert (Hubert)	98
Rousseau (Jacques)	49
Rousseau (Jean-Jacques)	137
Rousseau (Théodore)	7
Rubens	24, 63, 137
Ruysdaël	103
Sainte-Beuve	51
Sartre	195
Schapiro	131, 132
Sénèque	57
Sie Ho	109
Steichen	129
Stendhal	140
Van Gogh	131, 132, 133, 138, 207, 212
Van Goyen	103
Vasari	10, 38, 39, 40, 42, 61, 82, 86, 115, 135
Vélasquez	21
Vermeer	103
Vernant	114
Vernet (Joseph)	1, 111
Véronèse	97
Villard de Honnecourt	63, 164
Vinci (Léonard de)	18, 46, 65, 111
Vitruve	82
Wölfflin	138
Warhol	175
Wilde	139, 199
Winckelmann	45, 76, 81, 84
Wissel	173
Zeuxis	15, 16, 46, 91, 209
Zola	130, 155
Zuccari	60

TABLE DES MATIÈRES

INTRODUCTION...7
PREMIÈRE PARTIE..14
De l'idéal de ressemblance : au comble ou aux marges de la mimèsis ?............14
   I L'illusionnisme..15
      A) Le trompe-l'œil...15
      B) L'idéal du miroir...16
      C) Une feinte naïveté...21
   II Corrélat : l'idée de vérité en peinture..26
      A) Les ombres du vrai...26
      B) L'assimilation de la peinture à un langage...................................35
      C) Le discours de la peinture...37
   III Le trompe-l'œil est-il de l'essence de la peinture ?..........................39
      A) De la perspective..39
      B) Du trompe-l'œil comme essence de la peinture..........................40
      C) L'antinomie de la peinture..41
DEUXIÈME PARTIE...44
L'imitation en quête d'objet ou le labyrinthe de la peinture.........................44
   I Le choix de l'objet..44
      A) La question du beau naturel...44
      B) L'élection du sujet..46
      C) Les réalistes et le choix des sujets vulgaires................................50
   II Entre idéalisme et naturalisme..55
      A) L'idéalisme...55
      B) Le naturalisme..67
      C) Idéalisme et naturalisme : deux pôles artificiels ?.......................73
   III Faut-il imiter les anciens ou la nature ?...76
      A) L'imitation des maîtres, ses risques et ses conséquences............76
      B) La bonne imitation, entre convention et invention......................81
      C) Une seule imitation, formatrice de soi..87
TROISIÈME PARTIE..90
L'imitation ou la transmutation de l'objet en peinture.................................90
   I L'art comme réformation de la nature..90
      A) Réaliser une anthologie de la nature...91
      B) Surmonter la nature..93
      C) L'apologie du surnaturalisme..97

    II L'art comme déréalisation de la nature : la peinture hollandaise selon Hegel................98
        A) Nature et vocation de l'art selon Hegel..99
        B) La peinture hollandaise ou la phénoménalité du fini..102
        C) La peinture hollandaise, ou « la sensualité de l'intelligible »................................105
    III L'art comme manifestation de l'humaine liberté… ou l'irréductibilité de l'esprit à la naturalité..108
        A) « Nous rendre comme maîtres et possesseurs de la nature »................................110
        B) La tentation pygmalienne..111
        C) La négation de la nature et la substitution du monde de l'art : l'exemple des arts du corps..117
QUATRIÈME PARTIE..127
L'imitation contrariée..127
    I Démantèlement de la thèse classique de l'imitation...128
        A) L'impossible neutralité de l'imitation..128
        B) Peinture, langage et vérité...134
        C) L'abolition du sujet..152
    II L'imitation à l'épreuve de l'abstraction...156
        A) L'imitation, progressivement évincée de la peinture...157
        B) L'abstraction n'est pas née du xxe siècle..163
        C) L'abstraction ne saurait exclure de la peinture l'imitation.....................................165
        A) L'exemple du néo-réalisme...171
        B) Une mimèsis de la présentation plutôt que de la représentation...........................177
        C) Imitation et création : une mimèsis plutôt productrice que reproductrice.............195
CONCLUSION..206
PRINCIPAUX OUVRAGES CONSULTÉS...211
Index des noms d'auteurs et de peintres cités...215
Table des matières...219